高等院校会计学专业系列精品教材
省级一流本科课程配套教材

U1011261

会计理论专题

吴旭峰　姜　崧　主编

中国轻工业出版社

图书在版编目（CIP）数据

会计理论专题 / 吴旭峰，姜崧主编. — 北京：中国轻工业出版社，2024.8

高等院校会计学专业系列精品教材 省级一流本科课程配套教材

ISBN 978-7-5184-4869-2

Ⅰ.①会… Ⅱ.①吴… ②姜… Ⅲ.①会计理论—高等学校—教材 Ⅳ.①F230

中国国家版本馆 CIP 数据核字（2024）第 086206 号

责任编辑：崔丽娜　　责任终审：高惠京　　封面设计：锋尚设计
版式设计：砚祥志远　　责任校对：朱燕春　　责任监印：张京华

出版发行：中国轻工业出版社（北京鲁谷东街 5 号，邮编：100040）
印　　刷：三河市万龙印装有限公司
经　　销：各地新华书店
版　　次：2024 年 8 月第 1 版第 1 次印刷
开　　本：787×1092　1/16　印张：12.5
字　　数：300 千字
书　　号：ISBN 978-7-5184-4869-2　定价：49.80 元
邮购电话：010-85119873
发行电话：010-85119832　010-85119912
网　　址：http://www.chlip.com.cn
Email：club@chlip.com.cn

231126J1X101ZBW

PREFACE 前言

2022年，我们创设了“能核会算，守则立信”的会计专业课程文化。我们始终着眼于培养“卓越的会计师”，却从未系统地定义过“卓越的会计师”。我们曾经几十年如一日地执着于会计技术规范的解读，却从未完美地做到授之以渔。直到从课程文化视域重新审视会计学专业，我们发现：“能核会算，守则立信”是“卓越的会计师”最恰当的文化解释。核算是会计的基本职能，会计课程就是核算课程。“会”核算是会计课程的知识目标，“能”核算是会计课程的能力目标，“恪守会计准则、为社会立信”则是会计课程的情感意识目标。会核算、能核算、守准则、立信用的会计师，才是一名“卓越的会计师”。

我们曾经认为，会计技术规范本身是没有情感意识的。我们现在认为，作为掌握了会计技术规范的会计人，一名“卓越的会计师”是应该具有情感意识的，应该具有“服务家乡经济发展、为社会树立会计信用、在国际上为国家争取会计规则话语权”的情感意识。我们曾经过分专注于会计专业技术细节，却从未看过一份完整的财务报告，以至于我们对上市公司的财务报告既熟悉又陌生。本书作为中级财务会计课程的拓展性学习教材、会计学专业高年级学生的研究性学习教材、校企合作教材，我们更加注重辅助学生进行探究性学习，完成“边界”的拓展，包括拓展会计理论边界、会计实践边界，以及情感意识边界。

本书分为四项专题，共计十二章内容：

专题一“会计基本理论与会计相关理论”对会计基本理论进行网状梳理，摆脱了会计基本理论初学阶段的纵向梳理，结合会计相关理论，多维度强化学生对会计基本理论以及会计相关理论的理解与综合运用；

专题二“会计服务地方经济发展”选取了与黑龙江省地方经济发展密切相关的几项具体会计准则，一则培养学生的自主学习能力，毕竟未来会计专业的路还要依靠学生自己走下去，二则培养学生服务地方经济发展的意识；

专题三“财务呈报专题”通过示例上市公司财务报告，系统回顾、梳理相关理论知识，提升学生会计信息的收集、分析、解读能力；

专题四“新质生产力的会计反映与监督”借助可持续发展与前沿技术的研究，旨在培养学生的专业前瞻意识，研判会计专业的未来发展走向。通过追踪会计相关前沿技术的发展，可以敏锐地发现具有新质生产力特征的会计要素正在逐步出现，并且与传统会计要素进行着创新性配置。通过引入新质生产力会计，我们期望能够和学生一道去探索新技术情境下的会计职能边界。

本书是黑龙江省省级一流本科课程“中级财务会计”的阶段性建设成果，也是会计学专业课程文化建设的阶段性成果。

本书由哈尔滨学院吴旭峰副校长和“中级财务会计”课程负责人姜崧副教授担任主编，负责全书大纲的拟定和编写工作，并对全书进行了统稿。具体编写分工如下：第二章、第六章、第八章、第十章、第十一章、第十二章由吴旭峰编写；第一章、第三章、第四章、第五章、第七章、第九章由姜崧编写。

本书在编写过程中参考了大量的国内外资料，在此向所有研究者表示感谢。同时由衷感谢中国轻工业出版社领导及编辑的大力支持和热心帮助。由于编者水平有限，书中疏漏之处在所难免，敬请广大读者批评指正。

作为栉风沐雨三十载的会计人，我们知足，亦知不足。

编者

二〇二四年春末夏初于哈尔滨学院欧亚之窗

CONTENTS 目录

专题一　会计基本理论与会计相关理论

专题二　会计服务地方经济发展

专题三　财务呈报专题

专题四 新质生产力的会计反映与监督

专题一

会计基本理论与会计相关理论

第一章 会计计量模式

会计要素的计量模式是指针对会计对象，即会计主体经济业务的内在数量关系进行的衡量、计算和确定，并将其转化为以货币表现的财务信息或者其他信息，以综合反映会计主体的财务状况、经营成果和现金流量的过程。也就是会计主体在完成了资产负债表、利润表与现金流量表中确认和计量有关财务报表要素之后，再确定其货币价值的过程。

影响会计计量模式选择的因素主要有政治因素、经济因素、技术因素和环境因素等。这其中，又以经济因素的影响最为显著。

（一）政治因素

政治对现代经济社会发展的影响无处不在，但是政治对于会计技术本身并不产生直接的影响，尽管会计法的出台把会计工作的管理纳入了政府工作范畴。但是，约束具体会计技术工作的，更多的还是《企业会计准则》这类技术性规范文件而非政治文件。

（二）经济因素

本质上会计信息反映的是经济利益关系，并且会计信息的披露还会直接或间接地产生一定的经济后果。因此，各种经济利益集团出于维护自身经济利益的考虑，必然会通过各种方式直接或间接地影响会计主体对于会计计量模式等会计政策的选择。

（三）技术因素

技术因素包括在会计确认、计量和报告过程中所采用的会计技术，也包括与会计要素信息生成有关的其他相关技术，比如信息技术。会计确认、计量和报告的技术以及会计核算相关技术的发展，可以对企业等经济单位计量模式的选择产生潜移默化的影响，也会对会计要素计量信息质量产生深远的影响。

（四）环境因素

会计计量模式的选择通常情况下以能够符合经济环境的规定性要求作为基本前提。只有这样才能合理地反映企业等经济单位的财务状况、经营成果和现金流量。在会计要素计量过程中，应该坚持三个基本的质量原则：①同质性原则，要求会计要素计量所表示的数量关系应该与被表示的交易或者事项的内在数量关系保持一致；②可验证性原则，是指在给定条件相同的情况下，不同的会计人员对同一客体的计量应该能够得出相同或者相似的结果，并且这种计量结果能够被相互验证；③一致性原则，要求会计计量方法的使用要保持前后各期一致，以此提高会计要素信息的可比性和相关性，避免会计要素信息的使用者对于会计要素信息产生不恰当的判断，从而导致其做出错误的决策。

第一节 会计计量模式分类

我国《企业会计准则》规定，会计计量模式有历史成本计量模式和公允价值计量模式。其中历史成本计量模式属于单一的计量模式；公允价值计量模式又包括重置成本、现值、可变现净值和公允价值四种会计计量模式。

一、历史成本计量模式

历史成本是会计主体经济业务发生时真实发生过的成本。历史成本计量模式是按照资产取得时实际支付的现金或者现金等价物的金额，或者是按照取得资产时所付出的对价的公允价值所进行的计量。而负债则按照承担现时义务的金额，或者偿还负债需要支付的现金及现金等价物的金额计量。历史成本计量是建立在货币价值稳定假设的基础之上的，历史成本计量模式要求资产、负债按其取得或交换时的实际交易价格进行记录，记录后的账面价值在该项会计要素存续期内一般不作调整。

历史成本计量模式有两个显著的特征，即可验证性和局限性。

1. 历史成本计量模式的可验证性

历史成本因其真实发生过，因此历史成本具备可验证性。历史成本计量模式强调会计信息的客观性，往往只对实际交易活动产生的经济结果进行确认计量，而不对尚未发生过的潜在交易进行估计。从股东及债权人的角度看，这种以交易事实为依据的金额是客观存在的、是可验证的，以此计算的会计要素信息也是可信且可靠的。因此，如实反映企业等经济单位经济活动的实际收支金额被认为是一种能够客观计算可分配利润的较好的计量模式，这也是历史成本计量模式能够在会计实务中得以广泛应用的原因。

[案例 1-1]

某公司购入办公设备，款项已付。此时，相关增值税专用发票和结算凭证作为原始凭证可以证明购入固定资产业务的发生。

2. 历史成本计量模式的局限性

历史成本计量模式同样存在着一定的局限性。由于历史成本计量的会计要素不涉及后续确认问题，忽视了对企业等经济单位发生的经济事项做全面、动态的计量，因此，历史成本计量模式下生成的数据极有可能已经脱离了当前会计要素市场状况。在历史成本计量模式下，企业等经济单位经营状况和会计信用质量的变化可能得不到及时、恰当的反映。财务会计报告的使用者可能也无法根据报告所提供的信息，对企业等经济单位的财务状况和经营成果做出合理的评价，从而影响到其决策的效果。资产计价的焦点就是历史成本计量问题，理论上根据持续经营假设是可以对一些要素项目以历史成本计量作为计价基础的。比如，固定资产由于不是以销售为目的而持有的资产，应该以历史成本计价；而像存货等流动性资产，由于其以销售为持有目的，因此，就可以按照当前市价计价作为计量基础。资产的持有意图通常被视为选择计量会计政策的动因。

[案例 1-2]

某公司 2000 年以 5000 万元购入办公楼。作为固定资产的原值，尽管房地产市场的快速发展导致此项办公楼的市价早已脱离原值，但是依据历史成本计量模式的要求，原值 5000 万元不会被调整，由此导致此项会计信息很可能会影响会计信息使用者的决策质量。

近些年来，信息技术的快速发展使得企业等经济单位所处的经营环境发生了巨大的变化。经营环境的变化推动了管理科学的发展，管理科学的发展又对成本计量模式提出了更高的要求，传统的成本计量模式已经呈现出诸多方面的不足。

二、公允价值计量模式

公允价值计量模式是假设资产和负债的市场参与者在计量日发生的有序交易中，出售资产所能收到的价格，或者摆脱负债所需要支付的价格。公允价值计量模式是市场经济条件下维护产权秩序的必要手段，也是提高会计信息质量的重要途径，公允价值计量模式的出现及其演进代表了会计计量体系变革的总体发展趋势。

（一）公允价值计量模式的演进

在我国，公允价值计量的核心是公允价值计量模式的引入。计量模式的改变实现了我国企业会计准则体系与国际主流会计准则体系的趋同，随之而来的是由会计计量模式改变所引发的会计确认、记录以及信息披露等方面的变革，公允价值计量模式的出现和应用对于提高会计信息的相关性具有十分重要的意义。公允价值计量模式等新概念、新理念的出现极大地丰富了我国现有的会计理论体系。

我国《企业会计准则》于2006年2月15日由财政部发布。此前的会计准则规定会计要素的计量模式只有单一的历史成本计量模式，而在现有企业会计准则体系中规定的会计计量模式有历史成本、重置成本、可变现净值、现值和公允价值，同时规定企业在对会计要素进行计量时，一般情况下应该采用历史成本计量模式。而采用重置成本、可变现净值、现值和公允价值计量，则应该保证所确定的会计要素金额能够持续可靠地获得。这种规定反映出我国企业会计准则体系对公允价值计量模式是持谨慎态度的，当然也和我国目前的会计要素市场成熟程度和会计监管能力有关。企业会计准则体系把公允价值定义为理性的交易双方在公平的市场条件下，在没有关联关系的情况下自愿进行交易的金额，这种交易的价值通常可以采用市价或未来现金流量的现值来表示。

[拓展知识1-1]

企业在核算交易性金融资产、其他权益工具投资、其他债权投资时，必须采用公允价值计量模式；核算投资性房地产时，可以选择公允价值计量模式，也可以选择历史成本计量模式；核算存货、固定资产、无形资产、长期股权投资时，必须采用历史成本计量模式。

由此，在我国企业会计准则中所提及的几种计量模式中，可以归纳为历史成本计量模式和公允价值计量模式两类计量模式，其中除历史成本以外的计量模式，包括重置成本、可变现净值、现值和公允价值，不论是取自市场价格还是未来现金流量折现，事实上都参考了会计要素的市场因素，因此可以统称为广义公允价值计量模式。不同的只是广义公允计量模式的使用范围和具体的技术方法。公允价值计量模式已经成为我国企业会计准则体系中和历史成本计量模式并行的会计计量模式，但是相对于发达的市场经济国家，我国企业会计准则在采用公允价值计量的范围上较为保守，这与我国会计要素市场化程度相对不高、市场成熟度相对不高导致的公允价值不易获得或者不确定性较高有一定的关联关系。

（二）公允价值计量模式的意义

公允价值计量尽管并没有真实地发生过，只是理论上的主观推断，在一定程度上违背了客观性原则，而且其估值技术也可能会为企业等经济单位带来较大的盈余管理乃至利润操纵空间，但是，公允价值计量模式仍旧有其存在的积极意义。公允价值计量模式存在的意义主要体现在三个方面：①公允价值计量模式可以提高会计信息的有用性，即相关性；②公允价值计量模式有利于实现资本保全；③公允价值计量模式能够促使经营成果会计信息更加完整。

公允价值计量模式可以提高会计信息的相关性。公允价值虽然没有真实地发生过，但是公允价值最大的优点是贴近会计要素的当前市场状况，从而更有利于会计要素信息的使用者做出正确的决策。公允价值计量模式也有利于企业等经济单位的资本保全。随着市场经济的逐步发展，物价总体上会呈现出上升的趋势。一些可以长期为企业带来经济利益的资产要素因其采用历史成本计量，导致资产价值极有可能背离要素的当前市场状况。如果采用公允价值计量模式进行期末计价，则可以使这类要素的账面价值更加贴近当前要素的市场状况，从而实现资本保全。

[案例 1-3]

某公司对一项初始成本为1000万元的交易性金融资产进行公允价值期末计价，确认公允价值变动收益为200万元。此项会计处理后，交易性金融资产的账面价值被调整为1200万元，脱离了初始成本1000万元，提高了会计信息的及时性，有利于会计信息使用者做出正确的决策。

此外，公允价值计量模式还能够丰富企业等经济单位经营成果的会计信息。传统的经营成果通常是借助主营业务和其他业务实现的，比如工业企业销售的产品所取得的收入，如果覆盖了产品的销售成本，就会实现正收益；企业出租资产所取得的其他业务收入，如果覆盖了折旧、摊销等成本，同样也可以取得正收益。传统的经营成果构成实际上也包括有利得和损失的成分，但是传统的利得和损失并不包含公允价值。长期以来，公允价值对损益的影响是被排斥在会计信息系统之外的，时至今日，公允价值计量的会计要素，其期末计价也不必然对当期的经营成果产生影响，甚至倾向于回避对当期损益的影响，这种倾向性的出现，很大一部分原因在于公允价值计量模式所导致的对当期损益的影响是没有实现的。实际上，公允价值计量模式对当期经营成果的影响是应该纳入会计信息系统的，因为公允价值计量模式至少不违背权责发生制原则，在权责发生制原则基础之上，会计信息并不要求当期的损益需要在资产层面有价值的实现。

[案例 1-4]

某公司对一项初始成本为1000万元的其他权益工具投资进行公允价值期末计价，确认公允价值变动收益为200万元。此项会计处理后，其他权益工具投资的账面价值被调整为1200万元。但是，资产账面价值高调的200万元计入了其他综合收益，并未对当期损益产生影响。

（三）公允价值计量模式的特征

公允价值计量模式有其鲜明的特征，主要体现在四个方面：①公允价值计量模式缺乏客观性；②公允价值计量模式对估值技术的要求较高；③公允价值计量模式为企业管理部门提供了宽泛的盈余管理空间；④公允价值计量模式的会计信息成本相对较高。

（1）公允价值计量模式缺乏客观性

公允价值计量模式并不要求其真实发生过，这就导致了公允价值计量模式在实务操作中完全是财务人员的主观推断，因此，公允价值计量模式具有鲜明的主观性特征。但是，缺乏客观性这一特征不必然导致降低公允价值计量的会计要素的信息质量的相关性，相反，还很可能提高会计信息质量的相关性，使其信息质量超过单一的历史成本计量模式下的会计信息的质量。

（2）公允价值计量模式对估值技术的要求较高

公允价值计量模式的主观推断对会计信息质量的影响，实际上不仅仅局限于财务人员的主观意识和专业技术水平，还和会计要素市场的市场化程度以及市场成熟度密切相关。在四种公允价值计量模式中，除了市价相对比较容易获取之外，现值技术是技术难度最高的公允价值计量模式。

（3）公允价值计量模式为企业提供了宽泛的盈余管理空间

公允价值的计量在很大程度上会对当期损益产生影响，公允价值的不确定性为企业带来了盈余管理的空间。

（4）公允价值计量模式下的会计信息取得成本相对较高

与历史成本计量模式相比，历史成本一旦取得，后续不需要再调整初始成本。如果采用公允价值计量模式，每期期末都要调整资产的公允价值会计信息，因此，信息获得成本相对较高。

（四）公允价值计量技术

在公允价值计量模式实施过程中，最大的问题在于公允价值的衡量，如何能够尽量客观地对公允价值进行衡量，是公允价值计量模式顺利实施所必须解决的一个问题。我国企业会计准则体系规定有五种会计计量模式：历史成本、重置成本、可变现净值、现值以及公允价值。上述五种会计计量模式可以划分为历史成本计量模式和广义公允价值计量模式两类，其中，重置成本、可变现净值、现值以及狭义公允价值统称为广义公允价值计量模式。因为在会计实务中，运用这四种会计计量模式进行公允计量时，所需要考虑的公允价值计量要素，无论是市价，还是折现率等计量要素，其形成均与会计要素市场的参与者密切相关，同样是会计要素市场参与者博弈的结果，都包含有市场化的成分，因此可以统称为广义公允价值计量模式。

我国的企业会计准则体系虽然没有像美国会计准则体系那样把公允价值的获取方法划分成若干个层次，但是在会计实务操作过程中，依据公允价值计量要素的可靠程度和公允程度，以及获取的难易程度和可操作程度，在公允价值的获取技术上，还是对获取方法做了排序，依次为市价法、重置成本法和估价技术法。市价法具体又可分为狭义市价法和类似项目法，狭义市价法是将会计要素的市场价格作为会计要素价值的一种公允价值确认方法；类似项目法则是指在无法获得所要计量的会计要素的市场价格的情况下，所采用的一种替代方法，这是一种通过参考类似会计要素的市场价格来确定所要计量的会计要素的公允价值的一种方法。重置成本法是运用假设在会计要素计量日取得同样或者相似的会计要素所要付出的代价来获取公允价值的方法，当假设会计要素是通过市场方式取得时，则重置成本法类似于类似项目法，所不同的是重置成本法还有自行构建的取得方式假设。估价技术法是当所要计量的会计要素不存在或只有很少的市场价格信息时，采用一定的估价技术对所要计量的会计要素的公允价值做出估计的方法，比如现值方法或者选取特定的计价模型来估价会计要素的公允价值。在公允价值计量模式实务操作过程中，在需要确定所要计量的会计要素的公允价值时，就可以从这三种方法中选择一种，而这些方法的采用是有一定程序的：通常情况下，首选的方法是市价法，因为其公开的会计要素市场的交易价格通常是最容易被人接受，被认为是最具公允性的公允价值计量模式。在找不到所要计量的会计要素的市场价格的情况下，通常会采取类似项目法来确定会计要素的公允价值，通过按照一定严格的条件，选取类似的会计要素的市场价格，以此来决定所要计量的会计要素的公允价值。当所要计量的会计要素，没有或只有很少的市场价格信息时，造成无法运用市价法或者类似项目法时，则须要考虑采用估价技术法来对所要计量的会计要素项目的公允价值做出合理的估计。这三种方法的主观成分是依次增加的，且其应用难度也是依次增加的。

［拓展知识 1–2］

在估计固定资产的未来现金流量现值时，企业通常不会估计超过 5 年的未来现金流量，这说明采用现值技术估计出的公允价值信息可靠性相对较低。

第二节　会计计量模式关系

一、历史成本计量模式与公允价值计量模式的互补关系

随着市场经济的逐步发展，公允价值计量模式运用的前景越来越广阔，但是公允价值计量模式并不能够完全替代历史成本计量模式。公允价值计量模式相对于历史成本计量模式，只是一种补充、拓展和优化，公允价值计量模式把会计要素的确认、计量、记录在时间和空间上做了延展，同时丰富了会计计量的手段和观念，优化了会计信息系统的职能，提高了会计信息的相关性。具体表现在以下六个方面。

（一）计量模式在时间上的延展

公允价值计量模式的引入，使得一些会计要素的计量从初始计量延展到后续计量。历史成本更多地局限于会计要素的初始计量，强调历史数据的不可变属性；公允价值计量可以用于初始计量，如交易性金融资产的初始计量，但更多的则是着眼于后续计量，这就在时间上对历史成本计量模式做出了延展，会计实务中所有资产的期末计价，不管采用市价、现值还是可变现净值，事实上都属于公允价值计量的范畴。公允价值相对于历史成本的最大优点就是公允价值具有可变性和及时性，市场经济条件下不同品种的资产受供求关系等因素的影响，其价格变动频繁，采用公允价值计量模式可以相对及时地反映资产的价值，可以较为及时地反映这种变化的结果，从而较好地提高会计信息的相关性。

[拓展知识 1-3]

企业按照企业会计准则的要求对交易性金融资产进行公允价值期末计价，带来的结果是财务报告中交易性金融资产的价值反映了报告期末的市场价值。

（二）拓展了会计核算的空间

包括固定资产、无形资产长期股权投资、商誉等在内长期资产的资产减值计量，事实上就是建立在公允价值计量基础上的。这些长期资产变现周期长，价值高，在原有的单一历史成本计量模式下，其会计期末价值相对于历史成本或者不调整或者机械地调整，由此影响了会计信息的相关性。在公允价值计量模式下，通过比较公允价值减去处置费用后的净额与预计未来现金流量现值确定可回收金额以及资产是否发生减值，相对于采用历史成本或者机械地反映会计要素期末信息，较好地提高了会计信息的相关性和及时性。

[拓展知识 1-4]

当企业对无形资产进行减值测试，在测试可收回金额时，无论是净额还是现值的估计，都属于公允价值计量范畴。

（三）提高了后续计量会计信息的相关性

在企业会计准则没有引入公允价值计量模式之前，会计要素也存在后续计量问题，如固定资产计提折旧，无形资产和其他长期资产的摊销，这些处理反映了这些资产要素随着生产经营活动的进行账面价值所发生的变化，但是这种反映是机械的，无法准确地报告会计要素价值的复杂变化。而公允价值计量模式的可变性弥补了上述不足，提高了后续计量过程中会计信息的有用性和及时性。

（四）丰富了会计计量的技术手段

通常情况下，最常见的公允价值是市场价格。采用市场价格计量可解决一些在历史成本计量模式下难以解决的问题。例如期货、期权、远期合约等衍生金融工具所产生的权利与义

务的计量，这些金融工具的交易和事项并未实际发生，双方的权利与义务也并未履行，因此也不可能产生历史成本。而公允价值是理性的双方自愿达成的公平价格，其确定并不在于交易或事项是否已经发生，而在于是否存在一个市场化的价格，只要取得公允价值，计量便可以完成。此外在企业等经济单位无法取得可观察的市场价值时，还可以用未来现金流量的现值进行计量，现值计量是公允价值计量中的重要技术手段。现值计量方法可以全面反映形成公允价值的各种要素，包括对未来现金流量的估计、对产生现金流量的时段的合理判断、折现率的选取以及包含在资产或负债价值中的其他非确定性因素等。

（五）更加依赖会计要素的市场化程度

国际会计准则委员会把公允价值定义为：熟悉情况和自愿的双方在一项公平的交易中，能够将一项资产进行交换或将一项负债进行结算的金额。我国企业会计准则把公允价值定义为：在公平的交易中，熟悉情况的交易双方自愿进行资产交换或负债清偿的金额，并对公允价值的确定原则做出了规定：如果该项资产存在活跃市场，则该项资产的市价，即为其公允价值；如果该项资产不存在活跃市场，则该项资产的公允价值，应比照相关类似资产的市价确定；如果该资产及其相关类似资产均不存在活跃市场，则该资产的公允价值可依据其未来可以产生的现金流量以及适当的折现率和折现期限计算的现值来评估确定。由此可以看出，公允价值的取得与会计要素市场的成熟程度密切相关，只有在会计要素市场发展到一定程度时，公允价值计量模式才具备实施的条件，在市场条件下，折现率也是市场多方博弈的结果，因此，依据折现率计算出的现值也具备公允的属性。综上所述，如果没有成熟的市场，则不会有相对的公允价值，只能采用历史成本计量模式。

（六）体现了计量模式的非对立性

公允价值计量模式与历史成本计价原则并不完全对立，尤其是在会计要素初始计量时，有些资产原本就是在市场条件下通过付现方式取得的，市场交易越活跃、参与主体越多、监管越严格，则其交易价格越公允，而最为常见的公允价值就是市价。此外会计实务操作时通常采用货币作为衡量价值的标准，这就造成了企业等经济单位在采用付现方式取得存在活跃市场的生产资料（如原材料、机器设备等）时，其会计要素的初始计量既是其历史成本又是公允价值，只不过称其为历史成本是强调它的初始性和不可变性。

二、公允价值计量模式和历史成本计量模式的并行关系

公允价值计量模式和历史成本计量模式这两种会计计量模式将长期并存的原因多种多样，这既与公允价值计量模式自身的局限性有关（如现阶段我国的市场化条件满足不了某些会计要素采用公允价值计量的要求），还与历史成本计量模式自身存在的必要性有关，从会计要素自身特点出发，以工业企业资产会计要素为例，工业企业资产种类繁多，并不是所有的资产都会有活跃的市场，而且公允价值本身也具有相对性，因此在公允价值不易取得的时候，采用历史成本计量就是相对的最优选择。从会计信息的使用角度出发，公允价值计量模式有利于提高会计信息的相关性，但并不能否定历史数据存在的意义，历史数据的存在对于采用比较分析方法分析会计资料来讲是不可或缺的。此外，现阶段我国会计实务采用多种计量属性并存的做法，即在历史成本计量模式的基础上，在经济要素市场条件成熟的情况下采用公允价值计量模式，与我国市场经济发展的客观实际情况是相适应的。比如，交易性金融资产采用公允价值计量模式，这与我国证券市场的健康发展有直接的关系，证券市场的健康发展，首先表现为参与主体丰富，目前我国证券市场境内、境外投资者，机构、个人投资者众多。其次，交易对象数量逐步增加，投资品种日趋丰富，如股票、债券、基金和期货等。最后，

国家层面的支持和监管也逐步成熟，在这样的市场条件下，企业等经济单位就可以相对容易地获得金融资产的公允价值，客观上为金融资产采用公允价值计量模式提供了先决条件。但是，我们也应该看到，市场化不会一蹴而就，而是一个长期的过程。另外，我国会计行业从业人员的素质也是制约公允价值计量模式运用的一个不可忽视的原因，会计计量模式的选择除了会计准则的规定和指引外，主要是依赖于财务人员的职业判断能力，因此只有提高会计从业人员的专业理论和技能水平，才能够通过选择合理的会计计量模式来提高会计信息的相关性。

总之，不同的会计计量模式有其各自的优点和缺陷，选择用公允价值计量模式这种具有非确定性、变动性和集合性特征的模糊性会计计量模式作为会计计量的手段，相对于选择具有客观性、确定性和可验证性特征的历史成本计量模式，虽然在理论上讲可以提供更为相关性的会计信息，但在会计实务操作过程中因为各种不确定性因素的存在，同样有可能出现会计信息质量不升反降的情况。除了两种会计计量模式自身特点以外的，影响会计计量模式选择的因素同样是复杂的，企业等经济单位关联方的经济利益、经济环境、数学和 IT 等相关技术的发展以及在会计专业中的应用程度、我国会计职业发展总体水平等因素都是在选择会计计量模式时需要加以考虑的。而不同的会计要素本身就具有不同的特点和属性，以及对会计计量属性的客观要求，同样不可能要求所有的会计要素或会计事项都采用统一的会计计量模式来进行计量。因此，多种会计计量模式长期并存就是必然的选择。

第三节　会计计量模式选择

一、选择历史成本计量模式的参考因素

历史成本计量模式要求在对会计要素进行计量时，以经济业务发生时资产的取得成本为标准进行会计要素计量。按照会计要素的这种计量要求，资产会计要素在取得、耗用和处置时，都应该按照取得资产时的实际成本进行计量、记录。企业等经济单位在取得各项财产物资时，都应该按照其购进或建造时发生的原始成本入账，并以此作为资产存续期间分摊费用、成本的依据。当物价发生变动之时，除国家相关法律法规另有规定外，不得调整其初始账面价值。历史成本计价的优点在于能够防止会计核算的随意性，使会计信息真实可靠，便于了解和比较。历史成本计量主要用于确定资产要素的入账金额，其他会计要素也是如此。历史成本计量模式下，资产负债表存在的意义不在于以市场价格标示企业等经济单位的会计要素的现状，而在于通过资本投入与产出形成对比来反映企业等经济单位的财务状况和经营成果，而这种对比通常是建立在历史成本计量基础之上的。遵循历史成本计价原则是有其合理性的，因为历史成本最大的特征是其真实地发生过，有相关原始凭证作为依据，具备可查性、可验证性。历史成本数据易于取得，简便易行，并与客观性原则相联系。历史成本计量模式形成的会计信息无须经常调整期末数据，可防止随意改变、调整会计信息，维护会计信息的可靠性。

[案例 1–5]

某公司购入一项专利技术，价值 1000 万元，款项已付。财务人员估计合理的摊销期限为 10 年。则无形资产的初始成本为 1000 万元，这一数值在无形资产存续期间不会被调整，每年通过计提 100 万元的摊销机械地反映无形资产价值的损耗。

历史成本计量模式在长期的使用过程中，特别是随着会计要素市场化程度的提高，也逐步显现出局限性。自20世纪50年代以来，会计要素市场价格频繁波动使得历史成本计量模式在理论和实务上都受到前所未有的冲击和挑战。在单一的历史成本会计计量模式下，不管会计要素市场价格如何波动，会计要素都要按其历史成本计价。在会计要素市场化程度不高的情况下，为了稳妥起见，谨慎性原则又被广泛地应用于会计实务之中，按照谨慎性原则的要求，会计要素（比如资产要素）的价值可以被低估而不可能被高估。僵化的历史成本计量模式下产生的会计信息在一定程度上背离了企业等经济单位真实的财务状况和经营成果，降低了会计信息的相关性。

面对会计要素市场环境的变化，历史成本计量模式也在不断调整变化，以便适应不断变化的会计要素市场环境。我国企业会计准则早就通过扩大资产备抵核算范围的方式来使会计信息更加贴近会计要素市场的真实状况。但是备抵核算的缺陷在于，这种对于历史成本计量模式下形成的会计信息的调整，是单方向的减向调整，僵化的调整方式并不利于提高会计信息的相关性。企业会计准则早已不再把历史成本计量模式作为唯一的计量属性。《企业会计准则——基本准则》第43条规定：企业等经济单位在对会计要素进行计量时，一般应当采用历史成本计量，或者采用重置成本、可变现净值、现值、公允价值等模式进行会计计量，应当保证所确定的会计要素金额能够取得，并且计量可靠。由此可见，这是一种兼有历史成本计量模式和公允价值计量模式的混合会计计量模式。

[案例1-6]

某公司取得一项投资性房地产，价值1000万元，款项已付。在选择计量模式时，财务人员认为无法持续可靠地获得公允价值信息，因此选择历史成本计量模式计量投资性房地产。

尽管面临着公允价值计量模式的挑战与冲击，历史成本计量模式仍然是一项重要的会计计量模式。在相当长的时间里，我国都会采用历史成本计量模式和公允价值计量模式并行的混合会计计量模式。其根本原因在于，历史成本计量模式下产生的会计信息具有较强的可靠性和可操作性，公允价值计量模式尽管有利于提高会计信息的相关性，但是在会计实务中难以操作、计量成本较高，会计实务中并不是所有的会计要素都存在可靠、公允的市场价值，提供一整套具有足够可靠性的公允价值为基础的会计信息系统在当前的会计要素市场环境下是不可能的。所以，历史成本、公允价值等计量模式各有所长，不能用一种计量属性完全取代另一种计量属性。在未来相当长的一段时期内，目前这种以历史成本计量属性为主的混合模式将持续存在，一方面保留历史成本会计模式的框架，另一方面补充公允价值方面的信息。对一些市场相对成熟的会计要素和行业可采用公允价值进行计量和报告，其他财务报表项目的公允价值信息则在报表附注中加以披露，会计信息使用者可根据需要来对报表项目进行调整。

二、选择公允价值计量模式的参考因素

（一）会计要素市场

公允价值计量模式的有效实施依赖于会计要素的市场环境。会计要素市场环境是会计要素市场价格形成的各种影响因素的组合，如会计要素市场监管的成熟程度、会计要素市场的活跃程度、会计要素交易主体的成熟程度等因素。按照会计要素市场的市场化程度，可以把会计要素市场区分为公开市场和非公开市场，会计要素市场的市场化程度不同，对公允价值计量模式有效实施的影响程度也有所不同。公开的会计要素市场是监管成熟、交易活跃的会计要素市场，在这样的市场中，买卖双方都有获取足够市场信息的机会和时间，其交易行为

都是建立在自愿、理智、非强制或不受限制的基础之上的，因此在这种会计要素市场中所形成的各种交易数据对公允价值的确定有着积极的影响。随着市场经济的不断发展，公开的会计要素市场范围的不断扩大，公允价值计量模式有效实施的条件会越来越好。

非公开市场是不符合公开市场条件的不成熟的会计要素市场。非公开市场交易的会计要素主要是针对一些难以在公开市场上交易或很少公开交易的特殊会计要素，如不能独立存在的商誉等。由于这些会计要素的市场条件受到诸多限制，公开交易市场无法有效形成，因而也就无法产生公允的市场交易信息。对于这些会计要素，现值或重置成本等公允价值计量技术是确定其公允价值的最佳方法。

（二）会计计量技术

我国现行企业会计准则多重会计计量模式的采用丰富了会计计量技术，为企业等经济单位提供了更加广阔的会计政策选择空间，但是也由此增加了会计信息质量的不确定性。在我国企业会计准则体系中，《企业会计准则——基本准则》中关于会计信息质量的原则，明确规定会计信息应该真实可靠。在公允价值计量模式极大地丰富了会计计量手段的同时，会计信息质量的保障机制也应该建立在会计计量技术选取的基础之上。

《企业会计准则——基本准则》将公允价值定义为在公平的交易中，熟悉情况的交易双方，自愿进行资产交换或者债务清偿的金额。关于公允价值的确定可以按照如下顺序确认：按照《企业会计准则——基本准则》给出的定义，在存在活跃会计要素市场的情况下，市场价格即公允价值；在缺少可观察的会计要素市场价格的情况下，交易双方讨价还价达成的一致价格也可以作为公允价值。关于净额的推断，其核心在于预计售价的推断，预计售价的推断是有选择顺序的，预计售价的推断以协议价格为优选，以市场价格为次选，此外，还可以把同类资产的市场价格作为备选项。协议价格之所以成为优选项，是因为协议价格通常存在于买卖双方签订的购销协议当中，因此其可靠性相对而言最高。公允价值由于并没有真实发生过，因此公允价值的推断存在着可靠性的问题。市场价格能够作为次选项是因为尽管市场价格的推断方并没有参与到市场价格的制定当中，但是，如果会计要素市场交易活跃、交易范围广泛、透明度高、市场监管良好，那么市场价格的可靠性相应也会高。如果某项资产要素无法获取销售协议价格和自身的市场价格，那么可以把类似资产要素的市场价格作为备选项。公允价值计量模式中还有一项叫作重置成本。重置成本是指在现有会计要素市场条件下，取得某项资产所付出的代价。这种计量模式的适用范围相对而言较为狭窄。重置成本计量的核心仍旧是会计要素市场价格的选取。四种公允价值计量模式中，有三种依赖于市场价格的推断，分别是重置成本、净额和狭义公允价值，另外一种公允价值计量模式现值技术，则并不依赖于市场价格的推断。

[案例 1–7]

某公司针对存货进行减值测试，在估计可变现净值时，发现部分待售存货已签订销售协议，据此，对于已经签订销售协议的存货应选取协议价格作为估计可变现净值的基础；对于未签订销售协议的存货应选取市场价格作为估计可变现净值的基础。

在我国现行会计计量技术中，以现值技术最为复杂，现值技术的理论基础源自于资产的概念。我国现行企业会计准则把资产表述为预期为企业带来经济利益的资源。资产概念认为，资产的价值应该由此项资产在未来期间为企业带来的经济利益决定，如果一项资产要素在未来期间为企业带来的经济利益多，则资产现在的价值就应该高；反之，如果一项资产要素在未来期间为企业带来的经济利益少，则资产现在的价值就应该低。公允价值计量模式引入企业会计准则体系，意味着现有的会计理论、方法体系已经接受了作为财务管理会计理论基石的货币时间价值概念，也承认了货币时间价值的存在。因此，一项资产现在的价值并不等于一项资产在未来期间为企业带来的经济利益，而是低于在未来期间为企业带来的经济利益之和。在考虑货币时间价值的基础之上，资产现在的价值应该等于资产在未来期间为企业带来的经济利益的现值。据此，所谓的现值就是指一项资产在未来期间预期为企业带来的经济利益的现值。现值的计算通常由三个要素构成：①一项资产在未来期间为企业带来的经济利益；②估计这些经济利益的合理期限；③折现率。这三个要素都需要主观估计，且都具有很强的不确定性，三个不确定性因素的叠加，导致现值成为现有公允价值体系中技术最为复杂、可靠性最低的一种公允价值计量模式。现值估算所涉及的三个要素中，有两个要素的估计和预计折现期限相关。在估计资产预计未来经济利益流入时，通常很难把握预计期限，预计期限估计越长，未来经济利益流入额估计的可靠性越低；如果预计期限估计较短，则会出现低估资产价值的情况。而在折现率的选择上，同样有着风险因素影响主观判断的问题。折现率的选择，不可能仅仅考虑无风险的报酬率，还要考虑特定风险因素对于折现率的影响。

首先，企业等经济单位在选择无风险报酬率时，也可以选择银行存款利率作为无风险报酬率来使用，原因是银行作为特殊的企业，从某种意义上讲是在经营信用，尤其是我国的银行业，主体是国有控股的商业银行，其中自然包含了一定的国家信用，因此，我国的银行利息的支付是非常有保障的。其次，特定风险报酬率的选择，特定风险报酬率通常可以选择投资协议、融资合同中约定利率作为折现率，如果合同中没有约定合同利率，但是对报酬率有明确要求的，可以把合同约定的报酬率作为折现率。此外有些情况下，资金成本也可以作为折现率使用，此时的资金成本就是最低的折现率。最后，判定企业等经济单位某项资产的未来现金流量现值，还要考虑现值计算三个要素之间的相互影响，未来现金流量、折现率、与未来现金流量和折现率相对应的折现期间这三个要素密切相关、彼此互为条件、相互影响。突出地表现为未来现金流量与折现率的关系，在计算现值时，对于不确定性和风险的影响，无论是调整折现率还是调整未来现金流量，折现率和未来现金流量之间都必须保持相互的协调关系。企业等经济单位所面临的特定风险在折现计算时既可以体现在折现率中也可以体现在未来现金流量中，既可以调整折现率也可以调整未来现金流量。调整折现率就是在估计未来现金流量时，要取得同时考虑到无风险报酬率和风险报酬率的综合报酬率，而在预计未来现金流量时不考虑企业所面临的特定风险。同样的，在估计未来现金流量时，也可以只取无风险报酬率，而把企业所面临的特定风险在预计未来现金流量时加以考虑，比如运用加权平均法计算未来现金流量。当然，也可以在选择折现率和预计未来现金流量时同时考虑企业等经济单位所面临的特定风险，即在选择折现率时选取的同时考虑到无风险报酬率和风险报酬率的综合报酬率，在预计未来先进流量时采用可以覆盖多重风险的加权平均法来计算未来现金流量。

复习思考题

1. 我国现行准则中规定的会计计量模式包括哪些？
2. 历史成本计量模式的优点和缺点有哪些？
3. 公允价值计量模式的优点和缺点有哪些？
4. 计量模式选择是否属于会计政策选择？
5. 不同种类的计量模式对于当期财务状况和经营成果有哪些影响？

6. 分别列示成本计量的资产要素、公允价值计量的资产要素以及双重计量的资产要素。

实践与思政课堂

据新华社报道，为加强企业数据资源相关会计处理，强化相关会计信息披露，财政部制定印发了《企业数据资源相关会计处理暂行规定》（简称《暂行规定》），自2024年1月1日起施行。制定《暂行规定》是贯彻落实中共中央、国务院关于发展数字经济决策部署的具体举措，也是以专门规定规范企业数据资源相关会计处理、发挥会计基础作用的重要一步。《暂行规定》适用于企业按照《企业会计准则》相关规定确认为无形资产或存货等资产类别的数据资源，以及企业合法拥有或控制的、预期会给企业带来经济利益的，但由于不满足企业会计准则相关资产确认条件而未确认为资产的数据资源的相关会计处理。

《暂行规定》明确了数据资源会计处理适用的准则。按照会计上的经济利益实现方式，根据企业使用、对外提供服务、日常持有以备出售等不同业务模式，明确相关会计处理适用的具体准则；同时，对实务反映的一些重点问题，结合数据资源业务等实际情况予以细化。

此外，《暂行规定》还要求企业应当根据重要性原则并结合实际情况增设报表子项目，创新采取“强制披露加自愿披露”方式，通过表格方式细化披露，并规定企业可根据实际情况自愿披露数据资源（含未作为无形资产或存货确认的数据资源）的应用场景或业务模式、原始数据类型来源、加工维护和安全保护情况、涉及的重大交易事项、相关权利失效和受限等相关信息，引导企业主动加强数据资源相关信息披露。

《暂行规定》结合当前企业数据资源特点和业务流程，在现行企业会计准则体系下予以细化规范，有助于进一步推动和规范数据相关企业执行企业会计准则，准确反映数据相关业务和经济实质；有助于为有关监管部门完善数字经济治理体系、加强宏观管理提供会计信息支撑，也为投资者等报表使用者了解企业数据资源价值、提升决策效率提供有用信息。

结合上述资料，论述我国的经济发展成就对于会计计量模式的影响。

第二章　会计信息质量约束

质量管理专家朱兰从用户使用角度把会计信息质量定义为会计信息质量满足需求者的程度。质量管理专家克劳斯比从生产者角度把会计信息质量定义为会计信息产品符合会计准则规定要求的程度。根据国际标准化组织 1994 年颁布的《质量管理和质量保证——术语》中有关质量的定义，会计信息质量的高低可以根据会计信息所具备的质量特征能否满足人们的需要及其满足的程度来衡量。加拿大特许会计师协会提出了四项会计信息质量：可理解性、相关性、可靠性和可比性。英国会计准则委员会将会计信息质量分成三部分：第一部分是与报表内容有关的质量，包括相关性和可靠性；第二部分是与报表表述有关的质量，包括可比性和可理解性；第三部分是对信息质量的约束，包括及时性以及效益大于成本等。目前，美国学术界又提出了新的会计信息质量特征：透明度。

影响会计信息质量的因素通常包括：会计准则规范、内部控制制度、会计人员职业道德、会计信息质量监督机制、会计信息系统以及组织文化。会计准则规范的制定和执行对于会计信息质量至关重要。合理的会计准则规范能够提高会计信息的相关性和可靠性，确保会计信息质量；内部控制制度是企业等经济单位内部建立的一系列控制措施和程序，旨在保护会计记录的准确性和可靠性，有效的内部控制制度还能够防范差错和舞弊，提高会计信息的可靠性；会计人员职业素养和职业道德水平对会计信息质量也有重要的作用，具备良好专业技能和职业道德水平的会计人员能够正确处理会计事项，提供高质量的会计信息；会计信息系统的运用能够提高会计信息的处理效率和准确性；独立的外部审计机构对企业等经济单位的会计信息进行审计，提供外部监督可以增加会计信息的可信度；良好的企业组织文化也是保障会计信息质量的基础。

本章单纯地从理论层面阐释了会计信息质量的约束机制。本教材将约束机制分为内源性质量约束机制和外源性质量约束机制，这些约束机制可以充分保证经济要素会计信息的质量，有利于提高经济要素会计信息的相关性和可靠性。

第一节　会计信息质量的内源性约束

一、会计信息质量的内源性约束概述

企业会计准则作为一套相对完备的专业技术规范体系，在其理论体系内部，本身就建立有相关的会计信息质量约束机制。这些约束机制集中表现为：可靠性原则、相关性原则、可理解性原则、可比性原则、实质重于形式原则、重要性原则、谨慎性原则以及时性原则。在这八项原则中，有一部分是对于会计信息质量的基本性要求，另外一部分则是借助其他会计基本理论间接地影响会计信息质量。这些源自于企业会计准则理论体系内部的质量约束机制，本教材称其为内源性约束机制，是企业会计准则体系内部的免疫机制。

二、会计原则

（一）可靠性原则

可靠性原则是会计信息质量要求的基本原则，可靠性原则也被称作真实性原则。此项原则要求企业等经济单位在核算会计要素时，应该以真实可靠为前提，以此来保证会计信息能够被会计信息使用者作为有效决策的依据。可靠性原则贯穿于会计要素核算的确认、计量和报告的全过程，在任何一个会计核算环节中，都不能够将虚假的会计信息纳入会计信息系统。随着我国经济、社会的高速发展，会有越来越多新的经济要素产生。一些经济要素过去没有被纳入会计信息系统是有其客观性原因的，独特的经济要素特征导致缺乏成熟的要素市场体系，这意味着经济发展所产生的新的经济要素，通常并不是通过交易方式取得的。对于这类经济要素的核算，可靠性应该主要体现在确认环节，而非计量环节。很多新的会计要素因其符合资产的定义，可以确认为资产要素，使其具备纳入现有会计信息系统的可能。导致这些会计要素最终未能纳入会计信息系统的原因是计量，按照资产要素确认原则，如果会计要素的成本不能够合理计量，还是无法纳入会计信息系统，如果纳入会计信息系统则须依赖计量技术来提高经济要素信息的可靠性。

[拓展知识 2-1]

商誉资产至今仍不能主动纳入会计信息系统，并非商誉不符合资产定义而不能确认为资产，商誉资产的可靠计量是制约其纳入会计信息系统的主要原因。

（二）相关性原则

相关性原则也是会计信息质量的基本要求之一。相关性原则也被称作有用性原则，此项原则是指财务部门提供的会计信息应该对会计信息使用者做出正确的决策有用。相关性原则与可靠性原则是对立统一的关系，相关性原则以可靠性原则为基础，作为会计信息使用者决策依据的经济要素信息必须是真实可靠的会计信息，虚假的会计信息无法支撑会计信息使用者做出科学、合理的决策。企业等经济单位的财务部门应该在保证会计信息真实可靠的前提下，尽可能地为会计信息的使用者提供有用的会计信息，供其作为决策的依据。

[拓展知识 2-2]

关于企业盈余水平的会计信息，可以被企业内部、外部会计信息使用者作为决策依据。企业内部管理者会根据企业的盈余水平调整生产经营策略；企业外部的投资人会根据企业的盈余水平决定是否应该增持或者减持股份；债权人会通过企业的盈余水平判断债权的安全程度；税务部门会根据企业的盈余水平判定税负；职工会根据企业的盈余水平判断薪酬是否合理。

（三）可理解性原则

可理解性原则同样是会计信息质量基本要求之一，可理解性原则也称作明晰性原则。按照可理解性原则的要求，企业等经济单位的财务部门提供的会计信息应当便于会计信息使用者理解，并以此来提高会计信息的有用性，即相关性。在会计实务中，会计人员生成的会计资料，无论是原始凭证、记账凭证、账簿还是财务报告，通常都有规范的格式。这种规范性格式的出现保证了不同经济单位、不同财务部门所生成的会计信息内容至少能够做到形式上统一，从而保证会计信息使用者能够清晰明了地接受不同财务人员提供的会计信息。

一些经济要素尽管有其独特性、特殊性，但是仍旧可以通过选择合理的会计政策，将其纳入现有的会计信息系统之中，只要会计政策选择得当、披露得当，完全可以保证经济要素信息符合易于理解的会计信息质量要求。经济要素有其独特的要素特征，单纯依赖于财务会计报告中的会计报表以数字的形式进行披露，很可能导致可理解性不高，因此，经济要素信息的披露，必须大力借助表外信息的形式，在会计报表附注中以文字的形式来充分披露补充信息，提高经济要素信息的可理解性。

[拓展知识 2-3]

很多会计资料都有固定的格式，比如报表，固定的格式约束了披露的内容，由此提升了会计信息的可理解性。而非格式化的附注则是格式化会计信息的补充。

（四）可比性原则

可比性原则是指会计信息可以进行相互比较。这种比较可以分为横向比较和纵向比较两种比较方式。横向比较是指会计信息在企业和企业之间进行的比较；纵向比较则是指以时间为中轴，在企业内部，前后各期的会计信息之间所进行的比较。对于两种比较方式，潜在的投资者通常更倾向于横向比较，他们意图通过横向比较来选择最优的投资对象。在横向比较中，同业会计主体的可比性相对更强，非同业会计主体之间也可以进行会计信息的比较，但是可比性相对较弱。而现有的投资者、债权人以及相关政府部门在横向比较的基础上，同时也会做纵向比较。横向比较主要用于评价会计主体的行业比较优势，纵向比较通常是用来做趋势分析，以此判断会计主体个体的经营发展状况。为了提高会计信息的纵向可比性，《企业会计准则》要求会计政策的选择应该保持一致性，会计政策一经采用，不得随意变更，以此来增强会计信息的纵向可比性。具有稀缺性、独特性的经济要素，相对缺乏横向比较的基础。但是，通过持续地将此类经济要素纳入会计信息系统，可以逐步提升纵向比较的价值。随着经济、社会的发展，稀缺的经济因素将逐渐变得不再稀缺，由此，经济要素信息的横向可比性也会逐渐增强，最终形成有效的经济要素信息比较评价体系。

[拓展知识 2-4]

碳汇是一项新兴会计要素，当少数企业参与碳汇业务时，在企业内部会先形成碳汇会计信息的纵向比较。当越来越多的企业参与碳汇业务时，碳汇会计信息的横向可比性会逐步增强。

（五）实质重于形式原则

多数情况下，经济活动的法律形式和实质是一致的，但有时在一些特殊经济业务中，会出现经济业务的实质和法律形式不一致的情况。此时进行会计核算时，《企业会计准则》就会要求按照经济业务发生的实质而不是其法律形式来进行确认、计量和报告。一些具有特殊属性的经济要素有可能难以通过交易系统完成价值转移，由此导致这些经济要素信息难以及时地纳入现有会计信息系统，对于此类经济要素，可以借助实质重于形式原则，不过分地对其法律形式做出要求，而是通过实质判断尽可能将其纳入会计信息系统，从而丰富经济要素信息的可靠性、相关性。

[拓展知识 2-5]

融资租赁业务的法律形式是租赁，但是会计上认为是长期的分期付款购买。

（六）重要性原则

重要性原则要求一个会计主体提供的会计信息应该能够反映与该会计主体的财务状况、经营成果和现金流量有关的所有的重大交易或事项。并且重要的会计信息需要单独反映、详细反映。

重要性原则的运用主要取决于财务人员的主观职业判断，在会计实务中，财务人员通常主要从经济业务的性质和金额的大小两个维度评估某一会计事项是否属于重要的会计事项，如果此项会计事项的相关信息遗漏或错报会严重影响到投资者等会计信息使用者做出合理的决策，则可以认为该项会计事项是重要的。应用重要性原则必须基于会计人员的专业判断，企业等经济单位应该结合自身环境和实际情况，根据项目的性质和金额做出判断。

［拓展知识 2-6］

《企业会计准则第 32 号——中期财务报告》规定，公司季度财务报表附注应按年初编制至中期期末，披露上一年度资产负债表日后发生的情况，以便于会计信息使用者了解公司财务状况、涉及经营成果和现金流量变动的重大交易或事项，此类披露反映了会计信息质量的重要性要求。

（七）谨慎性原则

谨慎性原则从其产生到成为会计理论、方法体系中不可或缺的重要理论组成部分，会计学界对谨慎性原则曾经有过三种不同的认知。一是片面地看待谨慎性原则，这是早期会计学界对于谨慎性原则的认知，在会计要素的计量问题上，谨慎性原则的具体执行表现为尽可能多地计量费用和负债，尽可能少地甚至不计量某些资产和收入。关于将会计信息纳入会计信息系统的时间点，应尽可能早地确认负债和费用，并尽可能晚地确认资产和收入；二是尽可能多地计提资产要素的会计准备，同时不核算可能的资产和收益；三是以不确定会计事项发生的可能性作为是否选择谨慎性会计政策处理的重要标准。前两种认知从根本上否定了公允价值计量模式，而第三种对于谨慎性原则的认知反映了会计信息质量在可靠性、相关性方面的要求，在理论层面预留了公允价值计量模式的理论发展空间。

在我国，对于企业应该如何实施谨慎性原则存在三种观点：一是认为谨慎性原则的存在并不具有积极的意义，财务会计的目的是为会计信息使用者提供真实可靠的会计信息，以帮助会计信息使用者做出正确的决策。谨慎性原则的实施会使会计信息过于保守，在一定程度上违背了会计信息可靠性和可比性的要求，使会计信息使用者难以理解会计信息，难以使用会计信息进行有效的经济决策。二是认为从会计信息相关性要求角度来看，应采用适度的谨慎性原则，对于尚未发生但会产生重要影响的会计事项，无论最终结果是导致企业等经济单位盈利还是亏损，如果可能性较大且金额能够合理估计，则应当进行会计处理并对外披露，即对不确定性会计事项采取平等对待，依从其发生的可能性而非是否导致损失或获得收益来决定谨慎性原则的实施。三是认为谨慎性原则的实施应该与具体的会计要素核算结合起来，如果具有不确定性的会计事项很可能导致负债、费用增加，则需要遵循谨慎性原则核算潜在的费用和负债。如果具有不确定性的会计事项很可能导致资产、收入增加，并不需要核算潜在的资产和收入，除非有充分的证据表明资产和收入极有可能增加。

1. 谨慎性原则的涵义

随着企业会计准则理论、方法体系的逐步完善，谨慎性原则已经渗透到了企业等经济单位财务会计工作的方方面面。谨慎性原则是保守主义观点在会计理论、方法体系中的具体体现。谨慎性原则要求企业在进行会计核算时，应时刻保持谨慎的态度，不得多计资产或收益，同时也不得少计负债或费用，即在企业会计准则允许的情况下，少计资产、收入，多计负债、费用。谨慎性原则的确立是随着企业等经济单位外部经济环境的日益复杂化，以及由此产生的会计要素信息的不确定性的逐步增强，而又无法做到会计信息绝对相关的情况下而出现的必然产物。谨慎性原则具有丰富、坚实的会计理论基础，谨慎性原则体现于企业等经济单位会计管理活动的全过程。在会计实务中，谨慎性原则囊括了包括会计确认、会计计量和对外报告等各个方面的内容，从会计确认角度看，谨慎性原则要求确认标准应该建立在稳妥合理的基础之上；从会计计量角度看，谨慎性原则要求不得多计资产、收益，也不得少计负债、费用；从对外报告角度看，谨慎性原则要求企业等经济单位为会计信息使用者提供重要的会计信息，特别是要提供关于有可能发生的潜在风险和损失方面的信息。

[拓展知识 2-7]

关于或有事项的核算，《企业会计准则》规定，只核算符合负债定义的或有负债，而不核算或有资产。此项规定体现了谨慎性原则在会计确认环节的应用。

当企业通过选择相对较短的折旧年限或者摊销年限，从而提高了每期的折旧额和摊销额时，这一做法体现了谨慎性原则在计量环节的应用。

2. 谨慎性原则的演进

在市场经济发达的国家，早期的谨慎性原则是缺乏会计学和经济学理论支撑的。早期的谨慎性原则仅仅停留在对已有的会计工作实践的再认识和改进层面。后来，西方国家爆发的经济危机极大地促进了这种再认识，使其开始逐渐从会计实践上升到会计理论高度，并最终成为会计基本理论体系重要的组成部分，不仅仅是体系内容的一部分，也是会计思想的一部分。美国会计学家亨德里克森认为，谨慎性原则对于某些交易或者会计事项，在可以选择会计政策和程序的情况下，财务部门在不违反会计准则的前提下，应当尽可能地选择那些会降低利润、资产价值的会计政策和会计程序。在会计实务中，通常将谨慎性原则理解为可以预估所有可能的损失，但不预估任何不确定的收益，并据此进行会计活动以产生会计信息。

[拓展知识 2-8]

在存货成本呈现下降的趋势下，当企业选择先进先出法作为存货发出计价方法时，则体现出谨慎性原则。

关于谨慎性原则，我国《企业会计准则》规定会计应当遵循谨慎性原则的要求，合理地评估可能发生的损失和费用。谨慎性原则是对会计、估值和报告确认原则的补充和变更，因此，应当尽可能地选择低估资产和利润的会计政策。谨慎性原则要求企业和其他经济单位在面对具有不确定性的交易或者会计事项时，应当合理评估可能发生的成本和损失，并在会计信息系统中反映这些可能发生的成本或损失，即进行备抵核算，从而相应地减少会计利润。但是资产要素的备抵核算必须谨慎，会计估计需要有依据，需要符合客观经济环境的要求，不能盲目地高估费用、低估利润。影响企业价值、难以计量且不能合理计入会计报表的不利会计事项，应当在财务报告附注或补充信息中予以披露。谨慎性原则还要求对于可能产生的收入或利润，除非有充分的证据，否则在正常情况下不应予以确认。

[拓展知识 2-9]

无论是存货减值测试用到的可变现净值还是长期资产减值测试用到的可收回金额，本质上都属于会计估计范畴。作为一种主观判断，估计需要“依据”来保证估计的可靠性和相关性。

由此可见，虽然我国的企业会计准则并未详细说明谨慎原则的具体操作流程，但从上述定义可以推断出大多数传统观点是以描述性方式对谨慎原则进行定义的。以这种方式定义谨慎性原则对于定性、定量反映不确定性会计事项肯定是有所欠缺的，会计理论体系需要在定性和定量上进一步完善和发展，以反映交易和会计事项中的不确定因素。这种完善和发展不仅限于会计理论和方法体系的完善和发展，还取决于会计相关理论的发展。同时，会计信息的相关性还与会计要素的市场化程度等因素密切相关。

作为一门以经济学为基础的社会科学，会计必须以精确为最终目标。为了全面、客观地反映复杂多变的经济环境下的各种会计不确定性，需要运用数学工具对这些不确定性进行量化和准确反映。谨慎性原则量化观点的出现，标志着会计界一致认为谨慎性原则量化发展已然是必然趋势，包括我国企业会计准则在内的世界会计理论体系越来越多地引入多层次公允价值定价模型，从计量技术角度丰富了谨慎性原则的理论内涵。

3. 谨慎性原则存在的基础

（1）经济活动的不确定性。不确定性是企业等经济主体经济活动中普遍存在的经济现象。这种不确定性会给企业等经济单位带来风险，但风险又不同于不确定性。风险是经济面临的随机性，可以用具体客观的数值概率来表示，而不确定性没有概率，与概率事件没有理论上的联系。风险只是企业等经济单位开展生产经营活动时所面临的众多不确定因素之一。然而，在经济决策中，人们往往将不确定性等同于风险，这种观点产生的结果是实际上缩小了不确定性的范围。与风险不同，不确定性是不明确的，不能假设对备选方案有充分的了解。在会计实务中，决策者通常不会明确区分不确定性和风险。不确定性是由于缺乏足够的数据，导致无法客观地计算出投资风险发生的概率，几乎所有的经济决策都会包含一些不确定因素。

会计中的不确定性通常有两个主要来源：①会计信息与会计主体的持续经营假设密切相关；②会计要素的估值包含未来现金流量的不确定性成分。会计中的不确定性成因可分为客观因素和主观因素两类：客观因素是会计理论体系之外的不确定因素，存在于会计信息系统之外，因此企业等经济单位不能控制这种不确定性，但是这种不确定性对会计信息系统的影响可以通过完善会计准则体系本身来使其最小化。会计不确定性的客观驱动因素是会计准则和会计相关法律法规固有的不确定性。国家相关部门制定的会计政策、制度、规章、准则等技术性规范性文件，对会计工作具有很强的约束力。但是这些技术性规范性文件中包含制定者的一些主观因素。相应地，国家相关部门只能进行原则性指导，而将具体的选择权甚至决策权留给企业等经济单位。

［案例 2-1］

所有会计政策、会计估计的制定和选择都是基于持续经营假设。某公司针对某项固定资产按照 10 年计提折旧，即假设企业可以在 10 年内能够正常存在。而企业是否真的可以在 10 年内正常存在，有其不确定性。

（2）会计对象相关的不确定性。会计对象是存在于会计信息系统之外的交易、事件和情况，会计对象是发生在企业等经济单位中的各种经济活动。企业和其他经济单位的经济活动具有不确定性，这种不确定性主要表现在两个方面：①企业等经济单位的经济活动难以准确计量所带来的不确定性；②经济活动的不确定性、复杂性和波动性带来的不确定性。随着市场经济的快速发展，出现了一些新型经济要素，比如金融工具等创新型经济要素，这些经济要素大多是尚未履行或正在履行的合约，由于金融市场通常存在较高的信用风险和市场风险，且由于履行这些合约需要相当长的时间跨度，由此导致经济活动运行的结果具有不确定性。此外，企业等经济单位所处于的外部经济环境变化也会产生会计不确定性，企业外部经济环境的变化是导致会计信息系统产生的会计数据存在不确定性的重要原因。

会计信息系统在处理会计信息的确认、计量、记录和报告等过程中也会产生会计不确定性。这种不确定具有主观性，是由会计信息系统本身引起的，是会计理论体系固有的不确定性。随着会计理论体系的不断完善和发展，会计理论体系本身所带来的不确定性可以逐渐减少。会计理论体系的不确定性所产生的原因主要有以下两个方面：

①基本会计准则带来的不确定性。基本会计准则是会计工作必须遵循的基本原则，是制约会计信息质量的内在机制。基本会计准则带来的不确定性又包括两方面：一是基本会计准则内部存在着一些矛盾，核心会计原则之间存在一定程度上的逻辑不一致。将这些基本原则用于会计实务，必然会给企业和其他经济单位带来会计信息的不确定性；二是权责发生制、谨慎性原则等诸多会计原则的应用过于依赖主观估计和判断，也会给会计信息的处理带来不

确定性。

[拓展知识 2–10]

随着公允价值计量模式被人们越来越广泛地应用，会计信息质量的可靠性约束和谨慎性约束将会受到挑战。

②具体会计准则带来的不确定性。具体会计准则是会计工作必须遵循的，其带来的不确定性主要是对于同一种经济业务的核算可能采用不同的会计政策所带来的。许多会计政策都有选择的空间，这种宽泛的政策选择空间给会计准则带来了不确定性。

[拓展知识 2–11]

企业选择不同的存货发出计价会计政策、选择不同的会计折旧估计方法，会导致不同的财务状况和经营成果。会计政策和会计估计空间，带来了会计核算结果的不确定性。

此外，企业等经济单位的经济行为也具有一定的不确定性。企业等会计主体在会计工作中造成的不确定性，主要是由于不同的会计人员在处理同一类业务时，由于技术水平和职业道德的不同而得到不同结果。不仅有技术上的考虑，还有来自管理机构的故意施压、商业实体的欺诈行为、合法错误等原因。由此可见，会计工作的全过程、其所属的经济环境、企业等经济单位的行为都存在着不确定性。

（3）会计不确定性的影响。会计不确定性无论是会计理论体系本身引起的不确定性，还是会计理论体系以外的因素引起的不确定性，都会对会计信息质量产生不同的影响。会计不确定性产生的原因有很多，在现行企业会计准则下，会计确认和计量主要以权责发生制为基础，因此会计核算过程中的不确定因素必然存在。企业等经营单位对财务人员的估计和判断的依赖也是不可避免的，必然影响会计信息的质量，使会计信息的可靠性只能是相对的，而不是绝对的。会计的不确定性导致会计信息的相关性降低，甚至失去可信度。比如在长期的生产经营过程中，结算要素的市场风险、自然灾害造成财产损失的风险等，此类不确定性通常无法在报告中准确披露，导致会计信息的相关性降低。

《企业会计准则》规定，企业在处理不确定会计事项时应当采用谨慎性原则。企业和其他经济单位可能运用谨慎性原则人为地低估企业资产、收入或者高估负债、费用，然而过度的谨慎也会导致会计信息失衡，从而违背可靠性原则，对会计信息的使用者产生重大的负面影响。

4. 谨慎性原则存在的意义

企业等经济单位在生产经营过程中所面临的不确定性是谨慎性原则产生的根本原因。市场的不确定性表现为各种风险的存在，这是企业等经济单位必须维持谨慎性原则的客观条件，在某种程度上，谨慎性原则是企业等经济单位运作和管理的内在稳定器。此外，谨慎性原则是会计处理会计不确定性、提高会计信息有用性的有效原则。会计信息系统的主要目的是为会计信息使用者提供对其决策有用的企业等经济单位的会计信息，以帮助提高会计信息使用者评价企业等经济单位的财务状况、经营成果以及现金流量，因此，决策的有用性也可以看作对会计信息质量最基本的要求。著名会计学家葛家澍提出的决策有用性包括对会计信息质量的相关性和可靠性两个首要要求，以及对会计信息质量的有效性和可比性两个次要要求。决策相关性是一种基于相关性、可靠性、有效性和可比性的学术观点。有用的会计信息相当于同时具有相关性、可靠性、有效性和可比性。

谨慎性原则是企业等经济单位对会计不确定性的自然反应，这种反应的外部经济效益是会计政策的选择，如低估资产和收益，高估负债和损失等。谨慎性原则在会计体系中占有重要地位的首要原因是不确定性和风险在企业的生产经营活动中无处不在，而谨慎性原则的初衷就是要规避这些不确定性和风险，以提高会计信息的相关性。适当运用谨慎性原则可以有效帮助企业和其他经济单位规避风险，如企业和其他经济单位多报收入可能导致企业的税负增加，从而导致企业现金流出增加，存在降低企业价值的风险。根据谨慎性原则，企业等经济单位可能会从延迟或减税中受益，如果企业能够在企业会计准则允许的范围内充分运用谨慎性原则，则当期所得税负担可能会相应减轻。所得税税负递延也可以满足企业的现金流需求、资本保值需求以及更新和扩大再生产的需求，显然有利于企业等经济单位的长远发展。

此外，收入和资产的高估很容易导致企业等经济单位的利益相关者的盲目乐观，导致企业利益相关者在财务报告虚增收益的影响下做出错误的生产经营决策。在谨慎性原则下，企业等经济单位可以运用谨慎性原则剔除计入会计收益的多报成分，从而提高财务报告的有用性。只有这样，企业等经济单位的相关利益者才能在充分评估企业未来面临的风险的前提下做出正确的生产经营决策。

5. 谨慎性原则会计政策及其执行

（1）谨慎性原则会计政策。2000 年，我国财政部为了顺应市场经济的发展，正式发布了《企业会计准则》。《企业会计准则》中，将谨慎性原则表述为企业在进行会计核算时应当遵循谨慎性原则的要求，不得多计资产或者收益，不得少计负债或者费用，不得计提秘密准备。在会计要素的确认原则、计量基础和会计报告的编报原则等方面，谨慎性原则的改革力度同样也很大。首先是《企业会计准则》扩大了谨慎性原则的适用范围，《企业会计准则》规定企业应当定期或者至少每年年度终了对各项资产进行全面检查、进行减值测试，并根据测试结果，依据谨慎性原则的要求合理地预计各项资产可能发生的潜在损失，对可能发生潜在损失的各项资产损失计提资产准备金。时至今日，在《企业会计准则》中除了少数采用公允价值计量的会计要素之外，多数会计要素的核算均需遵照谨慎性原则的要求进行备抵核算。

（2）谨慎性原则会计政策执行。在我国企业等经济单位执行的《企业会计准则》和相关会计法律法规中，谨慎性原则在资产负债、收入和费用的确认、计量和报告等会计环节中都得到了充分的体现。

[拓展知识 2–12]

1. 资产类会计要素的核算

《企业会计准则》规定对于不能为企业带来经济利益的固定资产，如果固定资产已经长期停止使用或已经发生毁损，不再具有使用价值或转移价值的固定资产，为避免虚增其账面价值，应按照固定资产账面价值全额计提减值准备；已经不能够为企业带来经济利益，或已超过法定保护期限而不能为企业带来经济利益的无形资产，其账面价值应当全额计提减值并计入当期损益；流动资产中的递延费用也有相应的规定，如果递延费用不能再为企业带来经济利益，未摊余价值应立即转入当期损益，不得在以后会计期间继续摊销处理。对于存货，《企业会计准则》要求使用成本和可变现净值二者中较低者来计价期末存货。上述备抵核算在一定程度上避免了将这些损失转移到以后的会计期间，这有助于保持各个会计期间财务状况和经营成果相对合理。此外，固定资产的加速折旧、无形资产的加速摊销、自行研发的无形资产研发成本的资本化处理和费用化处理都能够体现谨慎性原则。

2. 负债类会计要素的核算

在负债类会计要素的核算中，谨慎性原则主要体现在或有事项的核算中。或有事项由过去的交易或者事项产生的不确定会计事项，其结果由未来某项会计事项发生与否来决定。理论上，或有事项可能产生或有资产，有可能产生或有负债，但是出于谨慎性的考虑，不核算或有资产，只可能核算或有负债。《企业会计准则》规定，如果一项或有负债同时满足三个条件（该项负债是会计主体承担的现时义务、该项负债的解除很可能导致经济利益流出企业、该项负债的金额能够可靠计量），则该项负债就可以在预计负债科目中核算，并最终在资产负债表中单独列示。

3. 收入类会计要素的核算

在收入类会计要素的核算中，谨慎性原则要求采用“低优于高”“晚确认优于早确认”的原则来核算收入和利得。收入的核算遵循的是权责发生制原则，按照权责发生制原则的要求，在确认收入时，首先要做风险判断。按照持续经营假设，收入最终应该表现为经济利益流入企业。基于此，如果判断的结果是经济利益很可能不流入企业，或者已经流入企业的经济利益最终很可能还会流出企业，则出于谨慎性原则的考虑，会计上并不确认收入。反之，只有当认为经济利益很可能流入企业或者已经流入企业的经济利益很可能不再流出企业时，才能够确认收入。收入确认时的风险判断，本质上遵循的就是谨慎性原则。

4. 费用类会计要素的核算

与收入确认相反，费用和损失的确认遵循“早比晚好”“多比少好”的原则进行。“早比晚好”的原则体现在费用的预提处理上，理论上，费用最终会表现为经济利益流出企业。预提处理就是在经济利益尚未流出企业时就予以核算费用，这种预提核算，可能包含会计估计的成分，这种对于成本费用的会计估计就是谨慎性原则的结果。“多比少好”的原则体现在成本费用的摊销处理上，理论上资产都会被消耗掉，其价值最终将转入成本费用，资产价值减少的金额最终就是成本费用增加的金额。资产价值需要在一定期限内转入成本费用，如果会计上选择相对较短的转入期限，即选择相对较短的摊销期限，则意味着选择了相对较高的成本费用，作为利润的减项，较高的成本费用意味着相对较低的利润，由此体现出谨慎性原则。

在会计准则体系中，时至今日，谨慎性原则仍然对具体会计准则有着深刻的影响。编者认为，谨慎性原则是会计理论体系内部保证会计信息质量的重要原则，是企业会计准则理论、方法体系内部的自限性理论，在会计理论、方法体系内部具有普适性。

目前，我国企业会计准则已经引入了公允价值计量模式。公允价值计量模式为会计系统带来了更加宽泛的会计政策选择空间，公允价值会计信息所要反映的不确定性事项越来越多，这种不确定性会计事项的产生，既有经济业务复杂化的原因，也有会计准则体系本身的原因，宽泛的会计政策选择空间一方面有利于提高会计信息的相关性，另一方面也有可能增强会计信息的不确定性。在此种情况下，企业等经济单位在没有充分把握提高会计信息相关性的情况下，退而求其次，采取保守的会计策略来确保会计信息相关性不降低，不失为一种相对适宜的政策策略，而这种策略就是谨慎策略，是企业等经济单位遵循谨慎性原则的结果。

编者认为，无论是在单一的历史成本计量模式下，还是在历史成本、公允价值双重计量模式下，谨慎性原则都有其理论生命力。谨慎性原则的存在基础是风险和不确定性的存在，无论在何种计量模式下，风险和不确定性始终存在，由此，谨慎性原则具有存在的理论价值。

6. 谨慎性原则对于会计信息质量的刚需约束

谨慎性原则在我国企业和其他经济单位中的贯彻落实是非常必要的。虽然会计准则体系的发展和完善有助于提高会计信息的相关性，但是企业和其他经济单位面临的在生产经营过程中的不确定性始终存在，企业会计准则体系不能完全保证会计信息的相关性，因此，谨慎性原则有着充分的存在必要，我国的会计实践充分证明了这一点。在企业等经济单位的生产经营过程中，由于企业等经济单位外部市场的竞争，以及企业等经济单位内部环境的变化，企业会遇到诸多的不确定因素，这些不确定因素会导致企业经营困难甚至濒临倒闭，企业和其他经济单位的稳定和发展受到严重威胁。因此，企业在核算时应保持谨慎的态度，充分评估可能存在的风险和潜在损失，低估甚至忽视可能带来的收益，使决策者能够正确评估企业复杂的外部环境变化，将风险限制在尽可能小的程度。只有这样，企业和其他经济单位才能做出正确的生产经营决策，才能从企业和其他经济单位的财务信息中挤出水分，保证企业的稳定发展。

此外，为了保持企业在市场竞争过程中的主动权，限制不确定风险对企业的影响，谨慎性原则还可以起到防患于未然的作用。谨慎性原则的实施也符合企业包括投资者和债权人在内的相关利益者的利益。随着市场经济的快速发展和企业资本规模的快速扩张，所有权和经营权逐步分离，投资者和经营者对企业的经营状况有着不同的看法。投资者关心的是企业的资产能否保值增值、能否在持续盈利的假设下持续经营；而经营者关注的是企业当前的经营业绩，以此来表明经营者的经营成果。在双方利益无法充分协调的情况下，需要进行会计签证来协调这一矛盾。谨慎性原则要求企业在进行会计政策选择时，尽可能选择不夸大资产和收益的会计实务，使会计信息尽可能做到谨慎和公允，谨慎公允的会计信息也可以为会计签证提供科学依据，确保签证结果能够被公众广泛接受，使得企业的经营者避免短期行为，提高企业防范风险的意识和能力，从而保护投资者和债权人的利益。

现代会计理论体系已经具备了很强的防范会计风险的能力，这是我国会计准则体系多年完善和发展的结果。编者将这种来自会计理论体系内部的风险防范能力称为“制度免疫”，这也是本教材的理论创新之处。

谨慎性原则作为一种会计政策是有其双面性的，一方面谨慎性原则能够保护投资者、债权人的利益，另一方面也会在政策层面给企业的财务部门进行盈余管理乃至利润操纵留下制度空间，近而可能会损害到企业的投资者和债权人的利益。从我国企业现有情况来看，利用会计政策进行过度盈余管理乃至利润操纵的现象较为普遍。会计理论体系本身能做的只是通过理论的发展完善，在会计理论层面保障提高会计信息的相关性。实际产生的会计信息是否具有相关性，则还要看企业等经济单位对于会计政策的把握。从会计理论的发展趋势看，会计理论体系会提供越来越宽泛的制度空间，因此，也就越来越难以排除企业等经济单位会计政策选择的主观性。

[拓展知识 2-13]

谨慎性原则作为重要的会计信息质量约束机制，理论上存在着被滥用的可能，比如通过计提资产减值准备金、转回资产减值准备金来实现盈余在不同会计期间的转移。资产减值会计准则关于不允许转回长期资产减值准备的规定，是在制度层面防止谨慎性原则被滥用。但是现行准则并不禁止短期资产减值准备的转回，由此导致存在会计政策被滥用的可能。

通过以上对谨慎性原则理论和实务的分析，可以得出以下结论：谨慎性原则是我国企业应该采用也必须采用的会计原则，它适用于企业会计核算的全过程，只有采用谨慎性原则，保守地反映收入、费用和资产、负债，才能使会计信息更为公允、真实、可靠，对于不采用谨慎性原则甚至滥用谨慎性原则计提秘密准备的情况，国家相关管理机构（如财政部、证监会）应该加强对企业的财务监督。此外，还应该加强社会审计的独立性，提高企业财务人员的职业水平，增强其职业判断能力和独立性，提高投资者的职业判断水平。在会计理论的发展方面，应该加快会计准则体系的建设，提高会计准则制定水平，保证会计准则的权威性，从制度上防止谨慎性原则的滥用。

（八）及时性原则

及时性原则规制了会计信息生成和披露的时间要求，及时性原则要求企业等经济单位应该及时确认、计量和报告已经发生的交易或事项，不得提前或延误会计信息的生成和披露。会计信息生成、披露过程的及时性包括：会计信息的及时收集、会计信息的及时处理、会计信息的及时报送三个方面。

会计信息的价值在于帮助所有者及其他相关利益方做出合理的经济决策。会计信息具有时间敏感性，即使是可靠和相关的会计信息，如果不能按时生成和披露，也会失去其相关性，对会计信息使用者的相关性将大大降低，甚至不再具有实际的决策意义。在会计确认、计量和报告过程中贯彻及时性原则，一方面要求企业等经济单位要及时收集会计信息，即在交易或经济事件发生后及时收集能够证明经济业务发生的相关原始凭证，另一方面还要求企业等经济单位及时处理收集到的相关原始凭证，即按照《企业会计准则》的规定及时审核、处理相关原始凭证，并进行相应的会计核算，最终将编制好的财务报告及时披露给财务报告的相关利益人，以利于相关利益人及时使用和决策。

在会计实务中，还有可能出现如下情况，即及时提供会计信息可能意味着需要在获取所有交易或事项的相关原始凭证之前就进行部分的会计处理，比如会计估计，这种做法在一定程度上满足了会计信息使用者对于会计信息及时性的要求，但是这种及时提供会计信息的做法也有可能会影响到会计信息的可靠性，进而会影响所有者以及财务报告的其他使用者做出决策的合理性。在会计实务中，企业等经济单位的财务部门通常需要在及时性和可靠性之间做出适当的折中性选择，以兼顾企业等经济单位所有者以及财务报告的其他使用者在做出经济决策方面，对于会计信息可靠性的要求和时间性的要求。

第二节 会计信息质量的外源性约束

在我国企业会计准则现有的会计理论与方法体系内部存在内源性的会计要素信息质量约束机制。而在会计专业以外的其他领域，同样有外源性的会计要素信息质量约束机制，编者选取了契约理论和博弈理论作为会计要素信息质量的外源性约束机制。

一、契约论与会计信息质量

（一）会计契约论

企业等经济单位的合同通常为生产要素投入合同，生产要素所有者根据使用权交易协议向企业投入各种生产要素，这些生产要素是指除人力资本以外的其他资本要素，比如股权和债务资本要素。企业等经济单位对生产要素所有者投入的生产要素具有所有权和控制权，从会计角度看投入要素合同，资产是企业能够控制和支配的资源的具体外在表现，其金额等于负债和所有者权益之和。在现行会计准则体系当中，人力资本仍未被纳入会计信息系统。虽然从人力资本的本质来看，人力资本投入所转化出的管理能力、生产能力等人力资产与其所有者密不可分，但是其使用权与所有权的交易却难以精确辨别。事实上，随着会计专业观念的更新和专业技术的发展，还会有一些生产要素不会作为会计要素被反映，比如技术竞争力、人力资源等，但是从长远看，也不是完全没有可能将它们纳入会计信息系统。

［**拓展知识 2-14**］

在会计上，人力资本通常被认为是一项人工费用，而不是企业的一项资产。优秀的人力资源同资产的不一样之处在于人力资源可以决定自己的去向，并不完全被企业所控制。企业使用人力资源支付的是使用阶段的报酬，而不是未来全部的经济利益。因此，作为一项费用处理，的确比作为资产处理更加具有合理性。

经济要素使用权交易协议包括政府的公司治理法律法规、公司章程、债务合同、投资合同和雇佣合同等内容。企业等经济单位的章程实质上是关于股权资本要素使用权的协议；债务合同一般表现为使用债务资本要素的协议；雇佣合同表现为人力资本要素使用权的协议。这些契约的履行实际上就是企业等经济单位开展生产经营活动的过程，也表现为企业等经济单位内部的资源配置以及所产生的附加收益的分配。在会计上，表现为相应的财务会计协议和会计协议的结果，即生成会计要素信息。其中，资产配置包括资产对外交易、资产在企业内部的使用以及这些配置活动的管理三个方面。经营者必须先根据使用权交易协议中的具体约定，接收投资者投入企业等经济单位的用于生产产品或提供劳务所需的初始资金，然后再利用这些资金组织生产活动，最后将生产出的商品或者服务交付给商品和服务的接受者，并最终按照要素使用权交易协议分配要素使用过程中产生的增值部分。

［**案例 2-2**］

某公司依照投资协议和借贷协议从投资人和债权人处获得资金，然后依照与设备供应商和材料供应商签订的协议获得生产设备和原材料。员工依照用工协议组织产品生产，最后公司依照销售协议将商品提供给消费者。该公司如果实现利润，将向投资人分配股利；但是无论盈利与否，都要向债权人还本付息。

因此，企业等经济单位的生产经营活动通常表现为对经济要素使用权交易合同的履行过程。这一过程包括企业初始资本投入、企业对资本的使用、企业出售资产和服务三个阶段的交易协议的签订和执行，此外还包括按照使用权交易协议对企业盈余的分配。经济要素所有者提供经济要素的目的是增加经济要素的价值，因此，使用权交易协议的核心内容之一就是要说明要素未来的增加值将如何在要素所有者之间进行分配。

（二）会计准则契约结构

公司会计政策的制定通常会考虑经营者、股东、债权人和政府四个方面的相关利益。为了节省制定规则的成本，企业等经济单位的利益相关人通常会采取合作博弈的方式将一般会计政策的制定权交给政府部门，以此提高制定规则的效率、降低制定规则的风险。此类合同安排通常会通过政治决策规则和程序直接或间接实施，因此此类合同通常具有公共服务采购的特征。会计合同的实施分为三个层次：一般会计准则、其他会计准则和审计。为了降低交易成本，一般会计准则通常由政府部门制定，由于企业等经济单位所处经济环境具有相对的不确定性，因此，企业等经济单位也应该有权制定一般会计准则无法界定的规则，诸如企业等经济单位可以使用基于主观判断的规则来进行有效的收支管理，以便维持企业等经济单位生产经营活动的稳定性。

［**拓展知识 2-15**］

我国《企业会计准则》由财政部组织制定，会计准则的内容有刚性部分，也有弹性部分。刚性部分具有政府部门公共产品的属性；而弹性部分则具有企业参与制定规则的属性。

监管机构通常会为灵活的会计政策留出相当大的政策选择空间，允许企业等经济单位及时对生产经营活动的不确定性进行适当调整，以此补偿合同刚性。虽然根据会计协议，企业等经济单位所产生的会计信息总量在理论上是恒定的，但会计主体需要确定会计信息公开到什么程度才能更有利于实现企业自身利益和社会利益的最大化，会计主体可能会有选择地对外进行会计信息披露，以平衡各个利益方之间的关系。因此，必须有一个被所有利益相关者认可的公正的第三方，这就是审计，审计的目的是检查企业等经济单位财务报告的真实性、合法性和可靠性。这意味着需要验证企业等经济单位的财务报告的编制是否符合企业会计准则，以及财务报告是否在所有重大方面都公允地反映了企业的财务状况和经营成果。合理性评估涉及审查企业等经济单位执行企业会计准则的情况，可靠性和真实性基于检查会计政策的选择和披露政策的遵守情况。

广义的会计合同包括会计准则的制定、会计政策的选择、会计信息的披露、会计信息的解释和确认等诸多内容。这些内容彼此之间密切相关，最终形成会计契约链条，在这种链条结构中，每个环节都充分体现了利益相关者各方力量之间的博弈关系。在经济学中，契约履行机制主要表现为信用机制、信誉机制、市场化自动履约机制和内部保障机制。作为现代合同中的主要合同类型，会计合同的履行也在更大程度上取决于内部担保机制的作用。因此，《企业会计准则》能否得以有效实施不仅仅取决于企业等经济单位，会计契约的执行实际上是企业等经济单位利益相关者之间博弈的结果。随着会计政策选择空间的扩大，会计信息的相关性本质上在于获取企业等经济单位自身与其各自利益相关者之间的平衡。这种利益平衡关系非常复杂，在不能实现完全平衡的情况下，谨慎就成为一个合理的选择，这也是为什么谨慎性原则在公允价值计量模式下仍然是最基本的会计原则的重要原因。

[拓展知识 2-16]

会计信息使用者所看到的会计信息，是一系列契约被履行的结果。政府部门制定会计准则，企业按照会计准则的要求生成会计信息、在会计准则允许的范围内选择会计政策、进行会计估计，最终对外呈报财务报告，第三方鉴证机构对财务报告进行鉴证，本质上都是履约行为。

（三）会计契约的分类

在现代经济学中，所有的经济往来都可以被看作是一种契约关系。约束契约关系的合同分为完整合同和不完整合同，完整合同是指合同双方能够充分预见到合同期限内可能发生的所有重大事件，并愿意遵守所签订合同的条款，可以通过三方执行的合同。当合同条款不明确或者没有争议解决条款时，此时合同是不完整的，由此，契约分为完整契约和不完整契约。此外，合同双方获取信息的可能性和成本有可能存在差异，客观上信息的分布在时间和空间上是不可能完全对称的，总是存在合同的一方知道而另外一方不知道的信息，从而导致信息不对称的现象客观存在，现实经济活动中的契约通常是不完全契约。

[拓展知识 2-17]

公允价值是在公平的市场条件下，熟悉情况的交易双方自愿达成的价格。实际上，无论是市场条件，还是对市场情况的熟悉程度，对于买卖双方来讲永远不可能完全一致。由此导致公允价值只能做到相对的公允，而无法实现绝对的公允。

企业等经济单位是一系列合同关系的组合，包括使用权交易合同和会计合同。使用权交易是商业合同交易的核心内容，包括所有者投入的股权资本要素、债权人投入的债权资本要素等有形要素以及无形的人力资本要素。商业合同的一个重要部分是使用这些要素的权利的交易，具体交易过程分为两个阶段：首先是生产要素供需双方签订协议，将生产要素使用权转让给企业等经济单位，然后以法人身份享有企业等经济单位的所有权和实际控制权，行使这种所有权和实际控制权的过程就是企业等经济单位的生产经营活动。在企业生产经营过程中，由于借入资金的短期契约性质，其风险较低，债权人获得的是相对较低且固定的契约收益。而投资合同涵盖企业的整个生命周期并承担其一切风险，因此企业的股东拥有对企业的控制权和剩余索取权。在人力资本中，生产型人力资本要素可以从报酬中获得固定收益，只是因为生产型人力资本的资源禀赋相对较低，承担风险的能力较低。而管理型人力资本因为相对稀少，其重要性不言而喻，因此在一定程度上也会对企业等经济单位具有剩余控制权和剩余索取权。

会计合同是企业等经济单位中的一种特殊类型的合同，由于要素使用权利的交易合同不完全符合会计计量功能，无法确定企业盈余和企业盈余相关利益各方各自可分配的金额。因此，在企业合同中，除了使用权交易协议之外，还必须有一种合同形式来弥补使用权交易协议的不足。企业会计准则中的计量模式解决了企业合同的会计量化问题，即会计理论体系中的计量问题，在签约主体签订和履行合同的过程中，会计的作用是不可或缺的。会计的作用体现在与企业等经济单位有关的会计要素的确认、计量、记录、报告和监督等方面。

[拓展知识 2-18]

会计的计量模式范畴远远大于合同价值，企业合同价值可以被会计计量采用，但是也可能不被采用。比如融资租赁合同并不提供现值，而现值恰恰是融资租赁业务的计量基础。

签订商业合同后，企业等经济单位首先要确认和计量企业利益相关人投入的经济资源以及其在企业中的权益，这是企业所有权合同安排的重要依据。达成合同只是承诺的开始，只有合同能够顺利实施，相关利益方的利益才能最终实现。在合同履行过程中，会计通过确认、计量、记录、报告和披露合同各方的会计要素状况，实时反映和监督合同履行的进程和效果，以便合同利益相关者可随时掌握合同的履行情况，以供决策者决定继续履行合同或者终止合同。企业合同履行的过程与会计信息系统的运行密切相关。

在现实市场经济条件下，由于要素交易频繁，导致企业等经济单位每次谈判和签订合同的交易成本过高，因此根据需要逐渐形成了一些企业合同范本条款，这些企业合同的范本条款通常反映国家意志并以法律法规的形式公布，《公司法》《证券法》等法律法规的产生实际上是部分交易协议在法律层面的固化。同样，会计合同也逐渐演变为具有法律效力的法律、法规或者规定，如《企业会计准则》等。据此，在企业合同的签订和执行过程中，很多合同内容不必再由要素所有者重新协商和签署，降低了交易的成本。但是，法律、法规和固定格式的制度因其本身并不完备，致使在合同的签订和执行过程中还存在很多问题。部分事项仍然需要合同利益各方在法律框架内单独协商。

二、博弈论与会计信息质量

（一）会计博弈论

会计政策的实施不是企业等经济单位单一方面选择的结果。一般来说，会计理论体系以及相关经济理论在企业等经济单位的内部和外部之间存在一定的矛盾，这就是博弈关系。会计政策的有效实施就是在相互冲突的关系点之间做出科学合理的选择。会计理论体系内外存在的多层次、多点位的博弈关系是谨慎性原则的基石，不同的企业可能有不同的决策偏好和不同的资本、技能和信息资源，企业等经济单位不会故意选择对自己不利的经济行为。会计契约要求各个企业等经济单位的相关利益人向企业贡献资源、资本、技能、信息等要素，从而使企业能够为企业的利益相关人做出贡献。在企业等经济单位利益相关者引进和获取资源的形式、数量和时间上，存在着企业等经济单位之间、参与主体之间相互博弈的问题。

[案例 2-3]

某公司作为一家企业，有诸多的相关利益人，投资人、债权人、职工、政府部门以及交易对手存在着不同的利益诉求，并且存在矛盾性。这种矛盾性产生了企业相关利益人之间的博弈关系，而这种博弈关系会对会计政策选择、会计估计判断产生直接的影响。

会计作为将参与其中的各个主体的利益结合起来的一套契约，是基于企业等经济单位中相关利益相关者之间关系的博弈。会计政策的选择是企业合同执行的一个要素，会计政策的选择有助于企业合同包括会计合同的有效执行。会计政策选择的结果实际上是企业与其他利益相关人博弈的结果。会计政策的选择是一个动态过程，贯穿于企业从会计确认、计量、记录和报告到会计政策执行的全过程。会计信息的生成过程实际上就是会计政策选择的过程。企业等经济单位选择不同的会计政策，会产生不同的会计信息，进而导致企业利益相关者不同的利润分配结果和投资决策行为。美国会计史学家查特菲尔德（Michael Chatfield）认为，使用错误的会计政策会使投资者误入歧途，资源在有效的资本市场中配置不当。因此，企业等经济单位的各个利益相关方都会对会计政策的制定和选择给予高度重视和关注。

会计政策通常以会计实施过程中的技术规范文件的形式表现出来，其本质是一种契约安排，对各个利益相关者的经济利益都会产生一定的影响。会计政策不是纯粹的技术规范，不同的会计准则和会计政策选择会产生不同的会计信息，影响不同利益相关者的利益。一些利益相关者可能会受益，而其他利益相关者可能会遭受损失。会计政策所造成的经济后果，往往要借助于企业等经济单位的会计政策选择来实现，各种形式的会计政策选择都是为了提供经济利益。

（二）企业等经济单位与相关利益人的博弈关系

1. 政府与企业等经济单位之间的博弈

政府也有其自身利益，一般会通过制定法律法规、规章制度来谋求自身利益的最大化，会计相关的规章制度也属于政府颁布的法律法规范畴。许多国家的会计法律法规，包括会计准则都是国家政府相关部门制定的，所以都具有非常强的国家属性。然而，会计准则在不同的国家或地区却有着截然不同的制定单位，世界各国普遍存在三种能够制定会计准则的组织机构：非官方组织、半官方组织、官方组织。我国的企业会计准则一直由政府相关部门制定，政府作为会计准则的制定主体，可以充分保证会计准则体系的权威性和时效性。但是，由于企业和其他经济单位经营活动的复杂性，且利益相关者之间存在不同程度的利益冲突，由此导致政府部门无法制定过于详细的会计准则，只能制定一般性的会计准则，从而留下了“剩余会计准则”。这些“剩余会计准则”实际上就是留给会计准则的具体实施单位的会计政策选择空间。

目前，政府相关部门和企业等经济单位分别是会计制度的制定方和会计制度的执行方。政府作为市场经济的监管者，基于公共利益目标，通过监管、审查和处罚来监督市场经济单位。会计信息市场也不例外，会计信息市场的相对不完善是市场机制的先天缺陷，它不仅影响市场本身的运行，还会导致经济运行产生相应的后果。会计信息市场的相对不完善不是市场机制所能解决的，监管可以有效弥补会计信息市场的这一短板。根据我国《会计法》的相关规定，中国证监会是我国会计信息质量的监督管理部门，负责会计准则的监督和实施，而被监督主体则是企业等经济单位。

会计主体在选择会计政策时的行为很可能以符合企业等经济单位的利益为最终目标。不同的利益取向导致政府与企业等经济单位之间产生博弈关系。比如企业的投资者为了实现投资效益最大化，总是希望获得更详细、更可靠的会计信息，从而支撑其做出明智的投资决策；政府相关部门对企业担负着宏观管理职能，政府部门会要求企业如实披露会计信息，足额缴纳税费，确保国家财政收入稳定增长，以此维护经济社会秩序稳定。

企业等经济单位在选择会计政策时，他们的策略可以分为两类，一类是非制度行为，即利用会计政策的漏洞或完全不遵守会计政策来提供会计信息，另一类是制度选择行为，即为会计信息使用者选择适当的会计政策来提供会计信息，提供真实、可靠的会计信息。政府相关部门的会计政策制定和会计主体的会计政策选择具有时序性，政府和企业等经济单位的信息不可能完全对称。会计政策制定者与执行方之间的博弈关系可以看作是不完全信息下的动态博弈关系。当会计政策的责任主体（即政府）选择有利于自身利益的策略时，会计政策的执行主体（即企业等经济单位）可能会倾向于选择一种非制度性的行为选择来保护自身利益。当企业追求制度选择行为时，政府可能会选择相应的社会性策略以获得更大的利益。

[拓展知识 2-19]

企业会计准则留有很大的会计政策、会计估计选择空间，这是政府部门和企业等经济单位博弈的结果。

2. 股东与企业等经济单位之间的博弈

股东与企业等经济单位之间博弈的参与者是企业的股东与企业的管理者。随着企业规模的逐渐扩大，所有权和经营权开始分离，企业开始拥有更多的生产经营自主权，经营者有盈余控制权，自然也有选择会计政策的权利，这种会计政策的选择权是经营者盈余控制权的重要组成部分。作为资源委托的实际经营者，经营者自然拥有企业其他相关利益人无法获得的信息优势。管理者除了追求以货币衡量的有形回报之外，还会涉及诸如特权等一些无形因素，企业等经济单位的经营者与股东的目标并不完全一致。企业等经济单位的内部管理架构通常由股东大会、董事会、监事会和经营者组成。经营者完全控制着企业的会计信息系统，而审计通常是由股东大会或董事会委托完成。在我国资本市场上，“一股独大”现象普遍存在，由于大股东对资本的绝对控制，导致股东大会在某种程度上只是一种形式上的存在。以公司的审计为例，实际审计委托人往往是大股东甚至是经营者，而不是股东大会，大股东、经营者聘请审计师调查和监督自己的行为，必然会从根本上对审计关系产生负面的影响。

企业管理者对会计政策的选择能够对股东的财富产生重大影响，为防止企业管理者选择损害所有者权益的会计政策，理论上股东不可避免地会要求对管理者进行监督，即对经营者所提供的会计信息进行审查，但实际上股东可能会通过权衡参与监督的成本和监督活动的潜在收益而最终决定退出监督。因此，在股东与企业管理者的博弈中，股东有监督与不监督两种策略。当股东采取监督策略时，也有两种结果：一是社会审计成功地监督了企业管理者的会计政策选择行为；二是未能有效监督企业会计管理者的会计政策选择行为。如果股东采取无监督策略，也会有两种结果，这取决于外界是否有举报行为。有权选择会计政策的企业管理者也有两种选择：一是选择可以使股东权益最大化的会计政策，二是选择可以使企业管理者自身利益最大化的会计政策。企业等经营单位的所有者和经营者，会根据经营者自身利益最大化或股东利益最大化的选择做出会计政策选择。

[案例 2-4]

某公司的管理层倾向于选择能够提升盈余水平的会计政策和会计估计，从而提升自己的管理业绩评价。而股东并不会完全接受管理层的做法和结果。管理层和股东对于盈余管理的认知体现出二者之间存在博弈关系。

3. 企业等经济单位与债权人之间的博弈

企业等经济单位的外部利益相关者除政府部门、股东之外，还包括债权人。由于企业等经济单位的利益相关者价值目标不同，债权人与企业管理者之间也存在着博弈关系，这种博弈关系是债权人和债务人之间的博弈。企业等经济单位的资金来源有两个，一是投资者的投入资本，二是债权人的借贷资本。企业管理者通过适当运用财务杠杆，一方面可以增加股东的权益，另一方面也可以通过安排合理的资本结构，使企业等经济单位获得充足的现金流，保证企业等经济单位的可持续发展。当企业向债权人借款时，借款人和贷款人之间就建立了债权债务关系。债权人通常不直接参与或者是间接地参与企业等经济单位的管理活动，这很可能导致所有者随意转让企业财产，将本应由债权人享有的利益转移给所有者。债权人防止进行这种财产转移的有效方法是在签署债权债务协议时，明确规定债务人转移财产可能面临风险，并尽可能将这种风险降到最低。债权人还可以通过提高贷款利率、要求提前偿还贷款等方式来对冲这种风险，以此保护自己的债权人利益。这些规定也必然会对企业等经济单位的经营管理产生影响，促使经营管理层尽可能地根据会计数据信息来决定签订债务协议，保证债权人的利益与合同的规定相一致，并确保对这些合同的履行进行有效制衡。债权协议和债务协议中这些限制性条款的主要内容通常与会计数据信息有关，在此基础上，债务人违约的可能性就会与企业管理者会计政策的选择直接相关。

债权人可以通过债务协议来保护自己的利益。但正是由于债务合同的存在，企业管理者往往会利用会计政策选择来降低企业违反债务合同的可能性，甚至达到资产转移的目的。理论上，企业的管理者可能会通过会计政策的选择将债权人的利益分配给所有者。好的企业管理者不会转移债权人的利益，而不好的企业管理者可以通过会计政策的选择来转移债权人的利益。为抑制债务人因会计政策选择导致的违法资产转移行为，在债权人与企业管理者的博弈中，债权人应与企业的管理者签订具有多重限制性条款的债务协议，使债权人对企业会计政策选择行为更具约束力，债务协议越严密，债务人转移债权人财产的处罚越重，债权人的利益越安全，企业管理者越不可能对外提供不相关的会计信息。

[案例 2-5]

某公司的管理者由于青睐借贷资本的杠杆效益而倾向于大规模举债，而债权人出于债权安全考虑，会阻止企业大规模举债。这种对于借贷的认知差异，反映了二者之间的博弈关系。

4. 企业等经济单位信息的提供者与使用者之间的博弈

企业等经济单位的会计信息的使用者包括内部使用者和外部使用者，其中投资人、债权人、政府、职工和供货商等都属于企业外部的信息使用者，且投资人、债权人、政府是主要的会计信息外部使用者。

在会计信息的使用和提供领域，投资人与企业等经济单位之间存在博弈关系。一些企业的投资人可能存在由股东代表代为持股的情况，而股东代表行使权利和履行义务也有可能出现缺乏监管的情况。这种监管缺失的情况一旦发生，企业真实的会计信息对于这些股东的效用就会大大降低，甚至失效，而虚假的会计信息对这些股东也同样没有负效用。在这种条件下，股东代表对真实会计信息的需求是难以估计的。对于企业等经济单位来讲，当提供虚假会计信息的效用大时，他们的最优策略有可能是甘愿承担一定的风险而去提供虚假的会计信息。还有一些法人股东，他们所关心的是所持有的股权如何、何时能够套现，而并不关心企业等经济单位的财务状况和经营成果。在资本市场中，法人股东尤其是原始的法人股东，普遍存在巨大的套现动机。巨大的交易性收益，远远高于从生产经营中得到的收益，从而促使部分法人股东对企业等经济单位的财务状况、经营成果并不关心。而对于更小的股东来说，他们通常只关心股票的价差收益。所以，对于一部分法人股东和小股东来说，他们并没有对真实有效的会计信息产生需求，而虚假的会计信息在有些时候反而可能带来额外的收益。作为最重要的会计信息使用者，他们有时并不需要真实有效的会计信息。

[拓展知识 2-20]

上市公司的股东对于股价的关注程度要高于对财务状况和经营成果的关注程度，除非上市公司的财务状况、经营成果对股价产生较大影响。

债权人作为企业等经济单位会计信息的使用者，也与企业处于博弈之中。企业的债权人主要是银行，在成熟的市场经济环境下，银行关心的是企业等经济单位的实际偿债能力，因此银行必然会要求企业等经济单位提供准确的会计信息。我国商业银行目前的运作受制于我国金融体制改革的进程以及我国金融市场发展的成熟度，在很大程度上无法全面进行商业化经营。银行在发放贷款时，可能不会充分考虑企业等经济单位的偿债能力，但可能会考虑甚至优先考虑国家现行的信贷政策。在国家收缩信贷规模的政策下，针对特定领域，可能会出现无论企业等经济单位是否具有良好的偿付能力，都不会发放贷款的情况，以免违反国家政策；而在国家扩大信贷规模的政策下，无论企业等经济单位的还款能力如何，都存在放贷的可能。在这种情况下，银行对企业等经营单位的实际会计信息的需求并不迫切。

政府作为企业等经济单位会计信息的外部使用者，与企业等经济单位之间也存在着博弈关系。政府通常会根据企业会计信息反映的经营状况进行宏观调控，包括制定和实施调控政策。比如，税收就是根据企业提供的会计信息所反映的财务状况征税，不同性质和层级的政府部门对企业提供的会计信息相关性的要求可能不一致。中央层级的行政部门把整个国家的经济发展作为调控对象，当然要取得良好的宏观调控效果，因此企业等经济单位有义务提供真实有效的会计信息。

但是，各级税务机关未必会充分考虑企业的实际经济状况，为了完成工作计划，他们可能不会关注企业的会计信息，而只关心如何完成工作计划，在这种情况下，企业部门的会计信息质量与纳税的相关性并不强。政府作为会计信息的使用者，在企业披露会计信息时与企业等经济单位也会产生博弈关系，由于政府对实际会计信息的影响较小，博弈的平衡更多地取决于企业等经济单位的会计政策选择的效用风险比较，在某些情况下，博弈的结果完全有可能是企业等经济单位提供虚假的会计信息。

5. 会计社会监督与企业等经济单位之间的博弈

社会对企业等经济单位提供的会计信息的监督主要由社会审计进行，因此，社会监督与经济单位（如企业）之间也存在着博弈关系。企业等经济单位所有权和经营权分离之后，投资人不再直接参与企业等经济单位的经营管理活动。股东获取企业财务状况和经营成果等信息的方法主要是企业管理者提供的会计信息。股东只能被动地接受经营者提供的会计信息，而不能直接观察企业管理者的会计行为，因此，在会计信息供需博弈关系方面，企业管理者将始终占据优势。企业等经济单位可以通过选择会计政策对会计信息进行变更和调整，使会计信息向更加有利于自身的方向发展，而不管其能否提供更加相关的会计信息。在会计信息未充分披露的情况下，股东无法区分会计信息质量的差异，无法客观评价企业等经济单位的财务状况和经营成果，势必会影响到投资者的决策质量。与企业管理者相比，股东在会计信息相关性方面并不具有优势。

为此，企业等经济单位的所有者有必要聘请独立的审计师，对企业管理者提供的会计信息的合法性和合理性进行核实，以确保用于决策的会计信息的相关性。股东大会、董事会与审计师之间的博弈可以简化为企业管理者与审计师之间的博弈。审计师与企业管理者之间存在合同关系，包括审计师的聘用、续聘、审计收费标准等。审计师在审计交易的合同安排中通常处于被动地位，由于审计师之间存在市场竞争关系，向企业管理者做出让步，甚至与企业管理者合谋，可能会成为部分审计师在承担社会审计责任时的选择。在业主缺位的现状短期内无法有效改善的情况下，有必要加大对社会审计的监督力度，使审计师的社会监督职能在保证会计信息质量方面发挥应有的作用，只要能够有效地建立起对审计师的监督机制，审计师提供虚假审计服务的倾向就会得到有效限制。

6. 员工与企业等经济单位之间的博弈

企业等经济单位是雇员的雇主，雇员与企业等经济单位的博弈就是雇员与雇主的博弈。员工与企业等经济单位的其他投资者一样，投资人投入专有资产并承担与之相对应的责任和风险，员工投入自己的人力资本，为企业等经济单位提供劳动要素。他们一方面为企业等经济单位创造收入，另一方面从企业等经济单位获得工资、奖金、股份等形式的报酬。员工通常在两个方面关注企业会计政策的选择：当员工根据企业等经济单位的薪资政策选择小时工资、计件工资或者其他形式的薪资补偿时，不仅会注重业务量单位报酬的标准，还会注重其报酬在自己为企业所创造的价值中所占的比例。此外，如果企业和其他经济单位的剩余水平较高，往往会引起员工增加收入的要求，员工会以各种方式要求增加收入占企业新增增加值的比重。因此，员工往往更喜欢激进的会计政策，而所有者更倾向于选择保守或谨慎的会计政策。当企业等经济单位采取激进的会计政策时，对员工的激励作用会更大，员工会愿意更加努力地工作。会计主体选择过于谨慎的会计政策，容易导致员工对会计主体的不满，进而导致劳动生产率下降。

为了控制成本，提高投资回报率，企业管理者总是倾向于减少员工工资方面的支出，而员工则总是希望自己的工作能够得到更多的回报。从这个意义上说，企业等经济单位和员工的利益在一定程度上是矛盾的。对于企业来说，关键是选择正确的会计政策来激励员工达到最优均衡，企业在激励员工后必须确保员工在努力工作时比不努力工作时赚得更多。激励的成本不能太高，要注意确保企业等经济单位在员工努力工作时的收入高于没有激励时的收入，企业等经济单位要根据实际情况灵活实施激励政策。企业等经济单位与员工之间的博弈是一种动态的、重复的博弈关系。企业先设定激励模式，再由员工自主决定选择。企业应根据实际情况灵活地实施激励措施，调整激励强度和频率，鼓励员工不断提高自身能力，从而提高双方的效益，达到激励和努力的平衡状态。

（三）会计理论体系与相关经济理论体系的博弈关系

谨慎性原则的实施会导致会计准则与税法之间产生博弈关系，这种博弈关系是会计理论体系与相关经济理论体系之间的冲突，这种冲突最终将体现在现有的会计信息系统中，进而又会影响会计信息使用者的合理决策。以《企业所得税法》为例，《企业会计准则》与《企业所得税法》对谨慎性原则的理解存在着明显的差异，这种理解上的差异导致会计利润与应税利润之间出现了巨大的差异。造成这种偏差的主要原因是《企业会计准则》和《企业所得税法》设定的目标存在根本性差异。《企业所得税法》的目的是确保及时征收国家税款并稳定增加税收收入，因此，在确认时间上，倾向于提前确认收入和资产，延迟确认负债和费用；在计量方面，它往往会高估收入和资产，低估负债和费用。至于有不确定性的预计事项，只有在有利于增加税收收入的情况下才会被接受。《企业所得税法》如果承认谨慎性原则，必然会减少或延迟企业缴纳的税款。《企业会计准则》对谨慎原则的解释着重于会计事项本身存在的不确定性，按照谨慎性原则的要求，企业管理者应当合理地评估可能面临的风险和损失，提前确认负债和费用，延迟确认收入和资产。在会计核算过程中，谨慎性原则确定的损失通常没有交易凭证，只是财务人员的主观判断，没有可靠的依据导致很难取得税务机关的信任。因此，会计利润与应税利润之间必然存在差异，运用谨慎性原则产生的会计利润与应纳税所得额的差异通常存在于资产、负债要素。

（四）会计政策选择的博弈解释

会计政策的选择是企业作为经营主体的利益相关者博弈平衡的结果，而不是企业管理者单方面的选择。在任何市场中，买家和卖家都不可能拥有完全相同的信息。遵循效用最大化的原则，拥有信息优势的一方会利用自己的信息优势去获取利益，而信息不利的一方会使用各种手段来获取更多信息，以支持更科学、更稳健的决策。每个博弈参与者在收集和使用会计信息过程中所采取的行动，不仅要考虑各种可能出现的情况，还要考虑博弈的其他各方可能采取的应对措施。

会计信息的使用范围非常广泛，使用者众多。这些会计信息的使用者会从自己的利益出发，特别关注会计信息的某些方面。由于政府部门负责制定和实施宏观经济调控政策，因此，他们往往更加关注与税收相关的会计信息，以及社会经济安全。另外，作为国有企业的投资者，为了保障自身产权，政府部门也会关注国有企业在资产安全、盈利能力、经济发展机会等方面相关的会计信息，并以此作为评价投资成果和做出投资决策的依据。而企业等经济单位则更加关注与企业自身盈利能力、成本控制、资本节约、业务扩张等方面有关的会计信息，以实现自身效用的最大化。

会计信息使用者对会计信息的需求不同，会计信息本身不完全透明、不完全对称的特性，必然导致会计信息使用者之间的冲突和对抗，导致会计信息使用者之间产生博弈关系。会计法律法规、企业会计准则和会计制度共同构成了约束每个参与者的规则体系，以审计师为代表的社会审计是参与者之间彼此关系的监督者。以国有企业为例，政府相关部门作为主要投资者，总是力求获得最详细、最可靠的会计信息，以最大限度地发挥其投资效用，帮助其对每笔投资进行合理的评估，从而做出正确的投资决策。同时，政府部门还履行宏观经济管理职能，这也要求国有企业要如实提供会计信息、足额纳税，以保证国家财政收入的稳定增长。总之，政府部门肯定会要求国有企业保证其提供的会计信息的相关性和可靠性。而为了自身利益，有些企业等经济单位可能会故意利用会计政策来实现其减少、不披露甚至扭曲会计信息披露的目的。会计政策的选择可能导致披露不完整，从而为企业等经济单位留下一些盈余管理空间。

编者通过上述企业等经济单位在会计政策选择过程中的博弈关系，认为对谨慎性原则的实施绝对不是一个单一部门能够独自完成的。会计信息生成过程中的谨慎行为实际上是企业等经济单位内外因素博弈的平衡结果，平衡要经过很多轮次的博弈才能最终实现。各种协议、指南和会计制度也是经过多场博弈后才逐渐出现的规范性技术文件，博弈次数越多，规范性技术文件的优化程度越高，博弈的利益相关者之间的关系越接近纳什均衡状态。在纳什均衡中，各种会计惯例、会计准则、会计制度将成为社会各界普遍接受的市场规则，任何利益方为了一时的利益而违反这些规则，都将不可避免地受到其他方面的惩罚。因此，让政府部门、投资者和企业等经济单位进行多元博弈，更好地兼顾各方利益，会计博弈才能真正公平公正，从而实现纳什均衡。

如今，我国的企业会计准则体系无论是在形式上，还是在内容上都越来越多地体现出了国际趋同的趋势。企业会计准则要经过政府与企业和其他经济单位之间的多次博弈才能逐步完善，每经过一个博弈的过程，会计准则就会暂时达到一个纳什均衡。会计环境的不断变化，会引发政府部门、相关利益人与企业之间进行不断博弈，结果最终会达到新的纳什均衡，企业会计准则将通过多轮博弈、不断完善，纳什均衡的均衡点不断地由低向高移动，直到最终达到帕累托最优。

在会计政策选择博弈中，由于信息不对称，企业等经济单位拥有更多的真实信息，在信息方面会拥有相对比较优势。此外，企业等经济单位在会计政策选择上始终具有部分主动权，完全消除这种主动权既不可能也没有必要。为了限制企业等经济单位故意选择对其有利的会计政策的行为，有必要对企业和其他经济单位施加加强会计信息披露的义务，以此提高会计政策选择的透明度，最大限度地减少相关的负面影响。会计政策不是简单的计算方法或者记录方法，而是为适应复杂多变的市场经济环境需要而设计的会计方法。

[拓展知识 2-21]

在我国现有企业会计准则体系中，很多会计政策都是基于公允价值计量模式设立的，公允价值概念的外延比较大，实务中几乎完全依赖企业等经济单位的主观判断。公允价值会计政策的选择主动权掌握在企业管理者手中，能否实现会计政策选择效用的最大化，需要相关利益方进行充分的博弈，以此提高企业管理层会计政策选择的透明度以及会计政策选择的效用。

(五) 博弈关系对于经济要素信息质量的动态约束

经济要素无论是在产生过程方面还是在其自身属性特征方面都有其特殊性。由此导致在核算经济要素过程中，会计政策选择空间会十分宽泛。现有会计理论体系提供了充沛的会计政策选择空间，理论上足以保证经济要素会计信息的质量。核心的问题在于应该由谁进行会计政策选择，如何实现会计政策选择效用的最大化。尽管在经济发展规划中接受市场化运营、企业化运营的方向，但是政府主导经济发展的色彩仍旧十分浓厚，这一特征是由经济自身的特点和目前经济发展所处阶段决定的。

政府主导经济发展的特征决定了政府相关部门是经济要素信息的重要需求者，由此导致致力于经济发展的企业在进行会计政策选择时，必须充分考虑政府部门的相关利益。目前政府部门在经济上的最大利益就是培育企业、产业，吸引更多的经济资源、人力资源投入经济，实现经济可持续发展。因此，很可能会给予致力于经济发展的企业管理者更加宽泛的会计政策选择空间，偏向于满足企业自身、企业投资人以及员工的利益。而对于政府部门的利益，比如税收利益，很可能不被优先考虑。

复习思考题

1. 我国现行准则中约束会计信息质量的原则包括哪些？
2. 会计契约如何约束会计信息质量？
3. 企业相关利益人之间的博弈关系如何约束会计信息质量？
4. 结合我国企业会计准则中公允价值计量模式的演进、发展历史，论述谨慎性原则的理论生命力。
5. 论述我国社会主义市场经济背景下企业会计准则契约属性的意义。
6. 从博弈关系视角论述税会差异。

实践与思政课堂

资料一：

据中国证券报报道，2023 年 12 月 28 日，深圳证监局集中约谈了普华永道中天、德勤华永、安永华明、毕马威华振四家会计师事务所有关首席合伙人、质控主管合伙人、审计业务主管合伙人等，强化年报审计监管约谈提醒机制。四家会计师事务所汇报了证券市场审计业务开展、质量管理、专业技术标准发展等情况，并表达了将进一步拓展 A 股市场审计业务的期望。

深圳证监局重点关注了各事务所质量管理体系建设及执行情况，并明确提出监管要求：首先，注册会计师在执业中应主动承担社会责任，切实落实重大会计审计问题的主动报告责任。在财务舞弊识别与应对、内部控制审计等方面应积极建言献策、分享经验，发挥好行业领头羊的作用；其次，严格遵守国家保密法律法规规定，健全完善质量管理体系，提升审计执业质量和水平，通过审计准确识别、发现、揭示市场主体重大风险，切实履行好资本市场看门人的职责；再次，坚持服务实体经济健康、可持续发展。利用专业优势，引导上市公司健全完善企业内控规范体系，通过审计推动上市公司全面提升内部控制规范水平和风险防范管理能力；最后，严格落实《关于推进深圳清廉金融文化建设的指导意见（试行）》和注册制下中介机构廉洁从业的监管要求，加强审计执业人员的管理，强化廉洁从业意识、规范执业、廉洁自律，推动形成健康良好的行业生态。

要求：结合上述资料，论述外部审计对于会计信息质量的外源性约束的作用。

资料二：

据中国证券报报道，2023 年 2 月，中共中央办公厅、国务院办公厅印发了《关于进一步加强财会监督工作的意见》（以下简称《意见》）。《意见》明确指出，严厉打击财务会计违法违规行为。坚持“强穿透、堵漏洞、用重典、正风气”，从严从重查处影响恶劣的财务舞弊、会计造假案件，强化对相关责任人的追责问责。加强对国有企业、上市公司、金融企业等的财务、会计行为的监督，严肃查处财务数据造假、出具“阴阳报告”、内部监督失效等突出问题。《意见》指出，加强对会计信息质量的监督，依法严厉打击伪造会计账簿、虚构经济业务、滥用会计准则等会计违法违规行为，持续提升会计信息质量。加强对会计师事务所、资产评估机构、代理记账机构等中介机构执业质量监督，聚焦行业突出问题，加大对无证经营、挂名执业、违规提供报告、超出胜任能力执业等违法违规行为的整治力度，强化行业日常监管和信用管理，坚决清除害群之马。

要求：结合上述资料，论述会计信息质量的内源性约束的意义。

第三章 会计政策、会计估计与盈余管理

第一节 会计政策概述

一、会计政策的概念

《企业会计准则第 28 号——会计政策、会计估计变更和差错更正》规定，会计政策是指企业在会计确认、计量和报告中所采用的原则、基础和会计处理方法。

确认原则是指按照企业会计准则的规定中确认会计要素时所采用的具体会计原则（并非约束会计信息质量的会计原则）。

计量基础是指会计计量模式，现行企业会计准则规定的计量基础包括历史成本、重置成本、可变现净值、现值和公允价值五种。这五种计量模式可以归为成本计量和公允价值计量两类。

会计处理方法是指企业在会计核算过程中按照相关法律法规、企业会计准则的要求，选择的适合于本企业的具体会计处理方法。

二、企业日常核算过程中常用的会计政策

1. 初始计量阶段的资本化处理、费用化处理以及计量模式的选择

例如，企业取得固定资产的初始成本是以购买价款，还是以购买价款的现值为基础进行计量；为取得固定资产而产生的借款费用，应当采用资本化处理还是费用化处理；内部研发支出最终应当计入无形资产还是列作期间费用；非货币性资产交换业务，对换入资产成本的计量选择公允价值计量，还是选择成本计量；对投资性房地产的计量是采用成本模式，还是公允价值模式；以及收入的确认采用时点确认还是时段确认。以上均属于会计政策范畴。

2. 后续计量阶段会计方法选择

例如，企业长期股权投资的后续计量是采用成本法，还是采用权益法核算，属于会计政策范畴。

3. 处置阶段的会计方法选择

例如，企业发出存货成本的计量是采用先进先出法、个别计价法、月末一次加权平均法还是移动加权平均法，属于会计政策选择范畴。

三、会计政策变更

（一）会计政策变更的概念

会计政策变更是指企业对相同的交易或者事项由原来采用的会计政策改用另一会计政策的行为。为保证会计信息的可比性，会计政策一经选定，前后各期应当保持一致，不得随意变更。

（二）会计政策变更的原因

1. 被动变更

被动变更是指按照法律、行政法规以及国家统一的会计制度的规定，要求企业采用新的会计政策，则企业应当按照法律、行政法规以及国家统一的会计制度的规定改变原会计政策，按照新的会计政策执行。

［案例 3–1］

某公司存货发出计价采用后进先出法，《企业会计准则第 1 号——存货》修订后，存货发出计价方法排除了后进先出法，这就要求该公司按照企业会计准则的新规定，将原来按照后进先出法核算发出存货成本改为先进先出法、移动加权平均法等其他方法。

［案例 3–2］

某公司通过计提固定资产减值准备再转回的方式进行盈余管理。《企业会计准则第 8 号——资产减值》修订后，长期资产减值准备计提后不再允许转回，这就要求该公司按照企业会计准则的新规定，改变原有的固定资产减值准备转回的做法，变更原有的会计政策。

2. 主动变更

主动变更是企业等经济单位通过会计政策变更来提高会计信息的可靠性和相关性。由于企业所面临的经济环境、客观情况的改变，使得企业按照原有会计政策所提供的会计信息，已经不能合理地反映企业的财务状况、经营成果和现金流量。在这种情况下，企业应该变更原有的会计政策，通过会计政策变更来提升会计信息的可靠性和相关性。

［案例 3–3］

某公司一直采用成本模式对投资性房地产进行后续计量。如果该公司能够从房地产交易市场上持续可靠地取得同类或类似房地产的市场价格信息以及其他相关信息，从而能够对投资性房地产的公允价值做出合理的估计，该公司就可以将投资性房地产的后续计量模式由成本计量模式变更为公允价值计量模式。

另外，除法律法规以及会计制度要求变更会计政策的情况下，企业应当按照国家的相关规定执行外，企业主动变更会计政策时，必须有充分的证据表明其会计政策变更的合理性，并说明会计政策变更对于企业财务状况、经营成果和现金流量等信息的影响。

下列两种情况不属于会计政策变更：

①本期发生的交易或者事项与以前相比具有本质上的差别而采用新的会计政策。不同的会计政策适配不同的交易和会计事项，会计政策选择是针对特定类型的交易或事项所做出的选择。如果发生的交易或者事项与其他交易或者事项有本质上的区别，那么企业实际上是在为新的交易或事项选择恰当的会计政策，并没有改变原有的会计政策。

［案例 3–4］

某公司采用经营租赁的方式取得货车的使用权，会计上并未记录固定资产的增加，只在备查账中进行记录。但是自本年度起租入的货车改为融资租赁方式。则该公司自本年度起对新租赁的货车采用融资租赁会计处理方法核算，记录固定资产的增加。由于该公司原来租入的货车均为经营性租赁，本年度起租赁的设备均改为融资租赁，经营租赁和融资租赁在业务性质上有本质差别，所以，适配不同的会计政策不属于会计政策变更。

②对初次发生的或不重要的交易或者事项采用的会计政策。对初次发生的交易或者会计事项采用适当的会计政策，因为并没有所谓原有的会计政策存在，因此不属于会计政策变更。

［案例 3–5］

某公司以前并没有发生过建造合同业务。2023 年该公司签订了一项建造合同，对该项建造合同采用完工百分比法确认收入、结转成本。该业务为初次发生的交易，因此不属于会计政策变更。

（三）会计政策变更的会计处理方法

1. 追溯调整法

追溯调整法是指对某项交易或事项变更会计政策，视为该项交易或事项初次发生时即采用变更后的会计政策，并以此对财务报表相关项目进行调整的会计方法。《〈企业会计准则第28号——会计政策、会计估计变更和差错更正〉解释》规定：会计政策变更采用追溯调整法，应当按照会计政策变更的累积影响数调整期初留存收益，调整期初留存收益是指对期初未分配利润和盈余公积两个报表项目的调整。

追溯调整法通常由以下四个步骤构成：①计算会计政策变更的累积影响数；②编制相关项目的调整分录；③调整列报前期最早期初财务报表相关项目及其金额；④附注说明。

会计政策变更累积影响数是指按照变更后的会计政策对以前各期追溯计算的列报前期最早期初留存收益应有金额与现有金额之间的差额。

[案例3-6]

某公司减持子公司股份，导致子公司变为联营公司或者合营公司，后续计量方法从成本法变更为权益法。相关资料齐备，可以进行追溯调整。成本法下生成的数据即现有的数据，权益法下的数据即应有的数据。两组数据之间的差值即调整分录的金额。

2. 未来适用法

《企业会计准则第28号——会计政策、会计估计变更和差错更正》规定，未来适用法是指将变更后的会计政策应用于变更日及以后发生的交易或者事项，或者在会计估计变更当期和未来期间确认会计估计变更影响数的方法。未来适用法既适用于会计政策变更，也适用于会计估计变更。

在未来适用法下，不需要计算会计政策变更产生的累积影响数，也无须编制调整分录、调整以前年度的财务报表，只需要在财务报告附注部分对会计政策变更的非调整事项做出文字说明即可。企业会计账簿中现有的记录以及财务报表上的数据会计政策变更之后仍保留。同样的交易或者会计事项再发生时，按照新的会计政策进行核算。

[案例3-7]

某公司把存货发出计价方法由后进先出法改为先进先出法，此会计事项属于会计政策变更，但是由于前期存货收发数据散失，导致无法追溯调整处理。该公司可以选择未来适用法进行处理，无须编制调整分录、调整报表项目，只需在财务报告附注部分对此会计事项进行文字说明即可。

（四）会计政策变更的会计处理方法选择

1. 会计政策被动变更

会计政策被动变更即国家法律法规、会计制度变更，同时发布相关的会计处理办法，按照国家发布的相关会计处理规定进行处理；若没有发布相关的会计处理办法，则采用追溯调整法进行会计处理。

2. 会计政策主动变更

会计政策主动变更即企业通过会计政策变更，以此来提供更可靠、更相关的会计信息的情况下，企业应当采用追溯调整法进行会计处理。将会计政策变更累积影响数调整列报前期最早期初留存收益，其他相关报表项目的期初余额和列报前期披露的其他比较数据也应当一并调整。

确定会计政策变更对列报前期影响数不完全可行的，应当从可追溯调整的最早期间期初开始应用变更后的会计政策；在当期期初确定会计政策变更对以前各期累积影响数均不可行的，应当采用未来适用法处理。

（五）会计政策变更的披露

企业应当在附注中披露与会计政策变更有关的信息：

①会计政策变更的性质、内容及原因；

②当期和各个列报前期财务报表中受影响的报表项目和调整金额；

③无法进行追溯调整的会计政策变更，需要说明该会计事项无法进行会计调整的原因以及新会计政策开始应用的时点及具体应用情况。

第二节　会计估计概述

一、会计估计的概念

会计估计是指企业对结果不确定的交易或者事项以最近可利用的信息为基础所做出的判断，《企业会计准则第28号——会计政策、会计估计变更和差错更正》规定，会计估计变更是指由于资产和负债的当前状况及预期经济利益和义务发生了变化，从而对资产或负债的账面价值或者资产的定期消耗金额进行调整。

二、企业日常核算过程中常用的会计估计

1. 绝对数值的估计

例如：企业针对交易性金融资产进行公允价值期末计价，期末公允价值的确定；或有负债的确定；借款费用资本化、费用化金额的确定；固定资产折旧年限、预计残值的确定以及折旧方法的选择；无形资产摊销年限、预计残值的确定以及摊销方法的选择。以上情形均属于绝对数值的估计。

2. 相对数值的估计

例如：企业债权采用备抵法核算，坏账比例的判断；建造合同采用完工百分比法核算，完工进度的判断。以上情形均属于相对数值（即比率）的估计。

三、会计估计变更的原因

1. 进行会计估计的基础发生了变化

企业进行会计估计总是依赖于一定的基础，如果其所依赖的基础发生了变化，则会计估计也应相应发生变化。

[案例3-8]

某公司的一项无形资产按照10年进行摊销，此后发生的情况表明，由于更加先进的技术出现，并被竞争对手用于产品生产，导致本项无形资产的未来经济利益降低，该公司重估该项无形资产的受益年限已不足10年，相应调减了摊销年限。

2. 取得了新的信息

企业进行会计估计是基于现有资料对未来所做出的主观判断，随着时间的推移，企业有

可能获得新的信息。在这种情况下，企业可能需要对原有的会计估计进行修订，即发生会计估计变更。

［案例 3–9］

某公司根据原有债务人相关信息，对其应收账款每年按照余额的 10%计提坏账准备金。现在该公司掌握了该债务人财务状况不佳的信息，判定可能无法收回的应收账款比例已达 30%，则该公司改按 30%的比例计提坏账准备金，即补提 20%的坏账准备金。

四、会计估计变更的会计处理

企业对会计估计变更应当采用未来适用法进行会计处理，即在会计估计变更当期及以后期间采用新的会计估计，而不需要改变以前期间会计估计的报告结果。

企业应当在财务报告附注部分披露会计估计变更信息：

①会计估计变更的内容、变更日期以及要对会计估计进行变更的原因；

②会计估计变更对当期和未来期间损益的影响金额，以及对其他各项目的影响金额。

五、会计政策变更与会计估计变更的划分

企业应当正确划分会计政策变更与会计估计变更，并按照不同的方法进行相关会计处理。企业应当以变更事项的会计确认、会计计量基础和财务报告列报项目是否发生变更作为判断该变更是会计政策变更还是会计估计变更的划分基础。

1. 以会计确认是否发生变更作为判断基础

《企业会计准则——基本准则》规定了资产、负债、所有者权益、收入、费用和利润六项会计要素的确认标准。会计确认是会计核算的首要环节，对会计确认的指定或选择属于会计政策范畴，相应的会计政策选择的改变属于会计政策变更。

［拓展知识 3–1］

收入、费用的确认，从早期的收付实现制改为权责发生制，是最根本性的会计政策变更。

2. 以会计计量基础是否发生变更作为判断基础

《企业会计准则——基本准则》规定了历史成本、重置成本、可变现净值、现值和公允价值五项会计计量模式，这五项会计计量模式又可以归纳为成本计量和公允价值计量两类计量模式。对于计量模式的判定和选择属于会计政策范畴，其判断选择的变更是会计政策变更。

［拓展知识 3–2］

早期的投资核算只能采用成本计量模式。随着会计要素市场的发展和企业会计准则的更新，投资的要素分类更加细致，出现了成本计量和公允价值计量并行的双重计量模式。如果一项投资的计量模式由成本模式转换为公允价值计量模式，则这种针对同一项投资计量模式的转换属于会计政策变更。

3. 以财务报告列报项目是否发生变更作为判断基础

《企业会计准则第 30 号——财务报表列报》规定了财务报表项目应采用的列报原则。对财务报告列报项目的指定或选择属于会计政策范畴，财务报告列报项目的变更属于会计政策变更。

［拓展知识 3–3］

财务报告报表项目的指定和选择本质上属于会计确认。会计核算的起点是会计确认，会计要素的初始确认在很大程度上决定了会计要素的列报项目。

根据会计确认、会计计量基础和财务报告列报项目所选择的、为取得与资产负债表项目

有关的金额或数值（如预计使用寿命、净残值等）所采用的处理方法，不是会计政策，而是会计估计，其相应的变更属于会计估计变更。

[拓展知识 3-4]

固定资产折旧的方法、无形资产摊销的方法属于会计估计范畴，不属于会计政策范畴。

常见的会计政策与会计估计辨析见表 3-1。

表 3-1　常见的会计政策与会计估计辨析

序号	会计政策的辨析	会计估计的辨析
1	坏账采用直接核销法核算还是采用备抵法核算	选择备抵法核算坏账，坏账比例的判断
2	投资性房地产采用成本计量还是公允价值计量	选择公允价值计量模式核算投资性房地产，期末公允价值的判断
3	融资租赁取得资产的初始成本是选取分期款总额还是选取分期款的现值	融资租赁取得资产的初始成本选取分期付款额的现值，折现率的判断
4	或有负债是否能够核算	或有负债符合负债的定义可以作为一项负债进行核算，或有负债金额的判断
5	收入采用时点确认还是时段确认	选择时段确认收入，完工进度的判断
6	借款费用采用资本化处理还是费用化处理	借款费用采用资本化处理，资本化金额的判断

第三节　盈余管理概述

一、盈余管理的概念

关对盈余管理的概念，会计学界存在着诸多的定义。编者选取了两项具有一定代表性的概念描述：一是美国会计学家斯科特提出的盈余管理是指在会计准则允许的范围内，通过对会计政策的选择使经营者自身利益或企业市场价值达到最大化的行为。二是美国会计学家凯瑟琳·雪珀提出的盈余管理是企业管理人员通过有目的地控制对外财务报告过程，以获取某些私人利益的披露管理。

从以上两个盈余管理的定义可以看出，盈余管理主要具备以下共同特征：①盈余管理的实施主体是企业的管理层，包括经理人和董事会成员。尽管经理人和董事会成员进行盈余管理的动机可能并不完全一致，但他们对企业会计政策、会计估计的选择和对外报告盈余方面的信息都能够施加重大影响，企业盈余信息的披露通常由二者共同决定。②盈余管理的客体是企业对外报告中关于盈余的信息。在凯瑟琳·雪珀的定义中，盈余管理不仅指对会计收益的调整控制，而且包括对其他会计信息披露的管理，但是对会计盈余以外的会计信息的管理并不具有太多的意义，盈余以外的会计信息所具有的经济后果相对而言要小得多，如果将其纳入盈余管理的范畴反而会影响企业对盈余管理本质的把握。③盈余管理的方法是在法律法规、会计准则允许的范围内综合运用会计和非会计手段来实现对会计收益的控制调整。具体的手段就是通过会计政策、会计估计的选择来影响企业的盈余水平。④盈余管理的目的是实现企业管理者自身利益的最大化。

综上所述，盈余管理是企业管理者在遵循相关法律法规、会计准则的基础上，通过对企业对外会计报告中的收益信息进行控制、调整，以达到企业管理者自身利益最大化的行为。从定义看，盈余管理本身并不是一种违反法律法规的行为。

[案例 3–10]

某公司是一家上市公司，该公司的盈余水平与经理人的报酬和董事会成员的股权价值存在高度的关联关系。基于此，该公司的经理人和董事会成员会倾向于选择能够提高公司收益水平的会计政策和会计估计，从而实现管理者自身利益的最大化。这种行为本身并不违反相关法律法规。

二、盈余管理的目的

盈余管理的主要目的是获取企业管理者的私利而非实现企业所有相关利益人的公利，这里所说的私利是与对外财务报告的中立性相对立的。现代财务报告的核心思想之一就是中立性原则，即理论上财务报告应该符合所有企业相关利益人的利益。盈余管理尽管本身不是一种违反法律法规的行为，但是盈余管理很有可能背离了中立性原则，由此导致对外财务报告有所偏重。盈余管理的出发点是局部利益、部分利益，因此在一定程度上可能会损害公众利益。

[拓展知识 3–5]

企业在一个会计期间实现的经济利益是一定的，如果企业管理层通过选择避税政策降低税负，利益被留在企业内部，这在一定程度上意味着损害了政府的税收利益。

三、盈余管理的主体与客体

1. 盈余管理的主体

盈余管理的主体是企业管理者，包括经理人和董事会成员。无论是会计政策的选择、会计方法的运用和会计估计的选择、会计方法的运用时点，还是交易事项发生时点的控制，最终的决定权都在企业管理者手中，因此可以明确企业管理者应该对盈余管理行为的后果承担责任。

[案例 3–11]

某公司是一家上市公司，在会计核算过程中，该公司的经理人选择的会计政策、会计估计，最终生成的财务报告需要经过董事会批准才能对外公布。由此可知，该公司的经理人和董事会成员都能够对该公司的对外报告会计信息产生重大影响，并承担对外会计报告信息的经济后果和法律后果。

2. 盈余管理的客体

盈余管理的客体包括对外会计报告中有关盈余的信息以及借助会计政策和会计估计实现盈余管理的过程。不仅会计政策、会计估计的选择属于盈余管理的对象，会计政策、会计估计实施时点选择也是盈余管理的对象。在研究盈余管理时，会计政策和会计估计的选择属于盈余管理的空间因素；会计政策、会计估计运用的时点和交易事项发生时点的控制是盈余管理的时间因素。但是，盈余管理最终的客体还是有关盈余的会计信息本身。

[案例 3–12]

某公司把投资性房地产的计量模式由成本计量模式改为公允价值计量模式，计量模式政策变更本身会对损益产生影响，会计政策变更的时点也会对损益产生影响。在房地产要素市场价格呈现上涨的情况下，计量模式会计政策变更会导致该公司盈余水平提高，如果能提早实施这种会计政策变更，该公司盈余水平的提高会更早地体现在对外财务报告中。

四、盈余管理的特征

1. 盈余的恒定特征

在一个足够长的时段，盈余管理并不增加或者减少企业盈利的总数。但是，盈余管理会改变企业盈余在不同会计期间的分布。会计政策、会计估计的选择，会计政策、会计估计的运用时点、交易事项发生时点的控制都是典型的盈余管理手段。

[案例 3–13]

某公司基于新的判断，改变了一项固定资产的预计使用年限、预计残值和折旧方法。折旧作为一项费用，会导致盈余水平降低。但是固定资产折旧会计估计变更对盈余水平总的负面影响是恒定不变的，区别在于此项会计估计变更会改变盈余水平负面影响的分布。

2. 盈余管理的基准特征

盈余管理离不开实际经济收益这一基准。权责发生制的实施，导致会计盈余与实际经济收益出现背离。理论上，因为收入最终应该变现为现金流入企业、费用最终应该表现为现金流出企业，据此，企业的盈余最终应该表现为现金净流入企业。会计实务中，因为资产要素质量的差异和变现时间的阻隔，会计盈余很难和现金流量一致。盈余管理能够通过会计政策、会计估计的选择影响会计盈余，但是无法从根本上改变现金流量这一实际经济收益。现金流量这一实际经济收益就是盈余管理的基准，盈余管理所能改变的会计盈余无法摆脱实际经济利益的基准。

[拓展知识 3–6]

在现行财务报告体系中，现金流量表的作用可以理解为对权责发生制口径的利润表盈余质量的检验。

第四节　会计政策、会计估计选择的盈余影响

一、会计政策、会计估计的涵义

《企业会计准则第 28 号——会计政策、会计估计变更和差错更正》规定：会计政策是指企业在会计确认、计量和报告过程中所采用的原则、基础和会计处理方法。从会计政策的定义看，会计政策包含三个层次：第一个层次是原则，指的是会计要素的确认标准；第二个层次是基础，指的是会计要素的计量基础，即会计计量模式；第三个层次是方法，是指会计要素核算过程中所采用的具体的会计方法。

企业一旦采用某项会计政策，一般情况下在每一会计期间以及前后各期应当保持一致，不可随意变更，以此提升会计信息的可比性。但是在满足以下条件的情况下，可以变更会计政策：①根据法律、法规或者企业会计准则的要求进行变更。与会计相关的法律法规，包括企业会计准则，始终是处于发展变革之中的，随着经济、社会的快速发展变化，新的经济要素产生、旧的经济要素变革，自然会推动会计政策的变革，以便仍旧能够保持会计要素信息的可靠性和相关性。如果会计相关的法律法规随之进行调整，通常会要求废止一些旧有的会计政策，要求使用一些新的会计政策，并可能会给出具体的会计调整程序。②会计政策变更能够提供更可靠、更相关的会计信息。这种情况通常是指企业等经济单位所处于的经济环境发生了变化，企业管理者主动做出的会计政策变更。这种情况下，会计的相关法律法规并没

有发生变化，在现有的会计相关法律法规框架内，结合经济环境的变化，变更会计政策，从而提高新的经济环境下会计信息的可靠性和相关性。

会计估计是指企业对结果不确定的交易或者事项以最近可利用的信息为基础所做出的判断。

会计政策的选择趋近于定性判断，会计估计则趋近于定量判断，会计政策、会计估计的选择都可能成为盈余管理的工具。

二、会计政策、会计估计选择概念的界定

会计政策、会计估计选择是企业等经济单位在特定环境下为实现特定会计目标而结合企业等经济单位实际情况所采用的会计领域内的规则、方法和程序。我国《企业会计准则》规定，会计政策是企业必须遵循的会计细则和企业采用的具体会计方法。《企业会计准则指南》规定：特定的会计政策是企业等经济单位在进行会计核算时，从多种可选的会计方法中选择的一种适用于本企业的会计方法。

会计政策根据其制定和适用的范围可以分为两个层次。第一个层次是宏观会计政策，由有权制定会计准则的相关政府部门或机构，通过制定和发布会计准则，对企业会计工作和会计报告进行管理的规则、程序和方法进行规定。第二个层次是微观会计政策，企业等经济单位根据自身的实际情况，在权衡成本和收益后，选择最能反映自身财务状况和经营成果的会计核算的原则、基础和方法，这些要素确认原则、计量基础和具体的会计核算方法就是微观会计政策。

[**拓展知识 3-7**]

财政部制定的会计准则属于宏观会计政策，企业从中选出的适合本企业自身状况和所处经济环境的会计原则、基础和方法，属于微观会计政策。

会计政策、会计估计选择是会计主体根据自身目标从可供选择的备选方案中进行选择并制定会计政策的过程。由于会计政策可以分为宏观会计政策和微观会计政策，由此，会计政策、会计估计选择也可以分为宏观会计政策、会计估计选择和微观会计政策、会计估计选择。会计政策、会计估计的选择具有最终的经济后果，会计政策、会计估计选择最终会影响经济利益在企业相关群体之间的分配。会计部门有动机选择有利于自身利益的会计政策，由于企业等经济单位会计实务的多样性和复杂性，会计准则要达成完全科学、合理、一致的会计目标并非易事。为了使企业等经济单位会计信息的生成、披露能够充分反映其所处于特定环境和经营情况，尽可能准确地反映企业等经济单位的财务状况、经营成果和现金流量，会计准则有必要保留一定的会计政策、会计估计选择空间。政策选择空间允许企业等经济单位在处理相同或者类似经济业务时选择不同的确认原则、计量基础、具体的会计处理方法，或者做出不同的会计估计。

会计政策、会计估计的选择也会影响企业的价值。会计政策、会计估计的选择贯穿于企业会计核算的全过程，从会计确认、计量、记录到报告都会涉及会计政策、会计估计选择。会计政策、会计估计选择的经济后果会导致企业各个利益相关者之间的利益划分和决策行为的不同，进而影响到经济资源的配置效率。

[**案例 3-14**]

某公司在资产要素价格呈现上涨趋势的情况下，选择采用先进先出法作为计量销售成本的会计政策，从而导致该公司的财务报告所反映的利润水平提高。利润水平的提高将直接影响利润分配的水平，即分配给各个利益相关者的经济利益。

［案例 3–15］

某公司在房地产市场价格呈现上涨趋势的情况下，把投资性房地产的计量模式由成本计量转为公允价值计量模式，通过公允价值期末计价提升了该公司的财务报告所反映的利润水平。利润水平的提高理论上可以成为该公司股价上涨、股东财富增加的支撑因素。但是会计政策选择导致的盈余水平提升也可能导致经济利益加速流出企业，毕竟未曾实现的公允价值变动收益不可能无限支持盈余水平提升带来的利润分配增长。

［案例 3–16］

某公司通过计提存货跌价准备金再转回的方式，实现了盈余在不同会计期间的转移。但是资产减值会计准则关于长期资产减值准备金只允许计提不允许转回的会计政策，在一定程度上抑制了这种盈余转移行为。但是，只要该公司愿意，仍旧可以通过处置长期资产再回购的方式，规避这些会计政策限制。

会计政策、会计估计的选择在会计实务中不一定被视为会计政策变更、会计估计变更。会计政策变更不包括下列事项：本期发生的交易或者事项与以前发生的交易或者事项存在本质上的差异，采用新的会计政策有利于反映这些交易或者事项对于财务状况、经营成果以及现金流量的影响；为首次发生的交易或者事项选择会计政策不属于会计政策变更，因为在新的交易或者事项发生之前并没有应用过会计准则政策，也就不存在旧有会计政策和新会计政策之间的更替，自然也不属于会计政策变更。

会计政策变更、会计估计变更能够提供更加可靠、相关的会计信息，会计政策变更应该采用追溯调整法进行会计处理。追溯调整法是指就特定交易或者事项变更会计政策，如同在该交易或者事项首次发生时采用变更后的会计政策，并相应地调整财务报告的相关项目的财务数据。按照追溯调整法的要求，首先需要确定会计政策变更的累计影响数，然后根据会计政策变更的累计影响数调整列示最早的期初留存收益数，并调整关联账户余额和报告金额，其他比较数据也需要进行相应的调整。但会计政策变更的累计影响难以确定的情况除外，即在无法合理确定会计政策变更累计影响数的情况下，不需要进行相关会计调整，这种方法被称作未来适用法。会计政策变更可以采用追溯调整方法进行会计处理，也有可以采用未来适用法进行会计处理。但是会计估计变更只能采用未来适用法进行会计处理。

关于会计政策、会计估计的披露，按照企业会计准则的要求，企业等经济单位所采用的所有主要会计政策、会计估计都需要在财务报告的附注部分予以说明，如果是特殊行业，还需要阐释该行业特殊经济活动的会计处理原则。

三、会计政策、会计估计选择的程序

会计政策、会计估计选择一般包括以下程序，首先是要确定会计政策、会计估计选择的目标，然后是选择或创立可供选择的会计政策，并对可选择的会计政策、会计估计进行比较、分析，最终通过选择形成一个会计政策、会计估计组合。在会计政策、会计估计出现调整、变更的情况下，还有可能进行新一轮次的会计政策、会计估计选择。会计政策、会计估计选择本质上是会计信息优化的过程，同样的交易或者会计事项在不同的会计目标要求下会有不同的会计政策、会计估计选择结果，不同企业、不同时期的会计政策、会计估计选择目标很可能是有所侧重的。比如，从企业等经济单位持续经营角度考虑，力求谨慎的会计处理就很有可能成为不同的企业在不同阶段进行会计政策、会计估计选择的目标。确立会计政策、会计估计选择目标之后，就要搜寻或创立备选的会计政策、会计估计，通常情况下，企业会计准则和相关的法律法规会提供备选的会计政策、会计估计，在某些情况下，针对特殊的交易或者会计事项，会计部门也可能在现有的会计理论框架下自行创设备选会计政策、会计估计。对于备选的会计政策、会计估计可以从定性、定量两个维度进行比较分析，评价其可能产生的经济后果，然后结合已经确立的会计政策、会计估计选择目标去选定具体的会计政策。

通用的会计政策、会计估计评价标准是不存在的，企业等经济单位可以依据当时所处于的具体的经济环境和以往的经验来判断选择哪一个会计政策、会计估计对于企业等经济单位更加有利。会计政策、会计估计选择并不是会计处理方法的简单集合，而是一个系统性的整体优化过程。会计政策、会计估计选择的最终目标是要形成一整套围绕着会计目标运行的会计政策组合。由于会计政策、会计估计选择本身是一个动态的经济决策过程，因此，企业等经济单位需要根据企业等经济单位具体的经济情况，适时地选择、调整和变更会计政策、会计估计，以此形成适应新的经济环境的新的会计政策组合。如果会计政策、会计估计选择的具体目标发生了改变，就需要对原有的会计政策、会计估计选择进行相应的调整；如果会计政策、会计估计选择的目标没有发生改变，但是企业等经济单位所面临的生产经营环境发生了变化，同样需要对会计政策进行变更、调整。会计政策的最初确立需要做出选择，而对原有的会计政策、会计估计变更，也属于选择，这就是会计政策、会计估计选择过程的动态属性的具体体现。

[**案例 3-17**]

某公司变更了部分会计政策、会计估计。理论上可以提升公司会计信息的可靠性和相关性，但是很难完全排除公司管理者变更会计政策、会计估计的主观倾向性。

[**案例 3-18**]

某公司通过会计政策、会计估计选择，提升了盈余水平、降低了税负，甚至保住了公司的上市资格。

针对以上两个案例，在不违反相关法律法规、会计准则的前提下，相关利益人倾向于以会计政策、会计估计选择的经济后果来评价盈余管理，如果盈余管理的经济后果符合大多数公司相关利益人的利益，或者没有损害公司相关利益人的利益，盈余管理也不是一项不好的会计行为。

四、会计政策、会计估计选择的动因

企业会计准则要求企业等经济单位在生成会计信息的过程中，应当通过职业判断来进行会计政策、会计估计选择，这种要求既有其客观原因，也有其主观上的原因。会计政策、会计估计选择之所以能够存在的客观原因主要有两个：①会计对象具有不确定性，会计对象是会计反映和控制的客体，也就是企业等经济单位生产经营过程中发生的各项经济业务以及各项会计事项。而会计要素又是对会计对象的具体分类，一些会计要素本身难于精确计量所带来的会计信息的不确定性、经济业务的复杂多面性，以及会计事项确认在时间上存在的不确定性，都将会导致会计信息仅仅能够近似地反映企业的财务状况、经营成果和现金流量。这就要求企业等经济单位在处理经济业务和会计事项时，须进行职业判断，并在不同的会计政策、会计估计中做出恰当的选择，以此尽可能地提高会计信息的相关性和可靠性。

会计准则具有契约属性，企业等经济单位的会计政策、会计估计选择，通常会受到企业会计准则的约束。但是，企业会计准则作为一项社会公共契约，其制定不仅强调技术属性，同样也侧重经济后果。合理做出的会计政策、会计估计选择是企业等经济单位各个相关利益人经过多次博弈后，所产生的一种不完全合约。在企业会计准则中，对于一些交易或者会计事项的会计处理政策，企业会计准则通常会留有较大的政策选择空间，相应地，企业等经济单位也就有了更大的会计政策、会计估计选择权力。另外，企业会计准则的发展与会计实践的发展不可能是同步的，企业会计准则的发展通常会滞后于会计实践的发展，当经济行为出现创新时，就会出现企业会计准则缺失的情况，这也为企业会计政策的选择提供了空间。

[拓展知识 3-8]

企业在针对交易和事项适配会计政策时，会受到企业相关利益人的制约，通过博弈最终确定的会计政策组合应该尽量符合企业所有相关利益人的经济利益，即会计政策、会计估计选择的经济后果和法律后果是企业适配会计政策的首要考虑因素。

[拓展知识 3-9]

碳汇是绿色经济发展政策的产物，现行会计准则并没有关于碳汇的具体准则，但是企业的财务人员可以在现有会计理论、方法体系内，自行选择适宜的会计政策组合。

五、会计政策、会计估计选择的影响因素分析

影响企业等经济单位进行会计政策、会计估计选择的因素主要包括经济因素、政治因素、法律因素、社会文化因素，以及企业自身因素等几个方面。任何一门学科，其理论、方法的形成、发展和完善都离不开特定的经济、社会、政治环境。会计作为一门社会科学，从其产生到发展的过程，不仅离不开一定的经济、社会、政治环境，还必须要与其所处的经济、社会、政治环境相适应。多重环境因素最终促成了会计这门社会科学的诞生，同样也推动了会计科学从简单到复杂、从传统到现代的发展进程。因此，会计政策、会计估计选择都是在一定的时间和空间范围内进行的。

1. 会计政策、会计估计选择的经济影响因素

企业等经济单位内部和外部的经济因素都会对企业等经济单位的会计政策、会计估计选择产生影响。当企业等经济单位所面临的经济环境发生变化时，就会要求企业等经济单位重新选择适宜的会计政策，重新适应内部、外部环境，以此来保证会计信息的客观性和相关性。一个地区的经济发展水平是决定会计理论及实务水平的重要因素，处于不同经济发展阶段的企业，是属于成长上升期还是属于成熟衰退期，都会使企业等经济单位在会计政策的选择上有所侧重。企业等经济单位内部的资本结构同样也会影响到企业等经济单位会计政策、会计估计的选择，在一个以借贷资本为主要资本来源的企业中，会计信息的反映就必须以债权人的信息需求为主，并且会计政策的选择将会更加倾向于保守和谨慎；而在以股东投资为主要资本来源的企业中，为了保障投资人的利益，在为投资人提供所需会计信息时，其会计政策、会计估计选择会更加倾向于反映盈余水平以及由此产生的分配水平。同时对于披露的内容，同样要强调其公允性和客观性。

[拓展知识 3-10]

当企业采用低杠杆策略，生产经营活动以自有资本为主时，在会计政策、会计估计选择上，应倾向于选择能够提高企业盈余水平的会计政策、会计估计，从而提升企业的股价和分配水平，满足股东的利益要求。

当企业采用高杠杆策略，生产经营活动倚重借贷资本时，在会计政策、会计估计选择上，应倾向于选择能够压低企业盈余水平的会计政策、会计估计，从而把更多的经济利益留给企业内部，保证债权人还本付息的利益要求。

2. 会计政策、会计估计选择的政治和法律影响因素

政治和法律因素对于企业等经济单位会计政策、会计估计选择的影响，主要是通过影响企业会计准则、会计相关法律法规以及会计管理体系等方式来影响企业等经济单位的会计政策、会计估计选择。企业等经济单位必须在会计法律、法规允许的范围内选择会计政策，同

时还要考虑诸如税法、公司法、证券法、银行法等经济法规的影响，尤其是要充分考虑会计政策、会计估计选择对企业税负产生的影响。

[拓展知识 3–11]

企业在所得税会计核算过程中，对即期所得税的核算是以应纳税所得额为基础，并不是以会计利润为基础。企业须将会计利润按照税法的要求调整成为应纳税所得额，并最终作为计税基数。由于不同的会计政策、会计估计选择会影响到企业的实际税负，因此企业在选择具体的会计政策、会计估计时，必须考虑在税法允许的情况下，选择使盈余水平降低的会计政策来达到降低实际税负的目的。

在一些特殊的行业或者企业，其产品价格和收费标准是由政府有关部门制定的，并且这些价格和收费标准通常是根据会计所采用的计算成本的公式制定的。为了使有关机构制定出有利于企业的价格或收费标准，经济单位往往会选择那些使其成本增加，从而导致企业微利甚至亏损的会计政策。此外，企业等经济单位会计政策的选择还要考虑政治成本的影响，在很多情况下，会计信息在政治活动中被用来支持政府的法令、法规。

3. 会计政策、会计估计选择的社会文化影响因素

会计政策是经济技术与人相结合的产物，因此，会不可避免地受到文化因素的影响。会计政策、会计估计选择是一种行为过程，选择必然涉及动机、偏好等文化心理因素。市场经济是一种分权的、非集中的经济，市场经济鼓励企业或者个人进行自主决策，从而为会计政策的选择提供了相对宽松的文化背景。同时，市场经济又是一种法制的、规范的经济。市场经济强调效率和公平，要求为信息的流动提供规范的框架，因此，会计政策的选择又是有章可循的。会计政策、会计估计选择正是这种自由与不自由之间的对立统一的博弈结果。企业等经济单位的意志是要通过人的具体行为来实现的，因此，人的偏好、心理、文化水平等都会左右会计政策的选择行为，而这些因素又是由人们所处的文化环境决定的，由此导致会计政策、会计估计选择受到文化因素的影响。

[案例 3–19]

某公司作为一家上市公司，对盈余管理进行平滑管理，即通过会计政策、会计估计的选择，以及会计政策、会计估计应用时点的选择，使不同会计期间的盈余水平看起来既有不同，又没有太大的波动。

一方面，社会文化因素通过会计模式的总体特征制约着会计政策、会计估计选择的可能范围；另一方面，社会文化因素在潜移默化中逐步成为人们行为观念的一部分，这种行为观念也包括经济行为观念，比如经营决策习惯和理念，从而直接影响会计政策的选择。企业在基于各种契约对会计政策进行选择时，还可能存在一定的矛盾性，比如对于企业等经济单位来说是最佳的会计政策、会计估计选择，但是对股东、债权人、供应商来说，却未必是最佳的会计政策、会计估计选择方案。企业等经济单位会计政策的选择可能会随着与各个相关利益方签订的契约变量的变化而变化。因此，如何选择会计政策是需要进行筹划和测算的，以达到相关利益者价值的相对最大化。

[拓展知识 3–12]

不仅公司的股东债权人之间存在利益矛盾，股东内部的控股股东和小股东之间，上市公司股东和非上市公司股东的利益诉求都存在差异。

会计政策、会计估计选择不仅仅是一种纯粹的经济技术行为，不同的会计政策、会计估计选择将生成不同的会计信息后果以及经济后果，从而影响到不同利益集团的经济决策，一部分相关利益人受益，则另一部分相关利益人可能发生损失。会计政策、会计估计选择的经

济后果包括直接的经济后果和间接的经济后果，直接的经济后果是企业等经济单位的各个相关利益人所能取得的经济利益；间接的经济后果是通过不同的会计政策、会计估计选择生成的不同的会计信息所导致的不同经济行为，从而影响到资本市场上各行业主体的经济利益。经济后果是会计政策、会计估计选择的出发点和最终落脚点，会计政策选择会产生各种不同的经济后果，良好的预期经济后果的产生，取决企业等经济单位合理的会计政策、会计估计选择。企业会计政策、会计估计选择权属于剩余控制权，必须在其有处理权限的会计处理程序集合中选择，除此之外，还要受到税收法律法规、行业特征、企业生产经营状况以及股东、债权人等相关利益人特殊约定方面的诸多限制。此外，企业等经济单位生产经营特点的个性化差异也会使得会计政策的选择存在差异。

六、会计政策、会计估计选择与会计信息质量的关系

会计政策、会计估计选择是企业的财务部门在特定环境下，根据企业目标或管理层自身的目标，在法律法规、会计准则规定的可选范围内对可用的会计确认原则、计量基础和具体的会计处理方法进行比较和分析，从而形成会计政策、会计估计组合的过程。会计政策、会计估计选择从形式上看是会计技术规范畴内的一项决策行为，但是会计政策的选择绝不是一个简单的会计问题。不同的利益衡量标准往往会导致选择不同的会计政策、会计估计来处理相同的交易或者会计事项，从而产生不同的经济后果，甚至完全相反的经济后果。不同利益集团的经济利益导致不同利益集团会做出不同的经济决策，因此，会计政策、会计估计选择的过程实际上是各种经济利益和政治利益相关各方博弈的过程，企业会计准则制定的结果和选择的结果就是财务报告提供者与相关经济利益集团平衡博弈的结果。

复习思考题

1. 常见的会计政策包括哪些？
2. 常见的会计估计有哪些？
3. 试举例，如何通过会计政策选择进行盈余管理？
4. 试举例，如何通过会计估计进行盈余管理？
5. 结合我国股份制企业的演进、发展历史，论述我国经济发展成就对于会计政策、会计估计满足企业相关利益人利益诉求的影响。

实践与思政课堂

经济观察报对话清华大学经济管理学院会计学学者陈武朝（节选）

经济观察报：企业盈余管理算会计操纵吗？边界是什么？

陈武朝：盈余管理和利润操纵、财务舞弊不同。企业在编制财务报表时所依赖的专业判断很难做到完全客观，盈余管理是管理层通过会计手段或安排交易，试图误导财务报表使用者对公司业绩的看法或影响以会计数字为基础的一些安排，如薪酬、退市、再融资等。利润操纵是利用会计准则中的漏洞和模糊定义达到特定的财务报告目的，是对会计准则的一种滥用。财务舞弊虽然也具有机会主义的动机，但比利润操纵行为更为严重，是故意的、有目的的、有预谋的、有针对性的财务造假和欺诈行为，其行为不仅超出了会计准则的框架，而且

还可能触犯刑律。所以，盈余管理是在会计准则框架内，通过会计政策选择和会计估计的选择或变更，以达到特定的财务报告目的。

经济观察报：会计学有没有经历过所谓工业时代到数字时代的范式变迁？

陈武朝：进入数字时代以来，财务会计并未发生显著的范式变迁。确认资产仍强调能够为企业带来经济利益、企业拥有或控制以及资产的取得是源自过去的交易或事项。因此，数据资产、客户关系、用户关系、渠道、品牌等无法反映在资产负债表中，除非通过非同一控制下企业合并获得。

经济观察报：比如数据资产是虚拟的，在新的生态经济的框架下，这些价值好像无法在报表里得到反映，是不是这个行业科目本身需要做一些改变？

陈武朝：这个问题越来越明显。比如同花顺这样的公司，有很多数字资产，报表上最大的项目则是货币资金；再比如知网，这些论文、数据库算不算公司的资产？现在很难确认。财务报表是看不出来的。所有数据公司都面临这个问题。

因为会计是用钱作为计量单位来反映企业所有的活动，在这个情况下，会计相当于采用了一种“无为”的方式：如果说不清楚值多少钱就不说，就不在财务报表中反映。会计这么做简洁、明了。所以迄今为止，会计对资产的界定仍然强调资产是过去的交易发生的、企业拥有或者控制的资源，强调交易发生。如果看腾讯可能更典型：微信是腾讯自己研发的，不是通过交易取得的。微信的价值是多少？这在腾讯的报表上是不体现的。

经济观察报：在学界，有没有在报表上，类似重新定义资产、重新定义利润的呼声？

陈武朝：一直以来都有这种呼声，实际上也有一些进展。目前，像会计在反映报表当中的资产时，最早都采用历史成本计量，现在扩大到对满足条件的资产可以用公允价值计量。但刚才提到的这些数字化的东西，现在还解决不了的原因，在于很难确定它们的价值到底是多少。会计师也会强调，如果非要反映它们，我的身份可能就变成评估师了。其实，会计一开始就定了一个原则：如果这个东西不是为了卖的，就不去估值，这是持续经营的观点。

随着数字经济的发展，基于工业时代设计的这套会计模式，现在正遭遇挑战。总体上看，折旧、摊销等概念是会计反映工业时代企业生产过程产生的，存货也很明显是制造业的产物。企业微观的商业模式，实际上反映的是生产要素之间的结构关系。现在的商业模式和几百年前大不相同，但会计现在做的改进还是比较有限。

结合上述资料论述：

1. 盈余管理是不是一种有清晰边界的“道德”行为？
2. 数字时代是否会加剧企业盈余管理的空间，甚至引发舞弊行为？
3. 数字会计要素背景下，如何避免过度盈余管理甚至舞弊？

专题二

会计服务地方经济发展

第四章　生物资产

第一节　生物资产概述

《企业会计准则第 5 号——生物资产》把生物资产定义为有生命的动物和植物。

一、生物资产的特征

1. 生物资产是有生命的动物或植物

“有生命”是生物资产的重要特征。有生命是指动物、植物具有进行生物转化的能力。生物转化是指导致生物资产质量或者数量发生变化的生长、蜕化、生产和繁殖的过程。

①生长是指动物或植物体积、重量的增加或者质量的提高。比如水稻的生长、肉鸡的生长带来的体积、重量的提高。

②蜕化是指动物或植物产出量的减少或者质量的退化。比如蛋鸡产蛋能力的不断下降、果树产果能力的下降。

③生产是指动物或植物本身产出农产品，如蛋鸡产蛋、奶牛产奶、果树产果等。

④繁殖是指动物或植物产生新的动物、植物，如植物开花结籽、母猪生仔猪等。

因为“有生命”是生物资产的重要特征，所以生物转化能力是其他资产所不具备的能力。这也正是生物资产的独有属性。因此，生物资产的形态、价值以及为企业带来经济利益的方式，都会随着生物资产的出生、成长、衰老、死亡等自然规律和生产经营活动不断变化。尽管生物资产在其生命周期中的不同阶段可能具有类似于其他资产的特征，但是生物资产的会计处理仍旧与存货、固定资产等资产有所不同，因此，有必要对生物资产的确认、计量和报告等会计处理进行单独规范，以便于更准确地反映企业的生物资产会计信息。

将生物资产定义为“有生命”的动物和植物，意味着一旦动物、植物生命活动停止，就不再属于生物资产。“有生命”这一特征对生物资产和农产品进行了本质的区分，农产品与生物资产密切相关，农产品来自动物或者植物。当其附着在生物资产上时，应该作为生物资产的一部分进行会计处理，不需要单独进行会计处理；而当其从生物资产上收获，离开生物资产母体并准备单独加工或者出售时，则应当适用《企业会计准则第 1 号——存货》。基于此，生物资产准则对收获时点的农产品的会计处理进行了规范，应当采用规定的方法，将其从消耗性生物资产或生产性生物资产的生产成本中转出，确认为收获时点的农产品存货的成本。而收获时点之后的农产品的加工、销售等会计处理就是存货的会计处理。

此外，根据《企业会计准则第 5 号——生物资产》的规定，以下资产项目不属于生物资产：

（1）收获后的农产品，适用《企业会计准则第 1 号——存货》。

（2）与生物资产相关的政府补助，适用《企业会计准则第 16 号——政府补助》。

[案例 4-1]

某公司是一家从事水果种植、加工的农场。在果实生长过程中，水果作为果树的一部分被当作生产性生物资产核算。当果实收获后，被用于生产加工或者出售目的，则果实应该作为存货核算。

[案例 4-2]

某公司是一家从事水稻种植、加工的农场，享有与粮食相关的政府补贴。粮食补贴的会计处理适用政府补助准则，最终计入成本费用或者其他收益。

2. 生物资产与农业生产密切相关

生物资产准则所称的农业泛指农林牧渔各业，包括种植业、养殖业、林业和水产业等行业。企业从事农业生产就是要增加生物资产的转化能力，最终获得符合市场需求的农副产品。农业生产管理的对象是生物资产转化为农产品的活动，主要是指通过消耗性生物资产的生产和收获获得农产品的活动过程，以及利用生产性生物资产产出农产品的活动过程。例如：通过粮食作物的生产管理活动获得谷物的过程；通过饲养奶牛等生产管理活动获得牛奶的过程；通过经济林的生产管理活动获得木材的过程。

收获时点是农业生产活动和加工活动的分界点，这个分界点也是生物资产核算和存货核算的分界点。农业生产活动针对的是“有生命”的生物资产，而加工活动针对的是收获后的农产品。加工活动不属于生物资产准则所指的农业生产活动范畴。

[案例 4-3]

某公司将收获的甘蔗加工成蔗糖，将采摘的水果加工成罐头。该公司各项活动属于加工活动，不属于农业生产活动。

二、生物资产的分类

根据《企业会计准则第 5 号——生物资产》的规定：生物资产分为消耗性生物资产、生产性生物资产和公益性生物资产三类。

1. 消耗性生物资产

消耗性生物资产是指为出售而持有的，或在将来收获为农产品的生物资产。消耗性生物资产一般要经过培育、长成、处置等阶段，消耗性生物资产通常是一次性消耗，且在消耗的同时，其未来经济利益终止。因此，消耗性生物资产具有存货的特征，编制财务报告时，应当作为存货项目列报。

[案例 4-4]

某公司是一家蔬菜种植公司。蔬菜经过培育、生长、收获后直接对外出售。蔬菜的培育、生产、收获周期通常不超过一年，尽管在收获之前因其具备“有生命”的特征，确认为生物资产，但是收获后即成为农产品，最终需要通过出售为该公司带来经济利益。

2. 生产性生物资产

生产性生物资产是指为产出农产品、提供劳务或者出租等目的而持有的生物资产。生产性生物资产能够在生产经营过程中被长期、反复地使用，不断地产出农产品或者长期役用。生产性生物资产在一定程度上具有固定资产的特征，比如果树每年产出水果、奶牛每年产奶等。

[案例 4-5]

某公司是一家奶牛场，生产、销售奶制品。奶牛场的奶牛就是该公司的生产性生物资产。

[案例 4-6]

某公司是一家果园，生产、销售果品。果园中的果树就是该公司的生产性生物资产。

生产性生物资产有别于消耗性生物资产，消耗性生物资产收获后，这种生物资产就不复存在了，成为一项存货资产；生产性生物资产产出农产品之后仍然继续存在，并可以在未来期间继续产出农产品。

［**案例 4–7**］

某公司是一家牛养殖场，生产、销售牛奶、牛肉制品。奶牛是该公司的生产性生物资产，肉牛是公司的消耗性生物资产。

3. 公益性生物资产

公益性生物资产是指以防护、环境保护为主要目的的生物资产。从资产持有目的看，公益性生物资产与消耗性生物资产、生产性生物资产有本质的不同。企业持有生产性生物资产和消耗性生物资产的目的是获得直接的经济利益，而企业持有公益性生物资产主要是出于防护风沙、环境保护等目的，尽管公益性生物资产不能直接给企业带来经济利益，但是具有“服务潜能”，服务潜能有助于企业从其他相关资产中获得经济利益，因此，可以确认为是一项独立的生物资产。

［**案例 4–8**］

某公司是一家农场，生产、销售谷物。水稻、小麦是该公司的消耗性生物资产，防风林是公司的公益性生物资产。

三、生物资产的确认条件

生物资产和其他资产的确认条件一样，根据《企业会计准则第 5 号——生物资产》规定，同时满足下列条件，可以确认为生物资产：

①企业因过去的交易或者事项而拥有或者控制生物资产。

②与生物资产有关的经济利益或服务潜能很可能流入企业。

③生物资产的成本能够可靠计量。

四、生物资产的计量

生物资产是双重计量的会计要素。生物资产通常采用成本计量模式，但是在有确凿证据表明公允价值能够持续可靠地获得的情况下，可以采用公允价值计量模式。生物资产采用公允价值计量模式，应当同时满足以下两个条件：

①生物资产有活跃的交易市场，能够在交易市场中直接进行交易。活跃的交易市场是指同时具有以下特征的市场：市场内交易的对象具有同质性；买卖双方自愿达成交易；市场价格信息公开透明。

②企业能够从生物资产交易市场上取得同类或类似生物资产的市场价格以及其他相关信息，从而能够对生物资产的公允价值做出合理的会计估计。同类或类似的生物资产是指品种相同、质量等级相同或者近似、生长周期相同或者近似、所处气候和地理环境相同或近似的有生命的动物和植物。

五、生物资产会计科目的设置

生物资产会计科目设置具体如下。

1. “消耗性生物资产”科目，资产类科目

本科目核算企业持有的消耗性生物资产的发生额和余额。本科目应当按照消耗性生物资产的种类、群别等来进行明细核算。期初、期末余额在借方，反映消耗性生物资产的价值。发生额以借方为增加、以贷方为减少。

2. “消耗性生物资产跌价准备”科目，资产类科目

消耗性生物资产跌价准备科目为备抵科目，核算消耗性生物资产的潜在损失。本科目应当按照消耗性生物资产的种类、群别、所属部门等进行明细核算。期初、期末余额在贷方，反映消耗性生物资产的累计跌价损失。发生额以贷方为增加、以借方为减少。

3. “生产性生物资产”科目，资产类科目

本科目核算企业持有的生产性生物资产的原价。本科目按照“未成熟生产性生物资产”和“成熟生产性生物资产”以及“生产性生物资产”的种类、群别、所属部门等进行明细核算。期初、期末余额在借方，反映生产性生物资产的原值。发生额以借方为增加、以贷方为减少。

4. “生产性生物资产累计折旧”科目，资产类科目

生产性生物资产累计折旧科目为备抵科目，核算企业针对成熟生产性生物资产计提的累计折旧。本科目应当按照生产性生物资产的种类、群别、所属部门等进行明细核算。期初、期末余额在贷方，反映成熟生产性生物资产的累计折旧。发生额以贷方为增加、以借方为减少。

5. “生产性生物资产减值准备”科目，资产类科目

生产性生物资产减值准备科目为备抵科目，核算生产性生物资产的潜在损失。本科目应当按照生产性生物资产的种类、群别、所属部门等进行明细核算。期初、期末余额在贷方，反映成熟生产性生物资产的累计减值损失。发生额以贷方为增加、以借方为减少。

6. “公益性生物资产”科目，资产类科目

公益性生物资产科目核算企业持有的公益性生物资产的原值。本科目应当按照公益性生物资产的种类或项目进行明细核算。期初、期末余额在借方，反映公益性生物资产的价值。发生额以借方为增加，以贷方为减少。

第二节 生物资产的初始计量

《企业会计准则第 5 号——生物资产》规定：企业应按如下规则确定生物资产的初始成本。

一、外购的生物资产

外购的生物资产的初始成本包括购买价款、相关税费以及可以直接归属于购买生物资产的其他相关支出。比如运输费、保险费，以及其他直接归属于生物资产的场地整理费、装卸费、栽植费、专业人员服务费等。

[案例 4-9]

某公司是一家农场，生产、销售牛奶制品和牛肉制品。2022 年 6 月从市场上一次性购入奶牛、肉牛各 100 头。其中，奶牛单价 2 万元，肉牛单价 1 万元。此外，发生运输费、保险费、装卸费等相关税费合计 12 万元，增值税略，开出支票结清所有款项。要求：做相关账务处理。

奶牛的价款 = 100×2 = 200 万元

肉牛的价款 = 100×1 = 100 万元

分配相关税费：

奶牛承担的税费＝12×200/（100+200）＝8 万元

肉牛承担的税费＝12×100/（100+200）＝4 万元

奶牛的初始成本＝200+8＝208 万元

肉牛的初始成本＝100+4＝104 万元

借：生产性生物资产——成熟生产性生物资产（奶牛）　　208 万

　　消耗性生物资产——肉牛　　104 万

　贷：银行存款　　312 万

二、自行栽培、营造、繁殖或养殖的生物资产

1. 自行栽培、营造、繁殖或养殖的消耗性生物资产

①自行栽培的大田作物和蔬菜应按收获前发生的成本，借记“消耗性生物资产”科目，贷记“银行存款”等科目。消耗性生物资产的成本包括在收获前耗用的种子、肥料、农药等材料费、人工费和应分摊的间接费用等必要支出。

②自行营造的林木类消耗性生物资产应按郁闭前发生的成本，借记“消耗性生物资产”科目，贷记“银行存款”等科目。消耗性生物资产成本包括郁闭前发生的造林费、抚育费、营林设施费、良种试验费、调查设计费和应分摊的间接费用等必要支出。

③自行繁殖的育肥畜、水产养殖的动植物应按出售前发生的成本，借记“消耗性生物资产”科目，贷记“银行存款”等科目。育肥畜的成本包括出售前发生的饲料费、人工费和应分摊的间接费用等必要支出；水产养殖的动物和植物的成本包括在出售或入库前耗用的苗种、饲料、肥料等材料费、人工费和应分摊的间接费用等必要支出。

[案例 4-10]

某公司是一家农场，生产、销售谷物。2022 年 5 月播种小麦 1 万亩，种子成本 1000 万元、人工成本 200 万元，播种农机原值 620 万元，预计残值 20 万元，播种农机可以播种土地 60 万亩，采用工作量法计提折旧。要求：做相关账务处理。

播种小麦应当分配的农机折旧＝（620−20）/60×1＝10 万元

借：消耗性生物资产——小麦　　1210 万

　贷：原材料　　1000 万

　　　应付职工薪酬　　200 万

　　　累计折旧　　10 万

2. 自行栽培、营造、繁殖或养殖的生产性生物资产

①自行营造的林木类生产性生物资产的成本包括达到预定生产经营目的前发生的造林费、抚育费、营林设施费、良种试验费、调查设计费和应分摊的间接费用等必要支出。

②自行繁殖的产畜和役畜的成本包括达到预定生产经营目的（成龄）前发生的饲料费、人工费和应分摊的间接费用等必要支出。达到预定生产经营目的是指生产性生物资产进入正常生产期，可以多年连续稳定产出农产品、提供劳务或出租。

未成熟的生产性生物资产成熟时，按其账面余额借记“生产性生物资产——成熟生产性生物资产”科目，贷记“生产性生物资产——未成熟生产性生物资产”科目，未成熟生产性生物资产已计提减值准备的，还应同时结转已计提的生产性生物资产减值准备。

达到预定生产经营目的是区分生产性生物资产成熟和未成熟的分界点，也是判断相关支出资本化终止的时点，同时还是区分生产性生物资产是否具备生产能力、是否应该对其计提折旧的分界点。企业应当根据具体情况，结合正常生产期的确定，对生产性生物资产是否达

到预定生产经营目的进行判断。

生产性生物资产在达到预定生产经营目的之前，其用途通常已经确定。如果生产性生物资产的未来用途尚未确定，则应当作为消耗性生物资产进行会计核算，待明确用途后，再做转换处理。

3. 自行栽培、营造、繁殖或养殖的公益性生物资产

自行营造的公益性生物资产的成本应当按照郁闭前发生的造林费、抚育费、森林保护费、营林设施费、良种试验费、调查设计费和应分摊的间接费用等必要支出确定。企业应按照实际发生的成本借记“公益性生物资产”科目，贷记“应付职工薪酬”“累计折旧”“银行存款”等科目。

4. 天然起源的生物资产

对于天然起源的生物资产，企业几乎没有投入，对于其初始成本难以确定。《〈企业会计准则第 5 号——生物资产〉解释》规定，天然起源的生物资产的公允价值无法可靠地取得时，企业应当按照名义金额 1 元人民币确定该生物资产的成本。借记“消耗性生物资产”“生产性生物资产”或“公益性生物资产”科目，贷记“营业外收入”科目。

第三节 生物资产的后续计量

《企业会计准则第 5 号——生物资产》规定：企业应当对生物资产进行后续计量，特殊情况除外。

一、历史成本计量

历史成本计量模式下的生物资产，后续计量的内容包括折旧、减值、后续支出等内容。

（一）折旧

《企业会计准则第 5 号——生物资产》规定：企业应当对达到预定生产经营目的的生产性生物资产计提折旧，并根据用途分别计入相关资产的成本或者当期损益。企业应当根据生产性生物资产的特征、使用情况以及经济利益的预期实现方式，合理确定使用寿命、预计净残值和具体的折旧方法。生产性生物资产可以选用的折旧方法包括年限平均法、工作量法、产量法等。生产性生物资产的使用寿命、预计净残值和折旧方法一经选定不得随意变更。

确定生产性生物资产的使用寿命，应当考虑下列因素：

①生产性生物资产的预计产出能力或者实物产量。

②生产性生物资产的预计有形损耗。

③生产性生物资产的预计无形损耗。

企业至少应当于每年年终对生产性生物资产的预计使用寿命、预计净残值和折旧方法等会计估计进行复核。预计使用寿命或者预计净残值与原先的估计有差异的，或者生产性生物资产相关经济利益预期实现方式有重大改变的，应当作为会计估计变更处理，调整生产性生物资产的预计使用寿命、预计净残值或者改变折旧方法。计提折旧时，借记成本费用类科目，贷记“生产性生物资产累计折旧”科目。

[案例 4–11]

某公司是一家农场，经营水果种植、销售。一批苹果树即将进入产果期。进入产果期前，各项成本总计 1000 万元，预计产果期为 30 年，预计净残值 10 万元，采用年限平均法计提折

旧。要求：做相关账务处理。

生产性生物资产月折旧额＝（1000-10）/30/12＝2.75 万元

借：生产成本等科目　　　　2.75 万

　贷：生产性生物资产累计折旧　　　　2.75 万

（二）减值

《企业会计准则第 5 号——生物资产》规定：企业至少应当于每年年末对消耗性生物资产和生产性生物资产进行检查，有确凿证据表明由于遭受自然灾害、病虫害、动物疫病侵袭或市场需求变化等原因，使消耗性生物资产的可变现净值或生产性生物资产的可收回金额低于其账面价值的，应当按照可变现净值或可收回金额低于账面价值的差额，计提生物资产跌价准备、生产性生物资产减值准备，并计入当期损益。可变现净值和可收回金额，应当分别按照《企业会计准则第 1 号——存货》和《企业会计准则第 8 号——资产减值》的规定确定。消耗性生物资产减值影响因素如果已经消失，则可以转回消耗性生物资产跌价准备，转回的金额计入当期损益。生产性生物资产减值准备一经计提，不得转回。公益性生物资产不计提减值准备金。

1. 生物资产减值迹象的判断

生物资产存在下列情形之一的，通常表明生物资产可变现净值或者可收回金额低于其账面价值。

①遭受旱灾、冰冻灾害等自然灾害导致消耗性生物资产或者生产性生物资产发生实体损坏，影响进一步生长或生产，从而导致其未来经济利益降低。

②遭受病虫害、疫病侵袭导致消耗性生物资产、生产性生物资产的市场价格持续下跌，并且在可预见的将来没有回升的希望。

③消费者偏好改变导致消耗性生物资产、生产性生物资产收获的农产品的市场需求发生变化，市场价格逐步下跌。

④企业所处经营环境发生重大变化，对企业的生产经营活动产生不利影响，导致消耗性生物资产、生产性生物资产的市场价格逐步下跌。

2. 生物资产减值的会计处理

（1）消耗性生物资产减值会计处理。按照消耗性生物资产的可变现净值低于其账面价值的差额，借记“资产减值损失——消耗性生物资产跌价准备”科目，贷记“消耗性生物资产跌价准备”科目。如果导致消耗性生物资产跌价的影响因素已经消失，则应将减记金额予以恢复，在已计提的跌价准备金额内转回，借记“消耗性生物资产跌价准备”科目，贷记“资产减值损失——消耗性生物资产跌价准备”科目。消耗性生物资产可变现净值的会计估计应该参照《企业会计准则第 1 号——存货》确定。在会计估计时，应当考虑消耗性生物资产的持有目的：如果是为出售而持有的消耗性生物资产，则应当按照消耗性生物资产的预计售价减去预计销售费用和预计税费后的金额确定其可变现净值；如果是在收获后作为农产品处理，应当以收获的农产品的预计售价减去预计至农产品收获时需要继续投入的成本、预计销售费用和预计税费后的金额，确定其可变现净值。

[案例 4-12]

某花卉公司培育、销售花卉。假设一批花卉开花后准备直接出售，账面价值 120 万元。因遭遇冰冻天气，出现减值迹象，该公司进行减值测试。预计售价为 100 万元，预计销售费用和预计税费合计 10 万元。要求：做相关账务处理。

该批花卉的成本＝120 万元

该批花卉的可变现净值＝100－10＝90 万元

该批花卉的跌价＝120－90＝30 万元

①假设公司首次计提跌价准备金。

借：资产减值损失　　30 万

　贷：消耗性生物资产跌价准备　　30 万

②假设公司期初跌价准备金余额为 5 万元。

借：资产减值损失　　25 万

　贷：消耗性生物资产跌价准备　　25 万

③假设公司期初跌价准备金余额为 40 万元。

借：消耗性生物资产跌价准备　　10 万

　贷：资产减值损失　　10 万

（2）生产性生物资产减值的会计处理。按照生产性生物资产的可收回金额低于账面价值的差额，借记“资产减值损失——生产性生物资产减值准备”科目，贷记“生产性生物资产减值准备”科目。生产性生物资产减值准备一经计提，不得转回。生产性生物资产的可收回金额会计估计应该参照《企业会计准则第 8 号——资产减值》的规定：可收回金额应当根据生产性生物资产的公允价值减去处置费用后的净额与生产性生物资产预计未来现金流量的现值两者之间较高者确定。在确定资产公允价值减去处置费用后的净额时，优选协议价格，应当根据公平交易中销售协议价格减去可直接归属于该资产处置费用的金额估计净额；没有销售协议但是存在活跃市场的，应当按照生产性生物资产的市场价格减去处置费用后的金额确定，生产性生物资产的市场价格通常应当根据生产性生物资产的买方出价确定；没有协议价格和活跃市场价格的，应当以可获取的最佳信息为基础，估计生产性生物资产的公允价值减去处置费用后的净额，该净额可以参考同行业类似生物资产的最近交易价格或者结果进行估计。另外，如果按照上述规定仍无法可靠地估计生产性生物资产的公允价值减去处置费用后的净额，则应当以该资产预计未来现金流量的现值作为其可收回金额。

[案例 4-13]

某禽蛋公司生产、销售禽蛋产品。假设一批蛋鸡账面价值 120 万元。因遭遇鸡瘟，出现减值迹象，该公司进行减值测试。蛋鸡市场买方出价为 100 万元，预计处置费用为 10 万元。该公司无法合理估计该批蛋鸡的预计未来现金流量的现值。要求：做相关账务处理。

该批蛋鸡的成本＝120 万元

该批蛋鸡公允价值减去处置费用的净额＝100－10＝90 万元

该批蛋鸡的可收回金额＝90 万元

该批蛋鸡的减值＝120－90＝30 万元

①假设公司首次计提减值准备金。

借：资产减值损失　　30 万

　贷：生产性生物资产减值准备　　30 万

②假设公司期初减值准备金余额为 5 万元。

借：资产减值损失　　25 万

　贷：生产性生物资产减值准备　　25 万

③假设公司期初跌价准备金余额为 40 万元。

生产性生物资产减值准备无须转回。

（三）后续支出

1. 生物资产郁闭或达到预定生产经营目的后的管护支出

生物资产在郁闭或者达到预定生产经营目的之前，经过培植或者饲养，其价值能够继续增加，因此，饲养、管护支出应该予以资本化处理，即饲养、管护支出计入生物资产的成本。而生物资产在郁闭或者达到预定生产经营目的之后，为了维护或提高生物资产的使用效能，需要继续对生物资产进行饲养、管护，但此时的生物资产已经能够产出农产品，为企业带来经济利益，因此，应当将此类后续支出予以费用化处理，计入当期损益。

管护支出是指为了维持郁闭后的消耗性林木资产或者公益性生物资产的正常存在，或者为了维持已经达到预定生产经营目的的成熟生产性生物资产能够进行正常的生产而发生的相关支出。

[案例 4-14]

某公司是一家农场，生产、销售谷物。2021 年为农场防风林剪枝、灭虫发生的人工和药物费用为 1 万元，款项均已支付。要求：做相关账务处理。

借：管理费用	1 万
贷：银行存款	1 万

2. 林木类生物资产补植

在林木类生物资产的生长过程中，为了使其更好地生长，往往需要进行择伐、间伐或抚育更新性质采伐，并且在采伐之后进行相应的补植。补植发生的后续支出应该予以资本化处理，计入林木类生物资产的成本。借记“消耗性生物资产”“生产性生物资产”或“公益性生物资产”科目，贷记“库存现金”“银行存款”“其他应付款”等科目。

[案例 4-15]

某公司是一家林场，生产、销售薪材。2022 年对薪材林间伐后进行补植，发生人工费用 15 万元，材料费 20 万元。要求：做相关账务处理。

借：生产性生物资产——薪材林	35 万
贷：应付职工薪酬	15 万
原材料	20 万

二、公允价值计量

公允价值计量模式下的生物资产，后续计量的主要内容是公允价值期末计价。

[案例 4-16]

某公司是一家林场，拥有板材林、薪材林和防风林等生物资产，三种林木公允价值可以持续可靠地获得。初始成本分别为 1000 万元、500 万元、100 万元。期末三种林木的市价为 1100 万元、450 万元、105 万元。要求：做相关账务处理。

借：消耗性生物资产——板材林	100 万
公益性生物资产——防风林	5 万
贷：生产性生物资产——薪材林	50 万
公允价值变动损益	55 万

第四节 生物资产的处置

一、出售

《企业会计准则第 5 号——生物资产》对生物资产的处置做了如下规定：

①消耗性生物资产在出售时，应当按照消耗性生物资产的账面价值结转成本。成本结转的方法包括加权平均法、个别计价法、蓄积量比例法、轮伐期年限法等。

②生物资产改变用途后的成本应当按照改变用途时的账面价值确定。

③生物资产出售、盘亏、死亡、毁损时，应当将处置收入扣除生物资产的账面价值和相关税费后的净额计入当期损益。

出售生物资产时，应按照实际收到的款项借记“银行存款”等科目，贷记“主营业务收入”等科目。同时按照生物资产的账面价值结转销售成本，借记“主营业务成本”等科目，贷记“生产性生物资产”“消耗性生物资产”等科目。已计提跌价准备金、减值准备金或者折旧的生物资产，还应同时结转跌价准备金、减值准备金或者累计折旧。

[案例 4-17]

某公司是一家畜牧养殖场。该公司将育成的 1 万头仔猪出售给养殖户，价款为 500 万元，货款收存银行。消耗性生物资产仔猪账面余额为 300 万元，计提消耗性生物资产跌价准备金 20 万元。增值税略。要求：做相关账务处理。

借：银行存款	500 万
贷：主营业务收入	500 万
借：主营业务成本	280 万
消耗性生物资产跌价准备	20 万
贷：消耗性生物资产	300 万

二、生物资产盘亏或死亡、毁损

生物资产盘亏或死亡、毁损，应当将处置收入扣除其账面价值和相关税费后的净额记入“待处理财产损益”科目，待查明原因后，经股东大会、董事会、经理会议或者类似机构批准后，转平“待处理财产损益”科目。相关损失在扣除保险公司或者相关责任人赔款后，计入当期损益。如果属于自然灾害等非常因素导致的损失，则计入营业外支出。

[案例 4-18]

某公司是一家奶牛场，生产、销售牛奶制品。奶牛场的一头奶牛因疫病死亡。奶牛账面原值 3 万元，已经计提折旧 1 万元。经查实，保险公司应赔偿 0.5 万元。要求：做相关账务处理。

借：待处理财产损益	2 万
生产性生物资产累计折旧	1 万
贷：生产性生物资产——成熟生产性生物资产（奶牛）	3 万
借：其他应收款——保险公司	0.5 万
营业外支出	1.5 万
贷：待处理财产损益	2 万

三、生物资产转换

生物资产转换源自生物资产持有意图的改变，常见的生物资产转换通常有以下几类。

1. 生产性生物资产转换为消耗性生物资产

生产性生物资产转换为消耗性生物资产时，应当按照改变持有意图时的账面价值，借记“消耗性生物资产”科目，按照已经计提的累计折旧额，借记“生产性生物资产累计折旧”科目，按照原值贷记“生产性生物资产”科目。已计提减值准备金的，还应同时结转已计提的减值准备金。

[案例 4-19]

某公司是一家养鸡场，生产、销售禽蛋制品。该公司的一批蛋鸡因产蛋能力降低，转换为肉鸡。蛋鸡原值 50 万元，已经计提折旧 20 万元，减值准备金 12 万元。要求：做相关账务处理。

借：消耗性生物资产——肉鸡	18 万
生产性生物资产累计折旧	20 万
生产性生物资产减值准备	12 万
贷：生产性生物资产——成熟生产性生物资产（蛋鸡）	50 万

2. 消耗性生物资产转换为生产性生物资产

消耗性生物资产转换为生产性生物资产时，应当按照改变持有意图时的账面价值，借记“生产性生物资产”科目，贷记“消耗性生物资产”科目。已计提跌价准备金的，还应同时结转跌价准备金。

[案例 4-20]

某公司是一家养鸡场，生产、销售禽蛋制品。该公司的一批肉鸡苗转换为蛋鸡苗。肉鸡苗原值 50 万元，已经计提跌价准备金 12 万元。要求：做相关账务处理。

借：生产性生物资产——未成熟生产性生物资产（蛋鸡苗）	38 万
消耗性生物资产跌价准备	12 万
贷：消耗性生物资产——肉鸡苗	50 万

3. 消耗性生物资产、生产性生物资产转换为公益性生物资产

消耗性生物资产、生产性生物资产转换为公益性生物资产时，应当按照相关准则规定，测试消耗性生物资产、生产性生物资产是否发生减值。如果发生减值，应首先计提减值准备金，并以计提减值准备金后的账面价值作为公益性生物资产的入账价值，借记“公益性生物资产”科目；按照已经计提的生产性生物资产累计折旧，借记“生产性生物资产累计折旧”科目；按照已经计提的减值准备金，借记“消耗性生物资产跌价准备”“生产性生物资产减值准备”科目；按账面余额，贷记“消耗性生物资产”“生产性生物资产”科目。

[案例 4-21]

某公司是一家林场，生产、销售薪材。该公司中一处薪材林根据环境保护政策的要求，转换为防风林。薪材林原值 100 万元，已提折旧 20 万元，未提减值准备金。要求：做相关账务处理。

借：公益性生物资产——防风林	80 万
生产性生物资产累计折旧	20 万
贷：生产性生物资产——成熟生产性生物资产（薪材林）	100 万

［案例 4–22］

某公司是一家林场，生产、销售造纸木材。该公司中一处桉树林根据环境保护政策的要求，转换为防风林。桉树林原值100万元，已提跌价准备金20万元。要求：做相关账务处理。

借：公益性生物资产——防风林	80万
消耗性生物资产跌价准备	20万
贷：消耗性生物资产——桉树林	100万

第五节 生物资产相关信息披露

《企业会计准则第5号——生物资产》规定：企业必须披露生物资产的基本信息及其变动信息。

企业应当在附注中披露与生物资产有关的下列信息：

①生物资产的类别以及各类生物资产的实物数量和账面价值；

②各类消耗性生物资产的跌价准备累计金额，以及各类生产性生物资产的使用寿命、预计净残值、折旧方法、累计折旧和减值准备累计金额；

③天然起源生物资产的类别、取得方式和实物数量；

④用于担保的生物资产的账面价值；

⑤生物资产的风险情况与管理措施。

企业应当在附注中披露与生物资产增减变动有关的下列信息：

①因购买而增加的生物资产；

②因自行培育而增加的生物资产；

③因出售而减少的生物资产；

④因盘亏或死亡、毁损而减少的生物资产；

⑤计提的折旧及计提的跌价准备或减值准备。

复习思考题

1. 生物资产包括哪些内容？
2. 消耗性生物资产和存货的相同点与不同点有哪些？
3. 生产性生物资产和固定资产的相同点与不同点有哪些？
4. 生物资产可以采用哪些计量模式？

实践与思政课堂

据中国新闻网报道，全国首张林业生物资产票据在三明市发布。2023年11月6日上午，在全国率先探索林票制度的三明市，于第十八届海峡两岸林业博览会暨投资贸易洽谈会开幕式上，首次发布被称为“林票2.0”的林业生物资产票据。

开幕式上展示的全国首张林业生物资产票据，由三明市沙县区国有林场创设，总资产价值833万元，对应的林业生物资产面积1688亩。林业生物资产票据作为森林资源的资产化凭证，进一步拓宽了社会资本直接投资林业的新途径，对于促进森林质量提升、带动乡村振兴具有重要意义。三明市的林票制度作为林业改革的重要成果，已被吸纳进入中共中央办公厅、国务院办公厅印发的《深化集体林权制度改革方案》。

想要更好地发挥林票的积极作用，关键在于突破市场化交易瓶颈，实现金融资产投资与森林资源融资有效衔接。三明市引入上海交易集团专家团队，设计制发林业生物资产票据，并制定《三明市林业生物资产票据管理办法》，让林木资源成为相对标准化的投资标的，不仅能够进行交易、流转，向银行质押贷款，后续还可由金融机构或资产管理机构通过信托计划或资管计划认购，切实推动社会资本“进山入林”。目前，兴业银行已将首张林业生物资产票据认定为可接受的押品，并对其授信800万元。

结合上述资料，论述我国生物资产证券化的成就，及其对生物资产会计发展的积极影响。

第五章 石油天然气开采

第一节 石油天然气开采概述

一、石油天然气开采业务

《企业会计准则第27号——石油天然气开采》规定：石油天然气开采活动包括矿区权益的取得、油气勘探、油气开发和油气生产四个阶段。石油天然气开采活动以外的油气储存、集输、加工和销售等业务的会计处理，不适用于石油天然气开采会计准则。石油天然气准则规范了矿区权益取得、油气勘探、油气开发和油气生产等石油天然气开采活动的会计处理和相关信息披露。

石油天然气开发业务具体的核算内容包括以下四项。

1. 取得矿区权益业务

取得矿区权益业务包括为了取得矿区的探矿权和采矿权而发生的购买、租赁、投资、交换、债务重组等业务。具体的核算内容包括取得探矿权、采矿权，支付土地使用权、签字费、咨询费、审计费、评估费等内容。

矿区权益又分为已探明矿区权益和未探明矿区权益。

2. 油气勘探业务

油气勘探业务是指为了识别可以进行勘查的区域，在可以进行勘探的区域探明油气储量而进行的地质调查、地球物理勘探、钻探探井、勘探型详探井、评价井和资料井以及维持未开发储量等项相关活动。油气勘探业务可能发生在取得矿区权益之后，也可能发生在取得矿区权益之前。

3. 油气开发业务

油气开发业务是指为了获得探明储量、获得用于采集、处理和现场储存油气的相关设施而发生的相关活动。具体的核算内容包括开采已探明储量的油气开发井的支出以及油气生产设施的支出，油气生产设施包括输油管、分离器、处理器、加热器、油气储罐等。

4. 油气生产业务

油气生产业务是指把油气提升到地面，并对油气进行收集、拉运、现场处理和储存等项活动。具体的核算内容包括井上作业、井的维护所发生的相关人工费用、修理费、维护费用、消耗的材料和供应品以及相关税费等内容。

二、油气资产概述

油气资产是从事油气开采的企业所拥有或者控制的井及相关设施和矿区权益。油气资产属于递耗资产，递耗资产经过开采、利用，会逐渐耗竭。企业为开采油气所必需的辅助设备和设施，比如房屋建筑物、机器设备，应该作为一般固定资产处理，适用《企业会计准则第4号——固定资产》，不适用《企业会计准则第27号——石油天然气开采》。

油气资产主要由以下两部分组成。

1. 矿区权益

矿区权益是企业取得的在矿区内勘探、开发以及生产油气的权力。矿区权益分为已探明矿区权益和未探明矿区权益。已探明矿区权益是指已经发现探明经济可采储量的矿区。未探明矿区权益是指未发现探明经济可采储量的矿区。探明经济可采储量是指在现有经济、技术条件下，可以从已知油气储量中开采的部分。

矿区是指为开采油气所划分的区域。矿区是确认油气资产、计提油气资产折耗、进行油气资产减值测试的基础。

2. 井及相关设施

企业取得矿区权益后，继续进行勘探、开发活动。勘探、开发活动的目的就是获得可以开采油气的井及相关设施。

油气资产是一种递耗资产，反映企业在油气开采活动中取得的经济可采储量以及利用这些储量生产油气的设施的原值。为了开采油气，往往还要配建一些附属设施、设备，比如配建房屋建筑物等。根据《企业会计准则第 27 号——石油天然气开采》的规定，这类配建的附属设施、设备，应该作为固定资产计提折旧，而不计提折耗。

三、科目设置

1. “油气勘探支出”科目，资产类科目

反映油气企业在勘探过程中发生的各项成本。期初、期末余额在借方，反映尚未转出的油气勘探成本。借方归集油气勘探过程中发生的各项成本，贷方核算转入“油气资产”的金额。

2. “油气开发支出”科目，资产类科目

反映油气企业在开发过程中发生的各项成本。期初、期末余额在借方，反映尚未转出的油气开发成本。借方归集油气开发过程中发生的各项成本，贷方核算转入“油气资产”的金额。

3. “油气资产”科目，资产类科目

设置有“矿区权益”“井及相关设施”两个明细科目，分别反映油气企业矿区权益和井及相关设施的价值。期初、期末余额在借方，反映油气资产的原值。油气资产的原值会随着油气开采工作以计提折耗的形式逐渐转入开采出来的油气产品的成本。油气资产折耗是油气资产实体上的直接耗减，折耗作为一项直接费用是油气产品成本的组成部分。油气资产的原值包括取得已探明经济可采储量的价值、暂时资本化的未探明经济可采储量的价值、全部油气开发支出以及预计的弃置费用的现值。“油气资产”科目的发生额以借方为增加，以贷方为减少。

4. “累计折耗”科目，资产类科目

反映随着油气资源的枯竭和井及相关设施的使用，油气资产价值的规律性减少额。期初、期末余额在贷方，以贷方为增加，以借方为减少，转出价值计入油气产品成本。

5. “油气资产减值准备”科目，资产类科目

反映油气资产可收回金额低于账面价值的金额。期初、期末余额在贷方，以贷方为增加，以借方为减少。油气资产减值计入当期损益。

6. “勘探费用”科目，损益类科目

核算石油天然气开采企业在油气勘探过程中发生的地质调查以及物理化学勘探的各项支

出和非成功探井所发生的其他支出。各项勘探费用发生时，归集在该科目借方，期末发生额从贷方转入“本年利润”科目。

第二节　矿区权益

一、矿区权益的初始计量

取得矿区权益而发生的对价应当予以资本化处理。企业取得的矿区权益，应当按照取得时的成本进行初始计量，具体如下。

（1）通过申请方式取得矿区权益的，矿区权益成本包括探矿权使用费、采矿权使用费、土地或海域使用权支出、中介费以及可直接归属于矿区权益的其他申请取得支出。

（2）通过购买方式取得矿区权益的，矿区权益成本包括购买价款、中介费以及可直接归属于矿区权益的其他购买取得支出。矿区权益取得后发生的探矿权使用费、采矿权使用费和租金等维持矿区权益的支出，应当计入当期损益。

（3）通过投资者投入方式取得矿区权益的，矿区权益成本按照投资协议约定的价值确定。

（4）通过非货币性资产交换方式取得矿区权益的，矿区权益成本以换入或者换出资产的公允价值为基础计量，或者以换出资产的账面价值为基础计量。

（5）通过债务重组方式取得矿区权益的，矿区权益成本按照公允价值确定。

（6）未探明矿区内发现探明经济可采储量而将未探明矿区转为探明矿区的，应当按照其账面价值转为探明矿区权益。

（7）企业确认油气资产的初始成本时，应当根据《中华人民共和国环境保护法》，以及矿区所在地方相关法律法规的要求，以及与利益相关各方达成的协议，估计矿区废弃时应当承担的弃置费用。弃置费用应当以矿区为基础进行估计，通常涉及井及相关设施的弃置、拆移、填埋、清理、恢复生态环境等相关费用。油气资产的弃置费用与矿区油气开发活动直接相关，对于满足《企业会计准则第 13 号——或有事项》中预计负债确认条件的弃置费用，应当确认为预计负债，同时计入相关油气资产的初始成本，并在后续计量时，以探明经济可采储量为基础计提油气资产折耗。在计入油气资产原值后，企业应在油气资产的使用寿命内，按照实际利率法计算各个会计期间的利息费用。

此外，企业应在油气资产的使用寿命内的每一个资产负债表日对预计负债进行复核，如果发生估计变更，企业还应对其进行调整，使之反映最合理的估计。对于确认为预计负债的弃置费用，在对油气资产进行减值测试时，企业应以减去预计处置费用后的净额为基础进行测试。

[案例 5-1]

某公司是一家油气生产商。该公司支付款项 1 亿美元取得了一项矿区勘探、开发、生产油气的权力。即期汇率 1 美元 = 7.12 人民币。要求：做相关账务处理。

借：油气资产——矿区权益	71200 万
贷：银行存款——美元户	71200 万

该公司合同约定矿区勘探、开发、生产周期为 30 年，30 年后需修复油气勘探、开发、生产产生的环境影响，据估计，环境修复费用为 1000 万元人民币，选择合理的折现利率，求

得 1000 万元人民币环境修复费用的现值为 600 万元人民币。要求：做相关账务处理。

借：油气资产——矿区权益　71800 万

　贷：银行存款——美元户　71200 万

　　预计负债　600 万

油气资产存续期间，按照实际利率法计提弃置费用现值的利息费用。利息费用为预计负债余额×折现利率。

借：财务费用

　贷：预计负债（金额略）

[案例 5-2]

某公司是一家油气生产商。该公司通过定向发行股票 2 亿股接受境外公司投资，取得了一项矿区勘探、开发、生产油气的权力。投资协议约定矿区权益价值 1 亿美元。股票每股面值为 1 元人民币。即期汇率 1 美元=7.12 人民币。要求：做相关账务处理。

借：油气资产——矿区权益　71200 万

　贷：股本　20000 万

　　资本公积　51200 万

[案例 5-3]

某公司是一家油气生产商。该公司以价值 1 亿美元的存货换入了一项矿区勘探、开发、生产油气的权力。存货成本 5 亿元人民币，未计提跌价准备。即期汇率 1 美元=7.12 人民币。增值税略。要求：做相关账务处理。

借：油气资产——矿区权益　71200 万

　贷：主营业务收入　71200 万

借：主营业务成本　50000 万

　贷：库存商品　50000 万

[案例 5-4]

某公司是一家油气生产商。该公司支付款项 1 亿美元取得了一项矿区勘探权，此时，尚未发现探明经济可采储量。即期汇率 1 美元=7.12 人民币。取得矿区勘探权后进行油气资源勘探，投入人工费用 2 亿元人民币、发生机械设备折旧费用 3 亿元人民币。要求：做相关账务处理。

（1）发现探明经济可采储量。

借：油气资产——矿区权益（未探明矿区权益）　71200 万

　贷：银行存款——美元户　71200 万

借：油气勘探支出　50000 万

　贷：应付职工薪酬　20000 万

　　累计折旧　30000 万

借：油气资产——井及相关设施　50000 万

　贷：油气勘探支出　50000 万

借：油气资产——矿区权益（探明矿区权益）　71200 万

　贷：油气资产——矿区权益（未探明矿区权益）　71200 万

（2）未发现探明经济可采储量。

借：油气资产——矿区权益（未探明矿区权益）　71200 万

　贷：银行存款——美元户　71200 万

借：油气勘探支出　　50000 万
　贷：应付职工薪酬　　20000 万
　　　累计折旧　　30000 万
借：勘探费用　　50000 万
　贷：油气勘探支出　　50000 万

二、矿区权益的后续计量

（一）油气资产折耗

油气资产随着开采会逐渐枯竭，属于递耗资产。油气资产的折耗是油气资产随着采掘工作的开展而逐渐转入油气产品成本的价值。企业可以选择产量法或者年限平均法对探明矿区权益、井及相关设施计提折耗，未探明矿区权益不计提折耗。

1. 产量法

产量法又称单位产量法，矿区油气资产价值与矿区探明经济可采储量密切相关，按照产量法对油气资产计提折耗，应当以探明经济可采储量为基础。折耗金额可按照单个矿区计算，也可按照若干具有相同或类似地质构造特征或者储层条件的相邻矿区所组成的矿区组计算。计算公式如下：

探明矿区权益折耗率＝探明矿区当期产量/（探明矿区期末探明经济可采储量+探明矿区当期产量）×100%

探明矿区权益折耗额＝探明矿区权益账面价值×探明矿区权益折耗率

2. 年限平均法

年限平均法又称直线法，该方法将油气资产成本平均分摊到各个会计期间，每期油气资产折耗金额相等。

如果企业各个会计期间油气产量相对比较稳定，则按照产量法与按照年限平均法计提的油气资产折耗相差不大。如果各个会计期间油气产量差异较大，则产量法能够更合理地反映油气资产的折耗。

油气资产折耗方法一经确定，不得随意变更。在我国现行油气开采会计实务中，对油气资产一直采用年限平均法计提折耗。

[案例 5-5]

某公司是一家油气生产商。公司有一处已探明矿区权益原值 10 亿元。当期油气产量 100 万吨，期末探明经济可采储量 3900 万吨。要求按照产量法计提油气资产折耗。要求：做相关账务处理。

折耗率＝100/（100+3900）×100%＝2. 5%

折耗额＝100000×2. 5%＝2500 万元

借：生产成本　　2500 万
　贷：累计折耗　　2500 万

[案例 5-6]

某公司是一家油气生产商。该公司有一处已探明矿区权益原值 10 亿元、井及相关设施原值 2 亿元。预计油气矿区可以开采 50 年。要求按照年限平均法计提油气资产折耗。要求：做相关账务处理。

矿区权益折耗＝100000/50＝2000 万元

井及相关设施折耗＝20000/50＝400 万元

借：生产成本　　2400万

　贷：累计折耗——矿区权益折耗　　2000万

　　　　　　——井及相关设施折耗　　400万

（二）油气资产减值

在资产负债表日，矿区权益和井及相关设施都有可能发生减值。因此，需要对油气资产进行减值测试，油气资产的减值应当分别依据不同情况确认减值损失。探明矿区权益的减值，应按照《企业会计准则第8号——资产减值》处理。但是，对于矿区权益应区分探明矿区权益和未探明矿区权益分别进行测试。井及相关设施可以和探明矿区权益采用一样的方法。

1. 探明矿区权益、井及相关设施的减值

探明矿区权益、井及相关设施的减值按照《企业会计准则第8号——资产减值》进行处理。当在探明矿区权益、井及相关设施出现减值迹象时，测算探明矿区权益、井及相关设施的可收回金额。可收回金额是指油气资产的公允价值减去处置费用后的净额和油气资产预计未来现金流量的现值两者之间较高者。处置费用包括与油气资产处置相关的法律费用、相关税费、搬运费以及为使油气资产达到可销售状态所发生的直接费用等。如果油气资产的可收回金额高于其账面价值，表明油气资产没有发生减值，不需要计提油气资产减值准备；如果油气资产的可收回金额低于账面价值，则表明油气资产发生了减值，应当按照油气资产的可收回金额低于账面价值的差额，计提油气资产减值准备。探明矿区权益减值损失一经确认，不得转回。

[案例5-7]

某公司是一家油气生产商。该公司有一处已探明矿区权益账面价值10亿元、井及相关设施账面价值2亿元。期末油气价格下降，短期内没有回升迹象，进行减值测试。已探明矿区权益公允价值减去处置费用后的净额无法合理估计，未来现金流量现值为9.5亿元；井及相关设施未来现金流量现值无法合理估计，公允价值减去处置费用后的净额为2.1亿元。要求：做相关账务处理。

已探明矿区权益可收回金额为9.5亿元，低于账面价值10亿元。按照5000万元计提减值准备。

借：资产减值损失　　5000万

　贷：油气资产减值准备——已探明矿区权益　　5000万

井及相关设施可收回金额为2.1亿元，高于账面价值2亿元。表明井及相关设施没有发生减值。不需要做相关账务处理。

2. 未探明矿区权益的减值

对于未探明矿区权益，应当至少每年进行一次减值测试。单个矿区初始成本较大的，应当以单个矿区为基础进行减值测试；单个矿区初始成本较小且与其他相邻矿区具有相同或者类似地质构造特征的，可以按照由多个具有相同或者类似地质构造特征的相邻矿区所组成的矿区组进行减值测试。未探明矿区权益可收回金额低于账面价值，应当确认减值损失，计入当期损益。未探明矿区权益减值损失一经确认，不得转回。

[案例5-8]

某公司是一家油气生产商。该公司有一处未探明矿区权益账面价值1亿元。年末进行减值测试。未来现金流量现值为9500万元、公允价值减去处置费用后的净额为9000万元。要求：做相关账务处理。

未探明矿区权益未来现金流量现值高于公允价值减去处置费用后的净额，9500万元为未探明矿区权益的可收回金额。未探明矿区权益可收回金额低于账面价值的差额 500 万元为减值额。

借：资产减值损失　　500 万

　贷：油气资产减值准备——未探明矿区权益　　500 万

三、矿区权益处置

（一）矿区权益的转让

矿区权益转让应当按照下列规定进行处理：

（1）转让全部探明矿区权益，转让所得与矿区权益账面价值之间的差额计入当期损益；转让部分探明矿区权益，按照转让矿区权益和保留矿区权益公允价值的比例确定转让矿区权益账面价值，转让所得与转让矿区权益账面价值之间的差额计入当期损益。

［案例 5-9］

某公司是一家油气生产商。该公司转让其拥有的探明矿区权益，原值为 1 亿元，已计提减值准备 1000 万元，款项 9500 万元收存银行。要求：做相关账务处理。

借：银行存款　　9500 万

　　油气资产减值准备　　1000 万

　贷：油气资产——探明矿区权益　　10000 万

　　　营业外收入　　500 万

假设转让款为 8500 万元，要求：做相关账务处理。

借：银行存款　　8500 万

　　油气资产减值准备　　1000 万

　　营业外支出　　500 万

　贷：油气资产——探明矿区权益　　10000 万

［案例 5-10］

某公司是一家油气生产商。该公司转让其拥有的部分探明矿区权益。探明矿区权益原值为 1 亿元，已计提减值准备金 1000 万元，款项 3000 万元收存银行。转让部分探明矿区权益的公允价值为 4000 万元，剩余部分探明矿区权益的公允价值为 1.6 亿元。要求：做相关账务处理。

转让部分探明矿区权益原值 = 10000×4000/（4000+16000）= 2000 万元

转让部分探明矿区权益减值准备 = 1000×4000/（4000+16000）= 200 万元

借：银行存款　　3000 万

　　油气资产减值准备　　200 万

　贷：油气资产——探明矿区权益　　2000 万

　　　营业外收入　　1200 万

假设转让款为 1500 万元，要求做相关账务处理。

借：银行存款　　1500 万

　　油气资产减值准备　　200 万

　　营业外支出　　300 万

　贷：油气资产——探明矿区权益　　2000 万

（2）转让单独计提减值准备的全部未探明矿区权益，转让所得与未探明矿区权益账面价值之间的差额计入当期损益；转让单独计提减值准备的部分未探明矿区权益，如果转让所得大于未探明矿区权益账面价值，将其差额计入当期损益；如果转让所得小于未探明矿区权益账面价值，以转让所得冲减矿区权益账面价值，不确认损益。

[**案例 5-11**]

某公司是一家油气生产商。该公司转让其拥有的未探明矿区权益，未探明矿区权益原值为 1 亿元，已计提减值准备金 3000 万元，转让款项 8000 万元收存银行。要求：做相关账务处理。

借：银行存款　　8000 万
　　油气资产减值准备　　3000 万
　贷：油气资产——未探明矿区权益　　10000 万
　　　营业外收入　　1000 万

[**案例 5-12**]

某公司是一家油气生产商。该公司拥有一块未探明矿区，矿区面积为 100 平方公里，原值为 1 亿元，已计提减值准备金 2000 万元。本期分两次转让该未探明矿区权益，第一次转让 40 平方公里矿区，转让款项 3000 万元收存银行；第二次转让剩余 60 平方公里矿区，转让款项 6000 万元收存银行。要求：做相关账务处理。

第一次转让所得 3000 万元小于对应转让矿区权益的账面价值 3200 万元，即（10000-2000)×40/100 万元=3200 万元，应该按照转让所得额冲减被转让矿区权益的账面价值。

借：银行存款　　3000 万
　贷：油气资产——未探明矿区权益　　3000 万

第二次转让所得与未探明矿区权益账面价值的差值计入当前所有。

借：银行存款　　6000 万
　　油气资产减值准备　　2000 万
　贷：油气资产——未探明矿区权益　　7000 万
　　　营业外收入　　1000 万

假设第二次转让价为 4000 万元。要求：做相关账务处理。

第二次转让所得 4000 万元小于对应转让矿区权益的账面价值 5000 万，即 10000-3000-2000 万元=5000 万元。应该按照转让所得额重估被转让矿区权益的账面价值。

借：银行存款　　4000 万
　贷：油气资产——未探明矿区权益　　4000 万
借：资产减值损失　　1000 万
　贷：油气资产减值准备　　1000 万

（3）转让以矿区组为基础计提减值准备的未探明矿区权益，如果转让所得大于矿区权原值，将其差额计入当期损益。如果转让所得小于矿区权益原值，以转让所得冲减矿区权益账面原值，不计入当期损益；转让该矿区组最后一个未探明矿区的剩余矿区权益时，转让所得与未探明矿区权益账面价值的差额计入当期损益。

[**案例 5-13**]

某公司是一家油气生产商。该公司拥有未探明矿区 A 区块和 B 区块。减值测试时把 A 区块和 B 区块划分为一个矿区组。其中 A 区块原值为 1 亿元，B 区块原值为 2 亿元，矿区组计提油气资产减值准备金 6000 万元，则矿区组账面价值为 24000 万元。2023 年 6 月和 8 月分别转让 A 区块的一半，转让价分别为 5000 万元、6000 万元。同年的 12 月将转让整个 B 区块，转让价为 1.8 亿元。要求：做相关账务处理。

第一次转让部分A区块。

借：银行存款　5000万

　贷：油气资产——未探明矿区权益（A）　5000万

第二次转让部分A区块。

借：银行存款　6000万

　贷：油气资产——未探明矿区权益（A）　5000万

　　营业外收入　1000万

第三次转让B区块。

借：银行存款　18000万

　　油气资产减值准备　6000万

　贷：油气资产——未探明矿区权益（B）　20000万

　　营业外收入　4000万

（二）矿区权益的转销

未探明矿区最终未能发现探明经济可采储量而放弃的，应当按照放弃时的账面价值转销未探明矿区权益并计入当期损益。因未完成义务工作量等因素导致发生的放弃成本，计入当期损益。

[案例5-14]

某公司是一家油气生产商。该公司的一处取得成本为8000万元的未探明矿区权益，已计提减值准备金6000万元。最终没有发现探明经济可采储量，矿区权益废弃。要求：做相关账务处理。

借：营业外支出　2000万

　　油气资产减值准备　6000万

　贷：油气资产——未探明矿区权益　8000万

第三节　油气勘探

一、油气勘探的含义

油气勘探是指为了识别勘探区域或探明油气储量而进行的地质调查、地球物理勘探、钻探活动以及其他相关活动。

二、油气勘探业务内容

油气勘探业务包括钻井勘探业务和非钻井勘探业务。

钻井勘探支出主要包括钻探区域探井、勘探型详探井、评价井和资料井等活动发生的支出。

非钻井勘探支出主要包括进行地质调查、地球物理勘探等活动发生的支出。

三、油气勘探的处理原则

（一）资本化处理

（1）钻井勘探支出在完井后，确定该井发现了探明经济可采储量的，应当将钻井勘探支出转入井及相关设施成本。（完井是指钻达设计井深后，使井底和油层以一定结构连通起来的工艺。完井是钻井工作最后一个环节，也是采油工程的开端，完井质量直接影响油井的生产能力和经济寿命，甚至能够影响矿区的合理开发。）

（2）钻井勘探支出完井后，未能确定钻井勘探是否发现探明经济可采储量的，应当在完井后一年内将钻井勘探支出予以暂时资本化。

（3）在完井一年后仍不能确定发现探明经济可采储量的，在同时满足下列条件时，可以将钻井勘探支出继续暂时资本化，否则应当计入当期损益。钻井勘探支出继续资本化处理的条件是该井已经发现了足够数量的油气储量，但是要确定其是否属于探明经济可采储量，还需要进一步勘探，且进一步勘探活动正在实施或者已有明确的实施计划并即将实施。已有明确计划是指企业管理层已通过了该计划并且已经开始组织实施，如制订出明确的计划实施时间表以及明确的计划人员安排。

（4）钻井勘探支出已做费用化处理的探井又发现了探明经济可采储量，已做费用化处理的钻井勘探支出不作调整，重新钻井勘探和完井发生的支出应当予以资本化处理。

（二）费用化处理

（1）钻井勘探未发现探明经济可采储量的，应当将钻井勘探支出扣除净残值后计入当期损益。

（2）确定部分井段发现了探明经济可采储量的，应当将发现探明经济可采储量的有效井段的钻井勘探支出资本化处理，无效井段钻井勘探累计支出转入当期损益。

（3）非钻井勘探支出应当计入当期损益。

四、油气勘探的会计处理方法

（一）成果法

钻井勘探支出采用成果法，即只有发现了探明经济可采储量的钻井勘探支出才能做资本化处理，钻井勘探支出转为井及相关设施成本，否则计入当期损益。

（二）全部成本法

钻井勘探支出采用全部成本法，则全部的钻井勘探支出均应资本化处理。

我国企业会计准则采用成果法核算油气勘探业务。采用成果法对钻井勘探支出进行资本化处理是指以矿区作为成本归集对象，只有与发现矿区探明经济可采储量相关的钻井勘探支出才能资本化处理。如果不能确定钻井勘探是否发现探明经济可采储量，应在一年内对其暂时资本化。与发现探明经济可采储量不直接相关的支出做费用化处理。

[案例 5-15]

某公司是一家油气生产商。该公司对一块可能蕴含油气资源的区域进行地质调查，发生各项支出 1000 万元，其中人工费用 400 万元、设备折旧费用 500 万元，其他付现成本 100 万元。要求：按照成果法做相关账务处理。

借：油气勘探支出	1000 万	
贷：应付职工薪酬		400 万
累计折旧		500 万
银行存款		100 万
借：勘探费用	1000 万	
贷：油气勘探支出		1000 万

[案例 5-16]

某公司是一家油气生产商。该公司对一块未探明经济可采储量的矿区进行钻井勘探，且已完井，发现了探明经济可采储量。发生钻井勘探支出1000万元，其中人工费用400万元、设备折旧费用500万元，其他付现成本100万元。要求：按照成果法做相关账务处理。

借：油气勘探支出　　1000万
　贷：应付职工薪酬　　400万
　　　累计折旧　　500万
　　　银行存款　　100万
借：油气资产——井及相关设施　　1000万
　贷：油气勘探支出　　1000万
借：油气资产——探明矿区权益
　贷：油气资产——未探明矿区权益（金额略）

[案例5-17]

某公司是一家油气生产商。该公司对一块未探明经济可采储量的矿区进行钻井勘探，且已完井，最终没有发现探明经济可采储量。发生钻井勘探支出1000万元，其中人工费用400万元、设备折旧费用500万元，其他付现成本100万元。要求：按照成果法做相关账务处理。

借：油气勘探支出　　1000万
　贷：应付职工薪酬　　400万
　　　累计折旧　　500万
　　　银行存款　　100万
借：勘探费用　　1000万
　贷：油气勘探支出　　1000万

[案例5-18]

某公司是一家油气生产商。该公司对一块未探明经济可采储量的矿区进行钻井勘探，完井一年后，仍旧不能确定是否发现探明经济可采储量。但是已经发现足够多的油气储量，需要进一步勘探才能确定是否属于探明经济可采储量。进一步勘探有明确的实施计划，执行该计划发生支出1000万元，其中人工费用400万元、设备折旧费用500万元，其他付现成本100万元。要求：按照成果法做相关账务处理。

借：油气勘探支出　　1000万
　贷：应付职工薪酬　　400万
　　　累计折旧　　500万
　　　银行存款　　100万
借：油气资产——井及相关设施　　1000万
　贷：油气勘探支出　　1000万

第四节　油气开发

一、油气开发的含义

油气开发是指为了获得探明储量、建造更新用于采集、处理和存储油气设施而进行的各项活动。油气开发支出包括开发井的支出和生产设施的支出。开发井是开采探明储量的油气井。生产设施通常包括矿区输油管、分离器、处理器、加热器、储罐以及附近的天然气加工设施。油气开发支出应当予以资本化处理，计入油气开发形成的井及相关设施的价值。

二、油气开发业务内容

（1）钻前准备支出。包括前期研究、工程地质调查、工程设计、确定井位、清理井场、修建道路等活动发生的支出。

（2）井的设备购置和建造支出。井的设备包括套管、油管、抽油设备和井口装置等，井的建造包括钻井和完井。

（3）购建提高采收率系统发生的支出。

（4）购建矿区内集输设施、分离处理设施、计量设备、储存设施、各种海上平台、海底及陆上电缆等发生的支出。

三、油气开发的处理原则

在探明矿区内，钻井至现有已探明层位的支出，作为油气开发支出。为获取新增探明经济可采储量而继续钻至未探明层位的支出，作为钻井勘探支出。

[案例 5-19]

某公司是一家油气生产商。该公司对一块已经探明经济可采储量的矿区进行开发。发生油气开发支出 1000 万元，其中人工费用 400 万元、设备折旧费用 500 万元，其他付现成本 100 万元。要求：做相关账务处理。

借：油气开发支出	1000 万	
贷：应付职工薪酬		400 万
累计折旧		500 万
银行存款		100 万
借：油气资产——井及相关设施	1000 万	
贷：油气开发支出		1000 万

第五节 油气生产

一、油气生产的含义

油气生产是将油气从油气藏提取到地表，以及在矿区内收集、储运、处理、现场储存和矿区管理等活动。

二、油气生产成本

油气生产成本包括矿区权益折耗、井及相关设施折耗、辅助设备及设施折旧以及油气生产和矿区管理过程中发生的直接和间接费用。油气生产成本并非取得、勘探、开发和生产过程中的所有成本，只限于在井上进行作业和井的维护过程中所发生的人工费用、修理和维护费用、材料费用、相关税费等。

1. 探明矿区权益折耗

企业应当采用产量法或年限平均法对探明矿区权益计提折耗。油气资产属于递耗资产，伴随着油气开采活动，油气资源逐渐枯竭，相应地，探明矿区权益的价值逐步转入油气产品的生产成本。

2. 井及相关设施折耗

企业应当采用产量法或年限平均法对井及相关设施计提折耗。井及相关设施包括油气勘探过程中确定发现探明经济可采储量的探井和油气开发过程中形成的井。采用产量法计提折耗，可以把单个矿区作为折耗额的计算对象，也可以把若干具有相同或者类似地质构造特征、储层条件的相邻矿区所组成的矿区组作为折耗额的计算对象。折耗额计算公式如下：

矿区井及相关设施的折耗率=矿区当期产量/（矿区期末探明经济可采储量+矿区当期产量）×100%

矿区井及相关设施的折耗额=期末矿区井及相关设施账面价值×矿区井及相关设施的折耗率

探明经济可采储量是矿区的开发井网和相关配套设施建设完成，全面投入开采后的探明经济可采储量，以及提高油气采收率所需的技术设施建成并已投产后相应增加的可采储量。

3. 辅助设备及设施的折旧

地震设备、建造设备、车辆、修理车间、仓库、供应站、通信设备、办公设施等辅助设备及设施的折旧应当按照《企业会计准则第4号——固定资产》处理。

4. 人工费用

人工费用应当按照《企业会计准则第9号——职工薪酬》处理。

[案例5-20]

某公司是一家油气生产商。该公司当前出产、存储、销售一批油气产品，实际成本1亿元，售价1.5亿元（增值税略），款项收存银行。其中，按照产量法计算出的探明矿区权益折耗3000万元，井及相关设施折耗2000万元，附属设施、设备折旧1000万元，人工费用2500万元，材料费用1500万元。要求：做相关账务处理。

借：生产成本　　10000万
　贷：累计折耗——探明矿区权益　　3000万
　　　　　　——井及相关设施　　2000万
　　　累计折旧　　1000万
　　　应付职工薪酬　　2500万
　　　原材料　　1500万
借：库存商品　　10000万
　贷：生产成本　　10000万
借：银行存款　　15000万
　贷：主营业务收入　　15000万
借：主营业务成本　　10000万
　贷：库存商品　　10000万

第六节　石油天然气开采相关信息披露

《企业会计准则第27号——石油天然气开采》要求企业应在报表附注中披露下列信息。

（1）企业拥有国内和国外的油气储量年初、年末数据。

（2）当期在国内和国外发生的矿区权益的取得、油气勘探和油气开发各项支出的总额。

（3）探明矿区权益、井及相关设施的原值，累计折耗和油气资产减值准备累计金额及其计提方法。

（4）与油气开采活动相关的辅助设备、设施的原值、累计折旧以及减值准备的累计金额及其计提方法。

复习思考题

1. 石油天然气开采业务包括哪些环节？
2. 石油天然气开采业务资本化处理和费用化处理的适用范围有哪些？
3. 试述油气资产的计量模式选择。

实践与思政课堂

随着我国新能源汽车工业的崛起，锂矿逐渐成为我国矿业“走出去”发展战略的重点布局对象。据证券时报报道，通过多年努力，天齐锂业在全球锂资源格局中已占据一席之地。

天齐锂业在中国、澳大利亚、智利均布局锂资源。从锂矿端来看，该公司控股澳洲子公司泰利森拥有世界上储量最大、品位最高的固体锂辉石矿（格林布什锂辉石矿）；该公司还通过参股智利 SQM 的部分股权，实现对全球最大的卤水锂盐湖——阿塔卡马盐湖的布局。同时，该公司还通过格林布什锂辉石矿实现锂精矿 100% 自给自足和垂直一体化的产业链联动优势。

在锂盐端，天齐锂业控股澳洲子公司 TLEA 旗下的奎纳纳工厂作为全球首个投入运营的全自动化电池级氢氧化锂工厂，是该公司海外加工业务扩张的重要标志。

目前，该公司在充分发挥现有锂资源及加工产业的产能和优势基础上，继续开拓上游优质锂资源，扩大锂化工产品加工产能，拓展下游产业链合作与衍生机遇，提高其相关领域的市场占有率，以电动汽车和储能应用为导向，全产业链渗透，并积极联动上下游，实现减污降碳协同增效。

结合上述资料，论述我国新能源汽车工业发展对资源企业经营战略的影响，以及对资源会计发展的影响。

第六章 政府补助

第一节 政府补助概述

一、政府补助的含义

《企业会计准则第 16 号——政府补助》规定，政府补助是企业从政府无偿取得货币性资产或者非货币性资产。政府补助的主要形式有：无偿拨款、税收返还、财政贴息，以及无偿划拨非货币性资产等。

直接减征、免征、增加计税抵扣额、抵免部分税额等政策因为不涉及直接转移经济资源，因此，不适用政府补助准则。

增值税出口退税政策也不属于政府补助。我国税法规定，对出口货物取得的收入免征增值税的同时，退还出口货物前一道环节发生的进项税额，增值税出口退税本质上是退回企业先行支付的进项税，因此不属于政府补助。

出口退税是企业多交税金的退还，出口退税不影响当期损益。税收返还是政府按照相关法律规定采取先征后退、即征即退等形式向企业返还的税款，属于税收优惠形式的政府补助。先征后退是指按照税法相关规定缴纳的税款，由税务部门征收入库后，再由税务部门按照相关规定部分或者全部退税的一种税收优惠。即征即退是由税务部门先足额征收增值税后，再由税务部门将已征的全部或者部分增值税税款退还给纳税人。

[案例 6-1]

某公司是一家生产型企业，该公司产品全部用于出口。按照相关法律规定，对中国报关出口的货物，应当退还在国内各个生产环节、流转环节缴纳的增值税、消费税，即出口环节免税且退还在以前纳税环节已经缴纳的税款。在这种情况下，该公司收到的出口退税款不属于政府补助。

[案例 6-2]

某公司是一家燃煤电厂。根据《关于资源综合利用及其他产品增值税政策的通知》，该公司销售对燃煤发电过程中产生的烟气、高硫天然气进行脱硫处理的副产品，实际发生的增值税实行即征即退 50%的政策。在这种情况下，该公司收到的即征即退的税收返还属于政府补助。

二、政府补助的特征

（一）政府补助是来源于政府部门的经济资源

政府部门主要包括行政、事业单位以及其他类似的机构。对于来源于政府部门以外的其他方的补助，如果有确凿证据证明政府部门是补助的实际拨付者，政府部门以外的其他方只代收代付，则该项补助也属于来源于政府部门的经济资源，即该项补助属于政府补助。

[案例 6-3]

某公司是一家高新技术企业。该公司收到母公司拨付的一笔补助款，该笔补助款由当地科技主管部门拨付、母公司代收代付。在这种情况下，该补助款属于该公司的政府补助。

（二）政府补助的无偿性

无偿性特征是政府补助与政府作为投资人向企业投入资本最本质的区别，也与政府部门向企业支付款项，购买企业的商品和服务有本质上的区别。无论是政府投资，还是政府购买行为，都不是无偿的，都谋求相应的利益。

政府补助虽然具有无偿性，但是通常会附有一定的条件。政府补助是政府部门推行经济、社会政策的手段之一，因此，企业获得政府补助，在时间、使用范围等方面会受到政府部门的限制。

[案例 6-4]

某公司是一家地处主城区繁华地段的五金批发市场。2023 年 1 月，该公司与所在城市的政府部门签订了搬迁置换补偿协议。根据协议，五金批发市场原址将辟建为城市公园。政府部门在城郊为该公司划拨土地作为五金批发市场用地，同时拨付搬迁补偿款 3000 万元。

本案例中，按照搬迁置换补偿协议，公司、政府部门双方的交易是互惠交易，不符合政府补助无偿性的特点。因此，该公司收到的搬迁补偿款和五金批发市场用地不能作为政府补助处理。

[案例 6-5]

某公司是一家生产和销售重型装备的高新技术企业。为了推动公司科技创新，政府部门于 2023 年 8 月拨付了 3 亿元技术改造资金，要求该公司将这笔资金用于技术改造项目，并于 3 年内取得技术改造成果，技术改造成果归该公司所有。

本案例中，政府部门拨付的 3 亿元资金用于公司技术改造，技术改造有 3 年期的时间要求和使用范围要求，且技术改造成果归公司所有。因此，该公司收到的 3 亿元技术改造资金应当按照政府补助准则的规定进行会计处理。

三、政府补助的内容

《企业会计准则第 16 号——政府补助》规定：政府补助应当划分为与资产相关的政府补助和与收益相关的政府补助。这两类政府补助给企业带来经济利益或者弥补相关成本、费用的方式不同，因此，在具体会计处理上存在一定的区别。

1. 与资产相关的政府补助

与资产相关的政府补助是指企业取得后用于购建或者以其他方式形成长期资产的政府补助。一般情况下，政府部门会要求企业将政府补助资金用于取得长期资产。长期资产可以在未来会计期间长期地为企业带来经济利益，因此，相应的政府补助的受益期限也相对较长。

2. 与收益相关的政府补助

与收益相关的政府补助是指除了与资产相关的政府补助之外的政府补助。此类补助主要用于补偿企业已经发生或者即将发生的相关成本、费用、损失，一般情况下，受益期相对较短，因此，在满足政府补助条件时计入当期损益或者冲减相关成本、费用。

[案例 6-6]

某公司是一家粮食仓储企业，获得仓储设备购置政府补助 200 万元。此外，因仓储费用过快上涨而获得本年度政府补助 100 万元。前者属于与资产相关的政府补助，后者属于与收益相关的政府补助。

四、科目设置

1. “递延收益”科目，负债类科目

“递延收益”科目核算尚待确认的收入、收益，或者尚待冲减的成本、费用、损失。“递延收益”科目的应用范围有限，主要应用于政府补助的核算。“递延收益”科目以贷方为增加、以借方为减少。企业收到政府补助时贷记“递延收益”科目，在收益期限内摊销时，借记“递延收益”科目。

2. “其他收益”科目，损益类科目

“其他收益”科目是政府补助采用总额法核算时使用的会计科目。“其他收益”科目以贷方为增加、以借方为减少。摊销政府补助时，借记“递延收益”科目、贷记“其他收益”科目。期末，应将“其他收益”科目的本期发生额转入“本年利润”科目，结转后“其他收益”科目无余额。

第二节　政府补助的确认与计量

《企业会计准则第16号——政府补助》规范了政府补助的确认、计量以及相关信息的披露。政府部门通过向企业提供经济资源来扶持特定地区、特定行业、特定领域甚至特定企业的发展，政府补助是政府部门重要的宏观经济调控手段之一。对企业而言，并不是所有来源于政府部门的经济资源都属于政府补助，除了政府补助之外，还有可能是政府对企业的资本性投入或者政府部门购买企业商品、服务所支付的对价。

企业应当根据政府补助的定义和特征对来源于政府的经济资源，判断其是否属于政府补助，如果属于政府补助，则应当按照政府补助准则的要求对政府补助进行相应的会计确认、计量和报告。

一、政府补助的确认

《企业会计准则第16号——政府补助》规定，政府补助同时满足下列条件才能予以确认：

（1）企业能够满足政府补助所附条件。

（2）企业能够收到政府补助资金。

二、政府补助的计量

关于政府补助的计量，《企业会计准则第16号——政府补助》做了如下规定：

（1）政府补助为货币性资产的，应当按照收到或应收的金额计量。

（2）如果企业已经实际收到政府补助资金，应当按照实际收到的金额计量。

（3）如果资产负债表日企业尚未收到政府补助资金，但是企业在符合相关政策规定后相应地获得了收款权，且与收款权相关的经济利益很可能流入企业，则企业应当按照应收的金额计量。

（4）政府补助为非货币性资产的，应当按照公允价值计量。

（5）公允价值不能持续、可靠地获得的情况下，政府补助应当按照名义金额计量。

三、政府补助的会计核算方法

（一）总额法

总额法是在确认政府补助时，将其全额一次或分次确认为收益，而不是作为相关资产账面价值或者成本费用的扣减。

此外，对于一般纳税人增值税即征即退等项政府补助，只能采用总额法进行核算。

（二）净额法

净额法是将政府补助确认为对相关资产账面价值或者所补偿成本费用的扣减。《企业会计准则——基本准则》规定：同一企业不同时期发生的相同或者相似的交易、事项，应当采用一致的会计政策，不得随意变更。确需变更的，应当在财务报告附注中说明。企业应当根据政府补助业务的实质来判断应当采用总额法还是净额法进行核算。通常情况下，对于相同或者相似的政府补助业务只能选用一种会计核算方法，且不得随意变更。

四、政府补助核算

（一）与资产相关的政府补助的核算

政府补助实务中，企业通常会先收到政府补助资金，然后再按照政府补助的要求将政府补助资金用于购建固定资产等长期资产。企业在取得与资产相关的政府补助时，应当选择采用总额法或者净额法进行核算。

1. 总额法下与资产相关的政府补助的核算

总额法下，企业在取得与资产相关的政府补助时，应当按照实际收到的政府补助资金的借记“银行存款”等科目，贷记“递延收益”科目。然后在相关资产预计使用寿命内按照合理、系统的方法分摊计入各期损益。

（1）如果企业先取得与资产相关的政府补助，再确认所购建的长期资产，应当在开始对与政府补助相关的资产计提折旧或者进行摊销时，按照合理、系统的方法将递延收益分期计入当期收益。

（2）如果与政府补助相关的长期资产投入使用后，企业才取得与资产相关的政府补助，则应当在与政府补助相关的长期资产的剩余使用寿命内按照合理、系统的方法将递延收益分期计入当期收益。

（3）如果与政府补助相关的长期资产在持有期间发生减值损失，递延收益的摊销仍保持不变，不受减值因素的影响。

（4）与政府补助相关的资产出售、报废、转让、毁损的，尚未分摊的政府补助递延收益的余额应当转入资产出售、报废、转让、毁损当期的损益，不再做递延处理。

（5）与政府补助相关的资产划分为持有待售资产，应当先将尚未分摊的政府补助递延收益的余额冲减政府补助相关资产的账面价值，然后再按照《企业会计准则第 42 号——持有待售的非流动资产、处置组和终止经营》准则进行会计处理。

2. 净额法下与资产相关的政府补助的核算

净额法下，企业在取得政府补助时应当按照补助资金的金额冲减相关资产的账面价值，如果企业先取得与资产相关的政府补助，再确认所购建的长期资产，净额法下应当将取得的政府补助先确认为递延收益，在相关资产达到预定可使用状态或预定用途时将递延收益冲减资产账面价值；如果相关长期资产投入使用后企业再取得与资产相关的政府补助，净额法下应当在取得补助时冲减相关资产的账面价值，并按照冲减后的账面价值和相关资产的剩余使用寿命计提折旧或进行摊销。

[案例 6-7]

某公司是一家化工企业。按照国家相关政策，该公司购置脱硫设备可以获得政府补助。该公司于2020年1月向政府部门提交了2000万元的环保设备购置政府补助申请。2020年3月，该公司收到政府补助2000万元。2020年4月，该公司购入不需安装的环保设备，实际成本为4800万元，预计使用寿命为10年，预计残值为0，按照年限平均法计提折旧。8年后，该设备毁损。本例中不考虑相关税费等其他因素。要求：按照总额法做相关账务处理。

（1）取得与资产相关的政府补助。

借：银行存款　2000万

　贷：递延收益　2000万

（2）购置脱硫设备。

借：固定资产　4800万

　贷：银行存款　4800万

（3）计提折旧。

借：制造费用　40万

　贷：累计折旧　40万

（4）分摊政府补助。

借：递延收益　16.67万

　贷：其他收益　16.67万

（5）脱硫设备报废。

借：固定资产清理　960万

　　累计折旧　3840万

　贷：固定资产　4800万

借：递延收益　400万

　贷：固定资产清理　400万

借：营业外支出　560万

　贷：固定资产清理　560万

假设该公司采用净额法核算。要求做相关账务处理。

（1）取得与资产相关的政府补助。

借：银行存款　2000万

　贷：递延收益　2000万

（2）购置脱硫设备。

借：固定资产　4800万

　贷：银行存款　4800万

（3）政府补助冲抵脱硫设备原值。

借：递延收益　2000万

　贷：固定资产　2000万

（4）计提折旧。

借：制造费用　23.33万

　贷：累计折旧　23.33万

(5) 脱硫设备报废。

借：固定资产清理　　560 万

　　累计折旧　　2240 万

　贷：固定资产　　2800 万

借：营业外支出　　560 万

　贷：固定资产清理　　560 万

政府补助实务中，还存在着政府无偿划拨长期非货币性资产的情况。如果企业取得的政府补助属于非货币性资产，则应当按照公允价值计量政府补助。公允价值不能可靠获得时，应当按照名义金额计量，名义金额为 1 元。企业收到非货币性资产政府补助时，应当借记相关资产科目，贷记“递延收益”科目。然后在相关资产使用寿命内按照合理、系统的方法分期计入各期损益，借记“递延收益”科目，贷记“其他收益”“营业外收入”科目。以名义金额计量的非货币性政府补助在取得时直接计入当期损益，无须要做递延处理。

[案例 6-8]

某公司是一家林业公司。该公司收到政府以政府补助名义提供的一片天然果树林。自然林以及林地的土地使用权公允价值均为 600 万元。假设果树产果期为 50 年。要求：做相关账务处理。

借：生产性生物资产　　600 万

　贷：递延收益　　600 万

借：递延收益　　12 万

　贷：营业外收入　　12 万

假设天然果树林和林地土地使用权的公允价值不能持续可靠地获得。要求：做相关账务处理。

借：生产性生物资产　　1

　贷：营业外收入　　1

(二) 与收益相关的政府补助的核算

《企业会计准则第 16 号——政府补助》规定，与企业日常生产经营活动相关的政府补助，应当按照经济业务的性质计入其他收益或者冲减相关的成本、费用。与企业日常活动无关的政府补助计入营业外收入或者营业外支出。一般情况下，如果政府补助的成本、费用属于营业利润项目，或者与日常销售等经济活动密切相关，则可以确定该项政府补助与日常活动相关。

与收益相关的政府补助，应当区分不同情况并按照以下规定进行会计处理：

(1) 用于补偿企业以后会计期间的相关成本、费用或者损失的政府补助，应当确认为递延收益，并在确认相关成本费用或损失的期间计入当期损益或者冲减相关成本费用。

(2) 用于补偿企业已经发生过的相关成本、费用或者损失的政府补助，应当直接计入当期损益或者冲减相关成本、费用。

与收益相关的政府补助，企业可以选择采用总额法或者净额法进行会计处理。

1. 总额法下与收益相关的政府补助的核算

总额法下，与收益相关的政府补助应当计入其他收益或营业外收入。

[案例 6-9]

某公司是一家高新技术企业。该公司所在地方政府为了支持企业发展，为该公司提供 1000 万元的政府补助用于人才引进。该公司与地方政府签订政府补助协议约定：政府向公司提供1000万元政府补助用于人才引进；公司须在3年内，每年向政府相关部门报送政府补助资金的使用计划以及计划执行情况；公司在3年内制订详细的人才引进计划，并在3年内分别支付引进人才安置费用200万元、300万元和500万元。要求：按照总额法做相关账务处理。

(1) 公司实际收到政府补助资金。

借：银行存款　　1000万

　贷：递延收益　　1000万

(2) 3年内分别做如下分摊处理。

借：递延收益　　200万

　贷：其他收益　　200万

借：递延收益　　300万

　贷：其他收益　　300万

借：递延收益　　500万

　贷：其他收益　　500万

[案例6-10]

某公司2023年1月遭遇自然灾害。该公司同年5月收到政府部门拨付的政府补助资金1000万元，用于弥补其遭受自然灾害的财产损失。要求：按照总额法做相关账务处理。

借：银行存款　　1000万

　贷：营业外收入　　1000万

[案例6-11]

某公司是一家高新技术化工企业。按照我国税法规定，在其生产过程中征收了生产环节消费税。同时，该公司符合消费税退还政策，根据当期产量及所购原料供应商出具的消费税证明，向税务机关申请退还相应的消费税。经核查，主管税务机关同意退还消费税100万元（不属于即征即退）。要求：按照总额法做相关账务处理。

借：其他应收款　　100万

　贷：其他收益　　100万

借：银行存款　　100万

　贷：其他应收款　　100万

[案例6-12]

某公司是一家芯片生产商。按照相关法律规定，该公司的芯片产品适用增值税即征即退政策。该公司进行12月纳税申报时，对归属于11月的增值税提交即征即退退税申请，经主管税务机关核查后，同意退回增值税100万元。要求：做相关账务处理。

即征即退政府补助只能采用总额法：

借：其他应收款　　100万

　贷：其他收益　　100万

借：银行存款　　100万

　贷：其他应收款　　100万

2. 净额法下与收益相关的政府补助的核算

净额法下，与收益相关的政府补助应当冲减相关成本费用或营业外支出。

[案例6-13]

某公司是一家高新技术企业。其所在地方政府为了支持企业发展，为该公司提供政府补助用于人才引进。该公司与地方政府签订政府补助协议约定：政府向公司提供1000万元政府补助用于人才引进；公司须在3年内，每年向政府相关部门报送政府补助资金的使用计划以及计划执行情况；公司在3年内制订详细的人才引进计划，并在3年内分别支付引进人才安置费用200万元、300万元和500万元。要求：按照净额法做相关账务处理。

（1）公司实际收到政府补助资金。

借：银行存款　　1000万

　贷：递延收益　　1000万

（2）3年内分别做如下分摊处理。

借：递延收益　　200万

　贷：管理费用　　200万

借：递延收益　　300万

　贷：管理费用　　300万

借：递延收益　　500万

　贷：管理费用　　500万

假设该公司在收到政府补助时，暂未制订出详细的人才引进计划。要求：做相关账务处理。

（1）公司实际收到政府补助资金。

借：银行存款　　1000万

　贷：其他应付款　　1000万

（2）假设该公司制定出详细的人才引进计划并付诸实施。

借：其他应付款　　1000万

　贷：递延收益　　1000万

（3）假设该公司取消人才引进计划，退还政府补助资金。

借：其他应付款　　1000万

　贷：银行存款　　1000万

[案例6-14]

某公司2020年1月遭遇自然灾害。该公司同年5月收到政府部门拨付的政府补助资金1000万元，用于弥补其遭受自然灾害的财产损失。要求：按照净额法做相关账务处理。

借：银行存款　　1000万

　贷：营业外支出　　1000万

[案例6-15]

某公司是一家高新技术化工企业。按照我国税法规定，在其生产过程中征收了生产环节消费税。同时，公司符合消费税退还政策，根据当期产量及所购原料供应商出具的消费税证明，向税务机关申请退还相应的消费税。经核查，主管税务机关同意退还消费税100万元（不属于即征即退）。要求：按照净额法做相关账务处理。

借：其他应收款　　100万

　贷：生产成本　　100万

借：银行存款　　100万

　贷：其他应收款　　100万

3. 已确认的政府补助退回的核算

《企业会计准则第16号——政府补助》规定：退回已确认的政府补助应当在需要退回的

当期区分具体情况并按照以下规定进行会计处理：

（1）政府补助初始确认时冲减相关资产账面价值的，重新调整资产账面价值。

（2）收回政府补助时，存在相关递延收益的，冲减相关递延收益账面余额，超出部分计入当期损益。

（3）属于其他情况的，直接计入当期损益。

（4）属于重大前期会计差错的政府补助退回，应当按照《企业会计准则第 28 号——会计政策、会计估计变更和差错更正》准则的要求进行追溯重述。

[**案例 6-16**]

某公司是一家钢铁公司，打算购置一套除尘设备，向政府部门申请政府补助资金。按照国家相关政策规定，政府部门向该公司拨付 2400 万元政府补助。收到政府补助后，该公司支付款项 4800 万元购置除尘设备，设备预计使用年限为 10 年，预计残值为 0，采用年限平均法计提折旧。该公司采用总额法核算政府补助。因该公司生产布局调整，除尘设备从未投入使用，不符合政府补助的条件，应政府部门的要求，该公司退回全部政府补助资金。此时，距离该公司收到政府补助已过一年。要求：做相关账务处理。

（1）公司收到政府补助。

借：银行存款 2400 万

  贷：递延收益 2400 万

（2）购置除尘设备。

借：固定资产 4800 万

  贷：银行存款 4800 万

（3）除尘设备按月计提折旧。

借：制造费用 40 万

  贷：累计折旧 40 万

（4）分摊政府补助。

借：递延收益 240 万

  贷：其他收益 240 万

（5）公司退还全部政府补助资金。

借：递延收益 240 万

  其他收益 2160 万

  贷：银行存款 2400 万

假设该公司采用净额法核算政府补助。要求：做相关账务处理。

（1）公司收到政府补助。

借：银行存款 2400 万

  贷：递延收益 2400 万

（2）购置除尘设备。

借：固定资产 4800 万

  贷：银行存款 4800 万

（3）分摊政府补助。

借：递延收益 2400 万

  贷：固定资产 2400 万

（4）除尘设备按月计提折旧。

借：制造费用 20 万

贷：累计折旧 20 万

（5）公司退还全部政府补助资金。

借：固定资产 2400 万

其他收益 210 万

贷：银行存款 2400 万

累计折旧 240 万

[案例 6–17]

某公司是一家芯片制造企业。当地政府部门为吸引该公司入驻其科技产业园，承诺一次性拨付政府补助 1000 万元作为投资奖励，并不用于补偿特定的成本、费用。政府补助条件为 10 年内不能撤离科技产业园，如果该公司在此期限内提前撤离科技产业园区，政府部门允许该公司按照实际驻留科技产业园区的时间保留部分政府补助，并按剩余时间追回对应政府补助资金。该公司与政府部门签订合作协议，在科技产业园投资设立生产基地。该公司在实际收到补助资金时，认为未来 10 年内撤离科技产业园区的可能性很小，但是收到政府补助 6 年后，由于芯片产业市场环境发生重大变化，该公司撤离科技产业园，按照政府补助协议，该公司应退还政府补助资金 400 万元。要求：做相关账务处理。

（1）公司实际收到政府补助资金。

借：银行存款 1000 万

贷：递延收益 1000 万

（2）前 6 年分摊政府补助。

借：递延收益 100 万

贷：其他收益 100 万

（3）公司应退回政府补助 400 万元。

借：递延收益 400 万

贷：其他应付款 400 万

（4）退还政府补助资金。

借：其他应付款 400 万

贷：银行存款 400 万

（三）同时包含与资产相关的政府补助和与收益相关的政府补助业务的核算

《企业会计准则第 16 号——政府补助》规定：对于综合性政府补助，即同时包含与资产相关的政府补助和与收益相关的政府补助，应当将政府补助进行分解，区分不同性质的政府补助并分别进行核算。难以区分与资产相关的政府补助和与收益相关的政府补助，应当将政府补助整体归类为与收益相关的政府补助进行核算。

[案例 6–18]

某公司是一家高新技术企业。2022 年，政府部门与该公司签订了重大科技项目合作协议，拟对该公司的研究项目提供政府补助资金。协议约定政府部门提供的补助金额为 1000 万元，其中，用于补助设备购置费用的资金为 600 万元、补助实验费用的资金为 400 万元，研究项目期为 2 年。该公司购置设备支付款项 800 万元。合作协议签订当日，政府部门将政府补助资金划拨付该公司。要求：按照总额法做相关账务处理。

（1）公司收到政府补助资金。

借：银行存款　1000万

　贷：递延收益　1000万

（2）公司购置设备。

借：固定资产　800万

　贷：银行存款　800万

（3）分摊政府补助（假设按年分摊）。

借：递延收益　300万

　贷：其他收益　300万

（4）与收益相关的政府补助的处理（假设按年分摊）。

借：递延收益　200万

　贷：其他收益　200万

假设该公司采用净额法核算政府补助业务。要求：做相关账务处理。

（1）公司收到政府补助资金。

借：银行存款　1000万

　贷：递延收益　1000万

（2）公司购置设备。

借：固定资产　800万

　贷：银行存款　800万

（3）分摊政府补助。

借：递延收益　600万

　贷：固定资产　600万

（4）与收益相关的政府补助的处理（假设按年分摊）。

借：递延收益　200万

　贷：研发支出　200万

（四）贴息的会计处理

政策性优惠贷款的贴息是指政府部门为了支持特定领域、特定区域、特定企业的发展，根据国家宏观经济发展政策，对承贷企业的借款利息给予的政府补助。企业取得政策性优惠贷款的贴息的核算，应当区分政府部门将贴息资金拨付给贷款银行和直接拨付给企业两种情况，分别进行会计核算。

1. 政府补助将贴息资金拨付给贷款银行

在将政府补助贴息资金拨付给贷款银行后，银行再以政策性优惠利率向企业提供贷款。这种方式下，企业按照优惠利率向银行支付利息，并没有直接从政府部门取得利息补助。企业可以选择下列方法进行会计处理：

（1）以实际收到的借款金额作为借款的入账价值，按照本金和优惠利率计算借款费用。实际收到的借款金额通常为借款本金。

（2）以借款的公允价值作为借款的入账价值，按照实际利率法计算借款费用，借款本金与借款公允价值之间的差额确认为递延收益。递延收益在借款存续期内按照实际利率法进行摊销，冲减借款费用。

企业在上述两种贴息核算方法选定之后，不得随意变更。

[案例 6-19]

某公司于 2020 年 1 月 1 日从银行处取得政府贴息优惠贷款 1000 万元用于建设实验中心，贷款期限 2 年，按月计息、按月付息，到期还本。同类贷款的市场利率为 9%，公司与银行签订的贷款合同约定的利率为 3%。公司按年度向银行支付贷款利息，政府部门按年向银行拨付贴息资金。贴息后公司实际支付的利率为 3%，贷款期间的借款费用符合资本化条件，予以资本化处理，计入相关长期资产的成本。要求：以借款本金作为借款的入账价值，做相关账务处理。

(1) 取得借款本金。

借：银行存款　　1000 万

　贷：长期借款——本金　　1000 万

(2) 计提利息。

借：在建工程　　2.5 万

　贷：应付利息　　2.5 万

假设该公司按照公允价值计量借款，要求：做相关账务处理。相关计算见表 6-1。

(1) 取得借款本金。

借：银行存款　　1000 万

　　长期借款——利息调整　　109.45 万

　贷：长期借款——本金　　1000 万

　　　递延收益　　109.45 万

(2) 计提利息。

借：在建工程　　6.68 万

　贷：应付利息　　2.5 万

　　　长期借款——利息调整　　4.18 万

(3) 摊销政府补助贴息。

借：递延收益　　4.18 万

　贷：在建工程　　4.18 万

表 6-1　借款费用计算表　　单位：万元

核算期限（月）	票面利息	政府贴息	实付利息	摊余成本	借款费用
1 期初				890.55	
1 期末	7.5	5	2.5	894.73	6.68
2 期末	7.5	5	2.5	898.94	6.71
3 期末	7.5	5	2.5	903.19	6.74
4 期末	7.5	5	2.5	907.46	6.77
5 期末	7.5	5	2.5	911.77	6.81
6 期末	7.5	5	2.5	916.10	6.84
7 期末	7.5	5	2.5	920.48	6.87
8 期末	7.5	5	2.5	924.88	6.90
9 期末	7.5	5	2.5	929.32	6.94

续表

核算期限（月）	票面利息	政府贴息	实付利息	摊余成本	借款费用
10 期末	7.5	5	2.5	933.79	6.97
11 期末	7.5	5	2.5	938.29	7.00
12 期末	7.5	5	2.5	942.83	7.04
13 期末	7.5	5	2.5	947.40	7.07
14 期末	7.5	5	2.5	952.00	7.11
15 期末	7.5	5	2.5	956.64	7.14
16 期末	7.5	5	2.5	961.32	7.18
17 期末	7.5	5	2.5	966.02	7.21
18 期末	7.5	5	2.5	970.78	7.25
19 期末	7.5	5	2.5	975.55	7.28
20 期末	7.5	5	2.5	980.37	7.32
21 期末	7.5	5	2.5	985.22	7.35
22 期末	7.5	5	2.5	990.11	7.39
23 期末	7.5	5	2.5	995.04	7.43
24 期末	7.5	5	2.5	1000.00	7.46
合计	180	120	60		

注：①票面利息＝1000×9%/12＝7.5。

②政府贴息＝1000×（9%−3%）/12＝5。

③实付利息＝7.5−5＝2.5。

④首期初摊余成本＝1000−5×（P/A，0.75%，24）。

⑤各期期末摊余成本＝（期初摊余成本+借款费用−实付利息）×（9%/12）。

⑥借款费用＝摊余成本×（9%/12）。

2. 财政将贴息资金直接拨付给企业

企业先按照同类贷款的市场利率向银行支付利息，政府部门定期向企业拨付贴息。在这种方式下，由于企业先按照同类贷款的市场利率向银行支付利息，所以实际收到的借款金额通常就是借款的公允价值，企业应当将对应的贴息冲减相关借款费用。

[案例 6-20]

假设政府补助的贴息直接拨付给案例 6-18 中的芯片制造企业。要求：做相关账务处理。

（1）取得借款本金。

借：银行存款　　1000 万

　贷：长期借款——本金　　1000 万

（2）计提利息。

借：在建工程　　7.5 万

　贷：应付利息　　7.5 万

（3）计提应收政府补助贴息。

借：其他应收款　　5 万

　贷：在建工程　　5 万

第三节 政府补助列报

一、政府补助列报项目

企业应当在利润表中的“营业利润”项目内单独列报“其他收益”项目，计入其他收益的政府补助在该项目中反映。冲减相关成本费用的政府补助，在相关成本费用项目中反映。企业日常经营活动无关的政府补助，在利润表的营业外收支项目中反映。

二、政府补助披露信息

因政府补助涉及递延收益、其他收益、营业外收入以及相关成本费用等多个报表项目，为了全面反映政府补助情况，企业应当在附注中单独披露政府补助的相关信息。企业应当在附注中单独披露与政府补助有关的下列信息：

（1）政府补助的种类、金额和列报项目；

（2）计入当期的政府补助金额；

（3）本期退回的政府补助金额及原因。

其中，列报项目不仅包括总额法下的其他收益、营业外收入、递延收益等项目，还包括净额法下冲减的资产和成本费用等项目。

复习思考题

1. 政府补助包括哪些？
2. 总额法和净额法的特点分别有哪些？
3. 政府补助的内容有哪些？

实践与思政课堂

1. 近年来，我国新能源汽车发展迅猛，在国内汽车市场，以电车为代表的国产车市场占比已经超过合资车、进口车。同时，新能源车企积极布局海外市场，2023 年中国汽车出口量首次排名世界第一。

试述政府补助对于新兴产业发展的积极作用。

2. 西安、合肥等城市积极布局新能源汽车、芯片制造等高新技术产业，目前这些城市的第二产业发展迅猛，城市 GDP 已经迈入“万亿俱乐部”。

试述政府补助对于发展地方经济的积极作用。

专题三

财务呈报专题

第七章 中期财务报告

第一节 中期财务报告概述

一、中期财务报告的概念

《企业会计准则第32号——中期财务报告》规定，中期财务报告是以中期为基础编制的财务报告。中期是指短于一个完整的会计年度的报告期间。会计年度是指公历1月1日起至12月31日止。

中期可以是一个月、一个季度或者半年，也可以是其他短于一个会计年度的会计期间，比如1月1日至9月30日的期间等。因此，中期财务报告包括月度财务报告、季度财务报告、半年度财务报告以及年初至本中期末的财务报告。

中期财务报告有利于提高会计信息披露的及时性和相关性。有利于企业相关利益方加强对企业生产经营活动的监督，也有利于提高会计信息使用者的决策质量。依据《企业会计准则第32号——中期财务报告》规定，有以下两点需要注意：

（1）现行准则要求上市公司必须公开披露半年度财务报告，不强制要求披露季报和月报。

（2）中期财务报告不要求经过审计。

二、中期财务报告的内容

《企业会计准则第32号——中期财务报告》规定，中期财务报告至少应当包括资产负债表、利润表、现金流量表和附注。与年度财务报告相比，中期财务报告不要求编制所有者权益变动表，企业可以自行决定是否提供。

中期财务报告中的资产负债表、利润表和现金流量表应当是完整报表，其格式和内容应当与年度财务报表一致。根据《企业会计准则第32号——中期财务报告》的要求，作为母公司的上市公司提供的年度财务报表中包括母公司个别财务报表和合并财务报表两类。上年度编制合并财务报表的公司，中期末也应当编制合并财务报表；上年度同时提供母公司个别报表和合并报表的公司，中期末也应当提供母公司个别报表和合并报表。中期合并财务报告的格式、合并范围和编制方法与年度合并财务报表一致。

此外，对于上年度包括在合并财务报表中，本中期处置的子公司，应当并入本中期合并范围；对于本中期新增的子公司，在本中期末应当纳入合并报表范围。

三、中期财务报告的编制原则

中期财务报告的质量同样应该遵循会计原则的约束，尤其是应该遵循及时性原则、可比性原则和重要性原则的约束。

（一）及时性原则

编制中期财务报告的目的就是为了向会计信息使用者提供比年度财务报告更加及时的会

计信息，以此提高会计信息的相关性。中期财务报告的编制周期短于一个会计年度，因此，中期财务报告提供的会计信息更加具有及时性。但是，短周期的中期财务报告可能无法覆盖完整的业务周期，因此，中期财务报告的短周期属性也决定了中期财务报告很可能包含更多的会计估计成分。

[**案例 7-1**]

某公司是一家生产性企业。在会计年度末会对存货进行全面的财产清查，由此导致年末存货的计价较为精确。但是在中期末，出于时间、成本方面的考虑，可能不会对存货进行全面的财产清查，对于中期末存货的计价更多地依赖会计估计。

（二）可比性原则

编制中期财务报告应该与编制年度财务报告采用一致的会计政策、会计估计，且不得随意变更，以此提高不同报告信息的可比性。

1. 会计政策

《企业会计准则第 32 号——中期财务报告》规定，中期财务报表中应当采用与年度财务报表相一致的会计政策，年度资产负债表日之后发生了会计政策变更，且变更后的会计政策将在年度财务报表中采用的，中期财务报表应当采用变更后的会计政策，应当按照《企业会计准则第 28 号——会计政策、会计估计变更和差错更正》处理，并在附注中做相应披露。会计政策变更的累积影响数能够合理确定且涉及本会计年度以前中期财务报表相关项目数字的，应当予以追溯调整，视同该会计政策在整个会计年度一直采用。同时，上年度可比财务报表也应当做相应调整。

（1）企业变更会计政策应当符合《企业会计准则第 28 号——会计政策、会计估计变更和差错更正》规定的条件，即法律、行政法规或者国家统一的会计制度等要求变更，或者会计政策变更能够提供更可靠、更相关的会计信息，才能在中期进行会计政策变更。

[**案例 7-2**]

某公司在存货成本呈现下降趋势的情况下，把存货发出计价方法由全月一次加权平均法变更为先进先出法。这种做法符合谨慎性原则的要求，提高了会计信息的相关性。

（2）企业在中期进行会计政策变更时，应当确保该项会计政策也将在年度财务报告中采用。

[**案例 7-3**]

某公司在三季度对投资性房地产的计量模式进行了变更，由成本计量模式变更为公允价值计量模式，此项会计政策同样会在年度报告中采用。

（3）企业在中期内发生了会计政策变更的，其累积影响数能合理确定的，应当予以追溯调整，视同该会计政策在整个会计年度一贯采用。对于比较财务报表中，可比期间以前的会计政策变更的累积影响数，应当根据规定调整比较财务报表最早期间的期初留存收益，财务报表其他相关项目的数据也应当一并调整。同时，还应当在附注中说明会计政策变更的性质、内容、原因及其影响数。无法追溯调整的会计政策变更，应当采用未来适用法处理，并在附注中说明无法追溯调整的原因。

[**案例 7-4**]

某公司因减持股份，导致长期股权投资后续计量的方法由成本法变更为权益法。这种情况下成本法下的会计信息需要按照权益法的要求进行追溯调整，并在附注中对于会计政策变更的性质、内容、原因以及影响数进行文字说明。

2. 会计估计

《企业会计准则第 32 号——中期财务报告》规定，在同一会计年度内，以前中期财务报告项目在以后中期发生了会计估计变更的，采用未来适用法进行处理，对以前中期财务报表项目金额不做调整。同时，在附注中对于会计估计变更的原因、内容以及变更影响数进行相应披露。

[案例 7-5]

某公司针对一项管理用固定资产变更了其预计使用年限、预计残值、折旧方法。对于这种情况，企业不须进行追溯调整，但是需要在附注中对于会计估计变更的内容、原因以及变更影响数进行文字说明。

（三）重要性原则

《企业会计准则第 32 号——中期财务报告》规定，企业在确认、计量和报告中期报表项目时，对报告项目重要性的判断，应当以中期财务数据为基础，不应以年度财务数据为基础。中期财务数据既包括本中期的财务数据，也包括年初至本中期期末的财务数据。有些对于年度财务数据显得不重要的信息对中期财务数据而言可能是重要的。

重要性原则的运用应当保证中期财务报告，包括与理解企业中期末财务状况和中期经营成果及其现金流量相关的信息。重要性的判断需要根据具体情况具体分析，在判断某一项目的重要性时，应当将定性分析和定量分析结合在一起，并综合考虑其他相关因素。特殊情况下，单独依据项目的金额或者性质就可以判断其重要性。

[案例 7-6]

某公司的一项会计政策变更对当期财务状况、经营成果的影响比较小，但是对会计政策变更以后会计期间的财务状况、经营成果影响却比较大。这种情况下，此项会计政策变更从性质上属于重要事项，应当在中期财务报告中披露。

第二节 中期财务报告的确认与计量

一、会计确认

会计的确认包括符合会计核算基础和符合会计要素的定义两个层次。

（1）会计核算基础是指权责发生制，权责发生制要求以合理性作为会计要素确认的标准，是现行企业会计准则的理论基石。很多会计理论问题都源于权责发生制。

（2）符合会计要素的定义是会计确认的基础。

[案例 7-7]

某公司购入一批钢材，如果以生产加工产品为持有意图，则确认为原材料；如果以销售为持有意图，则确认为库存商品；如果以构建固定资产为持有意图，则确认为工程物资。

二、会计计量

《企业会计准则第 32 号——中期财务报告》规定，中期会计计量应当以年初至本中期末为基础，财务报告的周期不应当影响年度结果的计量。无论是月度中期财务报告，还是季度中期财务报告、半年度中期财务报告，会计计量的结果最终都应当与年度财务报告中的会计计量结果一致。因此，中期财务报告的计量应当以年初至本中期期末为基础，而不应当以本中期为会计计量的期间为基础。

[**案例 7-8**]

某公司利用专门借款资金自行建造办公楼。2022 年 3 月 1 日，建造工程由于自然灾害原因停工，直至 2022 年 6 月 1 日才复工。《企业会计准则第 17 号——借款费用》规定，固定资产的购建活动发生非正常中断、并且中断时间连续超过 3 个月的，应当暂停借款费用的资本化处理，中断期间发生的借款费用应当确认为期间费用，直至资产的购建活动重新开始。据此，在第一季度期末，公司考虑到所购建办公楼的非正常中断时间只有 1 个月，所以，编制第一季度中期财务报告时，没有中断借款费用的资本化。在编制 2022 年第二季度中期财务报告时，因公司在第二季度发生工程非正常中断的时间也只有 2 个月，借款费用仍旧资本化处理，计入在建工程成本。

本例中，如果以会计年度作为会计计量的基础，则 3 月 1 日至 6 月 1 日非正常中断期间发生的借款费用都应当费用化处理，计入当期损益；如果以季度作为会计计量的基础，则 3 月 1 日至 6 月 1 日非正常中断期间发生的相关借款费用都应当继续资本化处理，计入工程成本，季度计量的结果与年度计量的结果将不一致。而这种结果不一致产生的原因就是财务报告的周期由按年编报变为按季编报。单纯以季度为基础对上述固定资产建造中断期间所发生的借款费用进行计量是不正确的。

该公司应当以年初至本中期末为期间基础进行中期会计计量。该公司编制第二季度中期财务报告时，对于所购建固定资产中断期间所发生的借款费用的会计处理，应当以 2022 年 1 月 1 日至 6 月 30 日的期间为基础。在 1 月 1 日至 6 月 30 日的期间基础上，固定资产购建的非正常中断期间超过了 3 个月，应当将中断期间所发生的借款费用做费用化处理，在编制第二季度中期财务报告时，不仅第二季度 4 月 1 日至 6 月 1 日发生的借款费用应当费用化处理，计入第二季度的损益，并且一季度 3 月的借款费用也应当费用化处理，调减在建工程成本，调增财务费用。这样计量的结果将能够保证中期会计计量结果与年度会计计量结果相一致，实现财务报告的周期不影响年度结果计量的目标。

三、季节性、周期性或者偶然性收入的确认和计量

通常情况下，企业各项收入一般是在一个会计年度的各个中期内均匀发生的，各中期之间实现的收入、成本差异不会很大。但是，因季节性、周期性或者偶然性取得的收入，往往集中在会计年度的个别中期之中。对于这些收入，《企业会计准则第 32 号——中期财务报告》规定，企业取得的季节性、周期性或者偶然性收入，应当在发生时予以确认和计量，不应在中期财务报表中预计或者递延，但会计年度末允许预计或者递延的除外。

1. 企业经营的季节性特征

企业经营的季节性特征是指企业营业收入的取得、营业成本的发生主要集中在全年度的某一季节或者某段期间内。

[**案例 7-9**]

某公司是一家地处东北的供暖企业，该公司营业收入主要来自冬季。因此，营业收入、营业成本的核算应当在冬季核算，该公司不应在其他季节预提收入、成本或者递延处理收入、成本。

[**案例 7-10**]

某公司是一家地处东北的路桥公司，受气候影响，冬季无法施工，由此导致冬季基本没有营业收入、营业成本产生。因此，该公司不应当把其他季节发生的营业收入、营业成本转

入冬季处理。

2. 企业经营的周期性特征

企业经营的周期性特征是指企业每隔一个周期就会稳定地取得一定的收入或者发生一定的成本的情况。

[案例 7-11]

某公司是一家房地产开发公司。该公司于 2021 年 1 月 1 日开始开发一处住宅项目，开发期为 2 年。该公司采取边开发边预售的策略。项目于 2022 年 12 月全部交付给购房者，并将商品房产权手续办理完毕。在项目开发完成并出售之前，即使该公司预售商品房也不能确认收入，通常只有在将所开发完成的房地产对外出售之后才能确认收入。开发过程中所发生的相关成本费用须作为房地产的开发成本处理，即该公司只有在 2022 年 12 月项目开发完成后，与商品房有关的风险和报酬已经转移给购房者，符合收入确认条件之后才能确认收入。这一收入就属于周期性收入，在 2022 年 12 月之前的各中期都不能预计收入，也不能将已经收到的楼盘销售款直接确认为收入，应当在收到这些款项时将其作为合同负债处理。对于开发小区所发生的成本也应当首先归集在开发成本科目中，待确认收入时，再转入开发产品。此外，该公司对于经营的周期性特征，还应当根据《企业会计准则第 32 号——中期财务报告》的要求在各有关中期财务报告附注中予以披露。

四、会计年度中不均匀发生的费用的确认和计量

《企业会计准则第 32 号——中期财务报告》规定，企业在会计年度中不均匀发生的费用，应当在发生时予以确认和计量，不应当在中期财务报告中预提或者摊销处理，但会计年度末允许预提或者摊销处理的除外。一般情况下，与企业生产经营活动和管理活动有关的费用，通常会在一个会计年度的各个中期内均匀发生，各中期之间发生的费用不会有较大的差异。但是，也有一些费用会集中在会计年度的个别中期内。对于这些会计年度中不均匀发生的费用，应当在发生时予以确认和计量，不应当在中期财务报表中予以预提或者摊销处理。企业不应当为了其各个中期之间收益的平滑化而将这些费用在会计年度内的各个中期之间进行分摊处理。如果会计年度内不均匀发生的费用在会计年度末允许预提或者待摊处理，则在中期期末也允许预提或者摊销处理。

[案例 7-12]

某公司根据年度培训计划，在 2021 年 12 月对员工进行了管理方面的培训，共发生培训费用 10 万元。本例中，对于此项培训费用，该公司应当直接计入 12 月的损益，不能在 12 月之前预提，也不能在 12 月之后摊销处理。

第三节　比较财务报表

《企业会计准则第 32 号——中期财务报告》规定，中期财务报告应当按照下列规定提供比较财务报表。

（1）本中期末的资产负债表和上年度末的资产负债表。

（2）本中期的利润表、年初至本中期末的利润表以及上年度可比期间的利润表。

（3）年初至本中期末的现金流量表和上年度年初至可比本中期末的现金流量表。

[**案例 7-13**]

某公司编制 2022 年一季度、二季度、三季度中期财务报告。中期财务报表编制内容、时间、涵盖期间及比较财务报表编制内容、时间、涵盖期间如表 7-1 所示。

表 7-1　　中期财务报告

	报表内容	中期财务报表时间、期间	比较财务报表时间、期间
一季度报表	资产负债表	2022 年 3 月 31 日	2021 年 12 月 31 日
	利润表	2022 年 1 月 1 日至 3 月 31 日	2021 年 1 月 1 日至 3 月 31 日
	现金流量表	2022 年 1 月 1 日至 3 月 31 日	2021 年 1 月 1 日至 3 月 31 日
二季度报表	资产负债表	2022 年 6 月 30 日	2021 年 12 月 31 日
	利润表（本中期）	2022 年 4 月 1 日至 6 月 30 日	2021 年 4 月 1 日至 6 月 30 日
	利润表（年初至本中期末）	2022 年 1 月 1 日至 6 月 30 日	2021 年 1 月 1 日至 6 月 30 日
	现金流量表	2022 年 1 月 1 日至 6 月 30 日	2021 年 1 月 1 日至 6 月 30 日
三季度报表	资产负债表	2022 年 9 月 30 日	2021 年 12 月 31 日
	利润表（本中期）	2022 年 7 月 1 日至 9 月 30 日	2021 年 7 月 1 日至 9 月 30 日
	利润表（年初至本中期末）	2022 年 1 月 1 日至 9 月 30 日	2021 年 1 月 1 日至 9 月 30 日
	现金流量表	2022 年 1 月 1 日至 9 月 30 日	2021 年 1 月 1 日至 9 月 30 日

此外，《企业会计准则第 32 号——中期财务报告》规定：

（1）中期内按照准则规定对财务报表项目进行了调整的，上年度比较财务报表项目及其金额应当按照本年度中期财务报表的要求进行重新分类，以确保其与本年度中期财务报表的相应信息能够具有可比性。同时，还应当在附注中说明财务报表项目重新分类的原因、内容。如果无法对比较财务报表中的有关项目进行重新分类，则应当在附注中说明不能进行重新分类的原因。

（2）对于在本年度中期内发生的调整以前年度损益的事项，企业应当调整本年度财务报表相关项目的年初数，同时，中期财务报告中相应的比较财务报表应当为调整以前年度损益后的报表。

第四节　合并财务报表

关于合并财务报表，《企业会计准则第 32 号——中期财务报告》规定如下：

（1）上年度编制合并财务报表的，中期期末应当编制合并中期财务报报表。且中期合并财务报表的合并范围、合并原则、编制方法，合并财务报表的格式、内容也应当与上年度合并财务报表相一致。

（2）上年度财务报告包括合并财务报表、母公司财务报表的，中期财务报告也应当包括合并财务报表、母公司财务报表。上年度财务报告包括了合并财务报表，但报告中期内处置了纳入合并范围的子公司的，则应当区分以下情况进行处理：

①如果企业在报告中期内处置了所有子公司，而且在报告中期又没有新增子公司，那么企业在其中期财务报告中将不必编制合并财务报表。但是，如果在上年度可比中期末企业有子公司，企业提供的上年度比较财务报表仍然应当同时提供合并财务报表和母公司财务报表。

如果上年度的子公司是在上年度可比中期末之后新增的，在上年度可比中期的财务报告中并未编制合并财务报表，则上年度可比中期的财务报表可以不提供合并财务报表。

②如果企业在报告中期内新增子公司，则企业在中期末需要将该子公司财务报表纳入合并财务报表的合并范围中。

[**案例 7-14**]

某公司 2021 年年初成立时没有子公司，因此，该公司 2021 年第一季度财务报告中只需提供公司自身的财务报表，无须提供合并财务报表。2021 年第二季度该公司购入一家公司 90%的股份，从而具有子公司，则在 2021 年第二季度财务报告中，该公司就需要同时提供合并财务报表和母公司财务报表，2021 年第三季度财务报告、2021 年年度财务报告也是如此。如果在 2022 年第一季度该公司又将子公司处置，导致该公司在 2022 年没有子公司，尽管该公司在 2021 年度财务报告中编制了合并财务报表，但是在 2022 年第一季度财务报告中也无须编制合并财务报表。另外，由于在上年度第一季度财务报告中没有编制合并财务报表，所以，在提供上年度比较财务报表时，除了上年度末的资产负债表仍然应当包括合并财务报表和母公司财务报表之外，其他比较财务报表（包括利润表和现金流量表）都不必提供合并财务报表。在 2022 年第二季度，如果该公司仍然没有需要纳入合并财务报表合并范围的子公司，则不必编制合并财务报表。但是，在提供上年度比较财务报表时，应当同时提供合并财务报表和母公司财务报表。

[**案例 7-15**]

某公司是一家上市公司。2022 年 6 月 30 日编制了如表 7-2 所示的中期财务报告。

表 7-2　中期财务报告

报表内容	中期财务报表时间、期间	比较财务报表时间、期间
合并资产负债表	2022 年 6 月 30 日	2021 年 12 月 31 日
母公司资产负债表	2022 年 6 月 30 日	2021 年 12 月 31 日
合并利润表	2022 年 1 月 1 日至 6 月 30 日	2021 年 1 月 1 日至 6 月 30 日
母公司利润表	2022 年 1 月 1 日至 6 月 30 日	2021 年 1 月 1 日至 6 月 30 日
合并现金流量表	2022 年 1 月 1 日至 6 月 30 日	2021 年 1 月 1 日至 6 月 30 日
母公司现金流量表	2022 年 1 月 1 日至 6 月 30 日	2021 年 1 月 1 日至 6 月 30 日
合并所有者权益变动表	2022 年 1 月 1 日至 6 月 30 日	2021 年 1 月 1 日至 6 月 30 日
母公司所有者权益变动表	2022 年 1 月 1 日至 6 月 30 日	2021 年 1 月 1 日至 6 月 30 日

第五节　中期财务报告附注

中期财务报告附注是对中期资产负债表、利润表、现金流量表等报表中报表项目的文字解释、说明。《企业会计准则第 32 号——中期财务报告》规定，中期财务报告中的附注应当以年初至本中期末为基础编制，披露自上年度资产负债表日之后发生的，有助于理解企业财务状况、经营成果和现金流量变化情况的重要交易或事项。对于有利于理解本中期财务状况、经营成果和现金流量其他有关的重要交易或事项，也应当在附注中进行披露。

一、中期财务报告附注披露的要求

（一）以年初至本中期末为基础编制中期财务报告附注

编制中期财务报告的目的是向财务报告的使用者提供自上年度资产负债表日之后所发生的重要交易或者事项，因此，中期财务报告附注应当以年初至本中期末为基础进行编制，而不应当只披露本中期所发生的重要交易或者事项。

［案例 7-16］

某公司按季度编制中期财务报告。该公司在 2022 年 3 月 1 日对外进行重大投资，并购一家子公司。对于并购这一重大事项，本着以年初至本中期末为基础的原则，该公司不仅应当在 2022 年一季度中期财务报告附注中披露该并购事项，还应当在 2022 年二季度的中期财务报告和三季度的中期财务报告的附注中予以披露。

（二）对自上年度资产负债表日之后发生的重要交易或者事项进行披露

为了全面反映企业财务状况、经营成果和现金流量，《企业会计准则第 32 号——中期财务报告》规定，中期财务报告附注应当披露自上年度资产负债表日之后发生的，有助于理解企业财务状况、经营成果和现金流量变化情况的重要交易或者事项。

［案例 7-17］

某公司是一家位于东北的地方性路桥公司，由于气候原因，冬季基本停止施工，无法产生利润。该公司 2022 年四个季度的净利润分别为-100 万元、3000 万元、2500 万元、1500 万元。3 月份计提一笔坏账准备金 80 万元。本例中，尽管该笔坏账准备金仅占该公司全年净利润的 1. 16%［80/（-100+3000+2500+1500）］，但是该笔坏账准备金占该公司一季度亏损额的 80%（80/100），是该公司一季度亏损的主要原因。对于“会计报表信息使用者理解的公司”一季度经营成果、财务状况具有重大影响，属于重要会计事项。所以，遵循以年初至本中期末为基础的中期财务报告披露原则，该公司应当在一季度中期财务报告附注中披露该事项。

二、中期财务报告附注披露的内容

《企业会计准则第 32 号——中期财务报告》规定，中期财务报告中的附注至少应当包括下列信息：

（1）中期财务报告所采用的会计政策与上年度财务报告所采用的会计政策相一致的声明。中期会计政策发生变更的，应当在附注中说明会计政策变更的性质、内容、原因及其影响数，并进行追溯调整。无法进行追溯调整的，应当说明原因。

［案例 7-18］

某公司 2022 年 5 月因减持股份，长期股权投资后续的计量方法由成本法变更为权益法，公司进行了追溯调整。并在半年报的附注中说明会计政策变更的性质、内容、原因及其影响数。

（2）会计估计变更的内容、原因及其影响数。影响数不能合理确定的，应当说明原因。

［案例 7-19］

某公司 2022 年 5 月重估了坏账准备金的计提比例，该公司采用未来适用法进行处理，在半年报的附注中披露了会计估计变更的内容、原因及其影响数。

（3）前期重大会计差错的性质及其更正金额；无法进行追溯重述的，应当说明原因。

［案例 7-20］

某公司 2022 年 5 月发现以前年度漏记一笔销售业务，金额重大。该公司采用追溯重述法进行处理，并在半年报的附注中披露了前期重大会计差错的性质及其更正金额。

（4）企业经营的季节性或者周期性特征。

[案例 7–21]

某公司是一家地处东北的粮食种植企业。受气候条件影响，粮食的收获、加工主要集中在秋季。

（5）存在控制关系的关联方发生变化的情况。关联方之间发生交易的，应当披露关联方关系的性质、交易类型和交易要素。同时应当提供本中期（或者本中期末）和本年度年初至本中期末的数据，以及上年度可比本中期（或者可比期末）和可比年初至本中期末的比较数据。

[案例 7–22]

某公司是一家上市公司，有三家子公司。集团内部发生的关联交易需要在财务报告附注中披露关联方关系的性质、交易类型和交易要素。

（6）合并财务报表的合并范围发生变化的情况。

[案例 7–23]

某公司是一家上市公司，中期合并报表的编制以控制为基础。新增或者处置子公司导致合并报表的合并范围发生变化，该公司应当在中期合并报表中予以披露。

（7）对性质特别或者金额异常的财务报表项目的说明。

（8）证券发行、回购和偿还情况。

[案例 7–24]

某公司是一家上市公司，发行、回购股票、债券会对该公司资本结构产生重大影响，应当在附注中予以披露。

（9）向所有者分配利润的情况，包括在中期内实施的利润分配和已提出或者已批准但尚未实施的利润分配情况。

（10）根据《企业会计准则第 35 号——分部报告》规定披露分部报告信息的，应当披露分部收入与分部利润。同时应当提供本中期（或者本中期末）和本年度年初至本中期末的数据，以及上年度可比本中期（或者可比期末）和可比年初至本中期末的比较数据。

（11）中期资产负债表日至中期财务报告批准报出日之间发生的非调整事项。

[案例 7–25]

某公司在中期资产负债表日和中期财务报告批准报出日之间遭遇自然灾害，造成重大财产损失。该事项属于中期资产负债表日后事项的非调整事项，相关信息应当在中期财务报告附注中予以披露。

（12）上年度资产负债表日以后所发生的或有负债和或有资产的变化情况。

[案例 7–26]

某公司在中期资产负债表日和中期财务报告批准报出日之间预估了产品质量保证金，此项或有负债符合负债确认条件。这种情况下，相关财务数据应当列入中期财务报告，并在附注部分进行相应说明。

（13）企业结构变化情况，包括企业合并，对被投资单位具有重大影响、共同控制或者控制关系的长期股权投资的购买或者处置，终止经营等。

（14）其他重大交易或者事项。

[拓展知识 7–1]

企业还应当对包括重大的长期资产转让及其出售情况、重大的固定资产和无形资产取得情况、重大的研究和开发支出、重大的资产减值损失等内容进行附注披露。

中期财务报告中的附注相对于年度财务报告中的附注可以适当简化。中期财务报告附注的编制应当遵循重要性原则，如果某项信息没有在中期财务报告附注中披露，会影响到财务状况、经营成果和现金流量信息的相关性，则这一信息就是重要的，应当在中期财务报告附注中披露。

《企业会计准则第32号——中期财务报告》规定，在同一会计年度内，以前中期财务报告中报告的某项估计金额在最后一个中期发生了重大变更、企业又不单独编制该中期财务报告的，应当在年度财务报告的附注中披露该项估计变更的内容、原因及其影响金额。

[拓展知识7-2]

企业需要编制季度财务报告，但不需单独编制第四季度财务报告。假设企业在第四季度里，对第一、二或者第三季度财务报表中所采用的会计估计做了重大变更，则其需要在其年度财务报告附注中按照《企业会计准则第28号——会计政策、会计估计变更和差错更正》的规定，披露该项会计估计变更的内容、原因及其影响金额。

第六节 中期财务报告示例

×××有限公司

2023年第三季度报告

本公司及董事会全体成员保证信息披露的内容真实、准确、完整，没有虚假记载、误导性陈述或重大遗漏。

重要内容提示：

1. 董事会、监事会及董事、监事、高级管理人员保证季度报告的真实、准确、完整，不存在虚假记载、误导性陈述或重大遗漏，并承担个别和连带的法律责任。

2. 公司负责人、主管会计工作负责人及会计机构负责人声明：保证季度报告中财务信息的真实、准确、完整。

3. 第三季度报告是否经过审计（否）。

一、主要财务数据（金额略）

（一）主要会计数据和财务指标

项目	本报告期	本报告期比上年同期增减	年初至报告期末	年初至报告期末比上年同期增减
营业收入（元）				
归属于上市公司股东的净利润（元）				
归属于上市公司股东的扣除非经常性损益的净利润（元）				
经营活动产生的现金流量净额（元）				
基本每股收益（元/股）				
稀释每股收益（元/股）				

续表

项目	本报告期	本报告期比上年同期增减	年初至报告期末	年初至报告期末比上年同期增减
加权平均净资产收益率				
总资产（元）				
归属于上市公司股东的所有者权益（元）				

（二）非经常性损益项目和金额

项目	本报告期金额	年初至报告期期末金额	说明
非流动资产处置损益（包括已计提资产减值准备的冲销部分）			
计入当期损益的政府补助（与公司正常经营业务密切相关，符合国家政策规定、按照一定标准定额或定量持续享受的政府补助除外）			
单独进行减值测试的应收款项减值准备转回			
除上述各项之外的其他营业外收入和支出			
其他符合非经常性损益定义的损益项目			
减：所得税影响额			
少数股东权益影响额（税后）			
合计			

其他符合非经常性损益定义的损益项目的具体情况：

主要是本报告期完成××期货控股权转让获得的股权转让收益。

将《公开发行证券的公司信息披露解释性公告第 1 号——非经常性损益》中列举的非经常性损益项目界定为经常性损益项目的情况说明。

公司不存在将《公开发行证券的公司信息披露解释性公告第 1 号——非经常性损益》中列举的非经常性损益项目界定为经常性损益的项目的情形。

二、资产负债表项目

1. 货币资金期末余额较年初余额减少××万元，下降××%，主要是公司积极对非核心业务、非核心资产进行优化处置，本报告期完成××期货有限公司控股权转让，××期货及其子公司不再纳入本公司合并报表范围所致。

2. 交易性金融资产期末余额较年初余额减少××万元，下降××%，主要是本报告期公司完成××期货控股权转让，××期货及其子公司不再纳入公司合并报表范围所致。

3. 其他应收款期末余额较年初余额减少××万元，下降××%，主要是本报告期公司完成××期货控股权转让，××期货及其子公司不再纳入公司合并报表范围所致。

4. 存货期末余额较年初余额增加××万元，增长××%，主要是年初至报告期期末公司控股子公司×××公司维持了快速发展的良好势头，销售收入较上年同期增加较大，相应产能和存货有所增加。

5. 其他流动资产期末余额较年初余额增加××万元，增长××%，主要是年初至报告期期末公司待抵扣增值税进项增加。

6. 长期股权投资期末余额较年初余额增加××万元，增长××%，主要是年初至报告期期末公司新增认购某公司份额以及对持有××期货剩余股权由成本法转为权益法核算所致。

7. 在建工程期末余额较年初余额增加××万元，增长××%，主要是年初至报告期期末公司控股子公司××公司对高端功率半导体器件研发及产业化项目新增投资所致。

8. 应交税费期末余额较年初余额增加××万元，增长××%，主要是年初至报告期期末公司利润增长，所得税贡献增加所致。

9. 其他应付款期末余额较年初余额减少××万元，下降××%，主要是本报告期公司完成××期货控股权转让，××期货及其子公司不再纳入公司合并报表所致。

10. 长期借款期末余额较年初余额增加××万元，增长××%，主要是年初至报告期期末公司业务规模扩大，经营活动资金量需求增加，银行借款增加所致。

11. 递延所得税负债期末余额较年初余额增加××万元，增长××%，主要是本报告期公司对持有××期货剩余股权投资产生的应纳税暂时性差异确认为递延所得税负债所致。

三、利润表项目

1. 管理费用年初至报告期期末较上年同期增加××万元，增长××%，主要是年初至报告期期末公司业务规模扩大，管理成本增加所致。

2. 研发费用年初至报告期期末较上年同期增加××万元，增长××%，主要是年初至报告期期末公司按发展规划，增加功率半导体业务研发投入所致。

3. 财务费用年初至报告期期末较上年同期增加××万元，增长××%，主要是年初至报告期期末公司业务规模扩大，经营活动资金量需求增加，银行借款增加，利息支出增加所致。

4. 投资收益年初至报告期期末较上年同期增加××万元，增长××%，主要是本报告期公司完成××期货控股权转让，股权转让收益增加所致。

5. 公允价值变动收益年初至报告期期末较上年同期减少××万元，下降××%，主要是上年同期公司确认对外投资单位公允价值增加所致。

6. 所得税费用年初至报告期期末较上年同期增加××万元，增长××%，主要是年初至报告期期末公司利润提升，所得税贡献增加所致。

四、现金流量表项目

1. 经营活动产生的现金流量净额年初至报告期期末较上年同期减少××万元，下降 ××%，主要是年初至报告期期末公司业务规模扩大，相应经营付款、税费支出增加以及应付期货货币保证金增加所致。

2. 投资活动产生的现金流量净额年初至报告期期末较上年同期减少××万元，下降 ××%，主要是年初至报告期期末公司控股子公司××公司对高端功率半导体器件研发及产业化项目新增投资所致。

3. 筹资活动产生的现金流量净额年初至报告期期末较上年同期增加××万元，增长××%，主要是年初至报告期期末公司业务规模扩大，经营活动资金量需求增加，银行借款增加所致。

五、股东信息（略）

六、季度财务报表（金额略）

（一）财务报表

1. 合并资产负债表

项目	2023年9月30日	2023年1月1日
流动资产		
货币资金		
结算备付金		
拆出资金		
交易性金融资产		
衍生金融资产		
应收票据		
应收账款		
应收款项融资		
预付款项		
应收保费		
应收分保账款		
应收分保合同准备金		
其他应收款		
应收利息		
应收股利		
买入返售金融资产		
存货		
合同资产		
持有待售资产		
一年内到期的非流动资产		
其他流动资产		
流动资产合计		
非流动资产		
发放贷款和垫款		
债权投资		
其他债权投资		
长期应收款		
长期股权投资		

续表

项目	2023 年 9 月 30 日	2023 年 1 月 1 日
其他权益工具投资		
其他非流动金融资产		
投资性房地产		
固定资产		
在建工程		
生产性生物资产		
油气资产		
使用权资产		
无形资产		
开发支出		
商誉		
长期待摊费用		
递延所得税资产		
其他非流动资产		
非流动资产合计		
资产总计		
流动负债		
短期借款		
向中央银行借款		
拆入资金		
交易性金融负债		
衍生金融负债		
应付票据		
应付账款		
预收款项		
合同负债		
卖出回购金融资产款		
吸收存款及同业存放		
代理买卖证券款		
代理承销证券款		
应付职工薪酬		

续表

项目	2023年9月30日	2023年1月1日
应交税费		
其他应付款		
应付利息		
应付股利		
应付手续费及佣金		
应付分保账款		
持有待售负债		
一年内到期的非流动负债		
其他流动负债		
流动负债合计		
非流动负债		
保险合同准备金		
长期借款		
应付债券		
优先股		
永续债		
租赁负债		
长期应付款		
长期应付职工薪酬		
预计负债		
递延收益		
递延所得税负债		
其他非流动负债		
非流动负债合计		
负债合计		
所有者权益		
股本		
其他权益工具		
其中：优先股		
永续债		
资本公积		

续表

项目	2023 年 9 月 30 日	2023 年 1 月 1 日
减：库存股		
其他综合收益		
专项储备		
盈余公积		
一般风险准备		
未分配利润		
归属于母公司所有者权益合计		
少数股东权益		
所有者权益合计		
负债和所有者权益总计		

法定代表人：　　　　主管会计工作负责人：　　　　会计机构负责人：

2. 合并年初到报告期末利润表

项目	本期发生额	上期发生额
一、营业总收入		
营业收入		
利息收入		
已赚保费		
手续费及佣金收入		
二、营业总成本		
营业成本		
利息支出		
手续费及佣金支出		
退保金		
赔付支出净额		
提取保险责任准备金净额		
保单红利支出		
分保费用		
税金及附加		
销售费用		
管理费用		
研发费用		

续表

项目	本期发生额	上期发生额
财务费用		
利息费用		
利息收入		
其他收益		
投资收益（损失以“-”号填列）		
其中：对联营企业和合营企业的投资收益		
以摊余成本计量的金融资产终止确认收益		
汇兑收益（损失以“-”号填列）		
净敞口套期收益（损失以“-”号填列）		
公允价值变动收益（损失以“-”号填列）		
信用减值损失（损失以“-”号填列）		
资产减值损失（损失以“-”号填列）		
资产处置收益（损失以“-”号填列）		
三、营业利润（亏损以“-”号填列）		
加：营业外收入		
减：营业外支出		
四、利润总额（亏损总额以“-”号填列）		
减：所得税费用		
五、净利润（净亏损以“-”号填列）		
（一）按经营持续性分类		
持续经营净利润（净亏损以“-”号填列）		
终止经营净利润（净亏损以“-”号填列）		
（二）按所有权归属分类		
归属于母公司股东的净利润（净亏损以“-”号填列）		
少数股东损益（净亏损以“-”号填列）		
六、其他综合收益的税后净额		
归属母公司所有者的其他综合收益的税后净额		
（一）不能重分类进损益的其他综合收益		
重新计量设定受益计划变动额		
权益法下不能转损益的其他综合收益		
其他权益工具投资公允价值变动		
企业自身信用风险公允价值变动		

续表

项目	本期发生额	上期发生额
其他		
(二) 将重分类进损益的其他综合收益		
权益法下可转损益的其他综合收益		
其他债权投资公允价值变动		
金融资产重分类计入其他综合收益的金额		
其他债权投资信用减值准备		
现金流量套期储备		
外币财务报表折算差额		
其他		
归属于少数股东的其他综合收益的税后净额		
七、综合收益总额		
归属于母公司所有者的综合收益总额		
归属于少数股东的综合收益总额		
八、每股收益:		
基本每股收益		
稀释每股收益		

法定代表人:　　　　主管会计工作负责人:　　　　会计机构负责人:

3. 合并年初到报告期末现金流量表

项目	本期发生额	上期发生额
一、经营活动产生的现金流量		
销售商品、提供劳务收到的现金		
客户存款和同业存放款项净增加额		
向中央银行借款净增加额		
向其他金融机构拆入资金净增加额		
收到原保险合同保费取得的现金		
收到再保业务现金净额		
保户储金及投资款净增加额		
收取利息、手续费及佣金的现金		
拆入资金净增加额		
回购业务资金净增加额		
代理买卖证券收到的现金净额		

续表

项目	本期发生额	上期发生额
收到的税费返还		
收到其他与经营活动有关的现金		
经营活动现金流入小计		
购买商品、接受劳务支付的现金		
客户贷款及垫款净增加额		
存放中央银行和同业款项净增加额		
支付原保险合同赔付款项的现金		
拆出资金净增加额		
支付利息、手续费及佣金的现金		
支付保单红利的现金		
支付给职工及为职工支付的现金		
支付的各项税费		
支付其他与经营活动有关的现金		
经营活动现金流出小计		
经营活动产生的现金流量净额		
二、投资活动产生的现金流量		
收回投资收到的现金		
取得投资收益收到的现金		
处置固定资产、无形资产和其他长期资产收回的现金净额		
处置子公司及其他营业单位收到的现金净额		
收到其他与投资活动有关的现金		
投资活动现金流入小计		
购建固定资产、无形资产和其他长期资产支付的现金		
投资支付的现金		
质押贷款净增加额		
取得子公司及其他营业单位支付的现金净额		
支付其他与投资活动有关的现金		
投资活动现金流出小计		
投资活动产生的现金流量净额		
三、筹资活动产生的现金流量		
吸收投资收到的现金		

续表

项目	本期发生额	上期发生额
子公司吸收少数股东投资收到的现金		
取得借款收到的现金		
收到其他与筹资活动有关的现金		
筹资活动现金流入小计		
偿还债务支付的现金		
分配股利、利润或偿付利息支付的现金		
子公司支付给少数股东的股利、利润		
支付其他与筹资活动有关的现金		
筹资活动现金流出小计		
筹资活动产生的现金流量净额		
四、汇率变动对现金及现金等价物的影响		
五、现金及现金等价物净增加额		
加：期初现金及现金等价物余额		
六、期末现金及现金等价物余额		

（二）2023年起首次执行新会计准则调整首次执行当年年初财务报表相关项目情况

调整情况说明：

公司自2023年1月1日起执行财政部颁布的《企业会计准则解释第16号》关于单项交易产生的资产和负债相关的递延所得税不适用初始确认豁免的会计处理规定，将累积影响数调整财务报表列报最早期间的期初留存收益及其他相关财务报表项目。此会计政策变更对公司2023年1月1日合并资产负债表影响如下表所示。

项目	会计政策变更前2022年12月31日账面金额	影响金额	会计政策变更后2023年1月1日账面金额
递延所得税资产			
资产总计			
递延所得税负债			
负债合计			
盈余公积			
未分配利润			
归属于母公司所有者权益合计			
少数股东权益			

续表

项目	会计政策变更前2022年12月31日账面金额	影响金额	会计政策变更后2023年1月1日账面金额
所有者权益合计			
负债和所有者权益总计			

（三）审计报告（略）

复习思考题

1. 什么是中期财务报告？
2. 中期财务报告的构成有哪些？
3. 中期财务报告编制的基本原则是什么？
4. 比较中期财务报告的内容有哪些？

实践与思政课堂

结合我国财务报告披露形式、内容的演进，论述我国经济发展成就对于报告会计的影响。

第八章 分部报告

第一节 分部报告概述

一、分部报告的概念

分部报告是以企业的经营分部为报告对象，报告各个经营分部财务状况、经营成果等财务信息的财务报告。《企业会计准则第 35 号——分部报告》规定，如果企业存在多种经营或者跨地区经营的情况，应当披露分部报告，分部报告应当以个别财务报告为基础披露，如果企业对外提供合并财务报告，还应当以合并财务报告为基础披露分部信息。

二、编制分部报告的意义

分部报告能够帮助会计信息的使用者更好地了解企业的财务状况、经营成果，评估风险和收益，提高报告信息的相关性。随着企业跨行业、跨地区经营的出现，企业生产、销售的产品和劳务广泛地分布于不同行业、不同地区。不同产品和劳务在生产经营活动中所占的比重有所不同，其产生的营业收入、成本以及产生的利润也不完全相同。同样的，每种产品或者劳务在不同地区的经营业绩也存在差异。只有全面分析每种产品、劳务和不同经营区域的经营业绩，才能更好地把握企业整体的生产经营水平。企业的整体风险是由企业经营的各个业务部门或者各个经营区域的风险和报酬构成的。

三、分部报告的内容

企业在不同业务部门和不同区域的生产经营活动，可能会产生不同的经营成果、发展机会、未来前景和风险。要评估企业整体的风险和报酬，必须借助企业在不同业务和不同区域经营的信息，此类信息的披露通常需要借助分部报告提供。分部报告通常按照业务类型和地区分部划分，因此，常见的分部报告包括业务分部报告和地区分部报告。

第二节 经营分部

报告分部是指需要在分部报告中单独披露其财务信息的经营分部。因此，要确定报告分部，首先要确定经营分部。

一、经营分部的概念

经营分部是企业确认报告分部的基础，是指企业内部同时满足下列条件的组成部分：

（1）该组成部分能够在日常经营活动中独立产生收入、费用。

（2）企业管理层通过定期评价该组成部分的经营成果来决定对其资源的配置。

（3）企业能够获得该组成部分的财务状况、经营成果和现金流量等财务信息。

［案例 8–1］

某公司是一家通信设备研发、制造企业。伴随着国家高新技术产业的发展，该公司的技术、产品开始进入交通、能源、基础设施等行业，分别成立了智慧公路、智能光伏、电力数字化、机场与轨道等业务领域和技术方向，并匹配相应的资源，日常经营活动能够产生收入、费用，该公司能够获得财务状况、经营成果、现金流量等财务信息，并对外披露。这些业务领域和技术方向即经营分部。

二、经营分部的分类

经营分部的确定，通常按照业务和地区进行确认。即经营分部通常包括业务分部和地区分部。

（一）业务分部

《企业会计准则第 35 号——分部报告》规定，业务分部是指企业内可区分的、能够提供单项或者一组相关产品或劳务的组成部分。该组成部分承担了不同于其他组成部分的风险和报酬。企业在确定业务分部时，应当结合企业内部管理要求，并考虑下列因素：

（1）各单项产品、劳务的性质，比如产品或劳务的规格、型号、最终用途等。

（2）生产过程的性质，比如采取劳动密集型或者资本密集型方式组织生产、使用相同或者相似设备、原材料、采用委托生产或加工方式等。

（3）产品、劳务的客户类型。比如大宗客户、零散客户等。

（4）销售产品或提供劳务的方式，包括批发、零售、自行销售、委托代销等。

（5）生产产品、提供劳务受法律、行政法规的影响。比如经营范围或交易定价限制等。

企业在确定业务分部时，主要是看是否承担了不同于其他组成部分的风险和报酬。一个业务部门可能是一个业务分部，若干个业务部门也可能组成一个业务分部。企业可能将生产某一种产品、提供某一种服务的部门作为一个业务分部，也可能将生产一组相关产品、提供一组服务的部门作为一个业务分部。一般情况下，业务分部中不包括风险和报酬具有显著差异的产品、劳务。

一般情况下，应当以内部组织结构、管理要求、内部报告制度等作为依据确定经营分部。经营分部应该具有独立的经济特征，比如生产的产品、提供的劳务的性质、生产的性质、销售产品、提供劳务的方式、产品、服务的客户群体等，只要具有独自的特征，都可以确认为一个经营分部。如果两个或两个以上的经营分部具有相似的经济特征，通常会表现出相似的盈余水平、投资回报、现金流量，因此，也可以将这些独立的经营分部合并为一个业务分部。确定经营分部具体包括如下情况。

1. 产品、劳务性质相同或者相似的业务分部的确认

产品、劳务的性质包括产品、劳务的规格、型号、最终用途等内容。通常情况下，如果产品、劳务的性质相同或者相似，其风险、报酬水平可能较为接近，因此可以划分为同一经营分部。

［案例 8–2］

某公司从事谷物种植、谷物及谷物制品的生产、销售。该公司设有玉米、饲料、酒精三个业务部门，以及一个管理运营中心。业务部门负责玉米的种植、玉米饲料的生产、加工和销售，酒精部门负责利用玉米生产酒精并进行销售。管理运营中心负责农场的生产经营管理。本例中，该公司的管理运营中心一般不独立产生收入、费用，或者仅仅偶尔取得收入，在这种情况下，该公司的管理运营中心不属于经营分部；该公司的玉米、饲料、酒精三个业务部门因为有生产、销售活动，能够产生独立的收入、费用，同时，作为公司重要的利润来源，

公司财务部门会连续、全面、完整地记录玉米、饲料、酒精的生产、销售情况，公司管理者会依据相关信息做出诸如是否扩大或者缩减玉米种植面积等重大生产经营决策，因此，该公司的玉米、饲料、酒精三个业务部门可以确认为三个经营分部。

2. 生产要素配置相同或者相似的经营分部的确认

资本、劳动力、设备、材料的配置、使用方式以及生产、加工方式相同、相似的独立经营分部，可以合并为一个经营分部。

[案例 8-3]

某公司是一家芯片制造企业，设置有多个生产基地。该公司属于资本密集型、技术密集型企业。资本投入巨大，技术进步要求高，产品迭代速度快，设备更新速度快。因此，多个生产基地可以合并为一个经营分部。

[案例 8-4]

某公司是一家服装代工厂，设置有多个生产基地，按照品牌服装运营商的要求生产服装产品。该公司属于劳动密集型企业，对于资本投入和生产设备的更新换代要求较低。该公司员工众多，盈利能力对于劳动力成本较为敏感。因此，该公司的多个生产基地可以合并为一个经营分部。

3. 产品、劳务的客户类型相同或者相似的经营分部的合并

产品、劳务的客户类型主要包括商业客户、个人客户等。同一类型的客户，如果具有相同或者相似的销售价格、定价模式、售后服务，则通常会具有相同或相似的风险和报酬，可以设置为一个经营分部。

[案例 8-5]

某公司是一家生产、销售打印机的企业。该公司业务分为对公业务和个人业务，分别从事针对企事业单位和个人用户的产品销售和售后服务工作。根据客户类型，该公司可以设置对公业务、个人业务两个经营分部。

4. 销售商品、提供劳务的方式相同成相似的经营分部的合并

销售商品、提供劳务包括批发、零售、委托代销等方式。如果经营分部销售商品、提供服务的方式相同或者相似，通常意味着具有相同或者相似的风险和报酬，可以设置为一个经营分部。反之，则不适合设置为一个经营分部。

[案例 8-6]

某公司是一家从事办公用品生产、销售的企业。该公司所处行业资本、技术门槛较低，市场竞争激烈。该公司采取赊销和现销相结合的模式平衡销量与回款风险。现销模式没有回款风险，但是不利于拓展市场；赊销有利于拓展市场，但是存在回款风险。二者的风险、报酬存在明显差异，因此，该公司按照赊销和现销，设置有两个经营分部。

5. 生产产品、提供劳务受法律、法规的影响相同或者相似的经营分部的合并

不同法律环境下生产的产品或者提供的劳务可能为企业带来不同的风险和报酬，因此，对于不同法律环境下生产的产品或者提供的劳务应当分别设置经营分部。

[案例 8-7]

某商业银行因其行业特殊性，具有严格的监管政策。该银行在按照产品、服务确定经营分部时，应当特别考虑各项产品、服务监管政策的影响，向会计信息使用者提供不同法律环境下产品、服务的信息，从而有利于会计信息的相关性。

（二）地区分部

《企业会计准则第 35 号——分部报告》规定，地区分部是指企业内可区分的、能够在特

定经济环境内提供产品、劳务的组成部分，该组成部分承担了不同于在其他经济环境下提供产品、劳务的组成部分的风险和报酬。确定地区分部时主要是看某一分部的组成部分是否承担了不同于其他组成部分的风险和报酬，而不是单纯地以某个行政区域作为划分依据。一般情况下，单个地区分部中不包括风险和报酬具有显著差异的经济环境。因此，作为某个地区分部的生产经营区域，应当具有相同或者相似的风险和报酬。这一区域可以是一个单一的地区，也可以是两个或者两个以上具有相同或者相似经营风险和报酬的地区的组合。对于在具有不同风险和报酬环境中经营的区域，则不能将其作为同一个地区分部处理。

[案例 8-8]

某公司从事油气勘探业务，主要在中东地区勘探油气。几块勘探区域位于不同国家，不同国家之间存在着巨大的政治、经济、社会差异，导致在不同国家勘探油气需要承担不同的风险。因此，该公司的几块勘探区域尽管都地处于中东地区，但是不能作为同一个地区分部处理。

风险和报酬既可能受其经营的地理位置的影响，也可能受其市场的地理位置的影响。经营的地理位置是指产品的生产地、提供劳务的主要场所，市场的地理位置是指产品的销售地或者劳务的提供地。风险和报酬可能与经营的地理位置有关，也可能与市场的地理位置有关。企业的组织形式和内部报告结构通常会提供证据，用于判断企业的地区风险究竟是来自经营所在地还是来自市场所在地。企业在确定地区分部时，应当考虑分部经营活动的主要风险和报酬是与其生产产品、提供劳务的地区相关，还是与其经营活动的市场所在地区更相关，从而选择以经营所在地或者市场所在地为基础确定地区分部。如果分部经营活动的主要风险和报酬与其生产产品或提供劳务的地区相关，则应当选择以经营所在地划分地区分部，如果分部经营活动的主要风险和报酬与其经营活动的市场所在地区更相关，则应当选择以市场所在地划分地区分部。

企业在确定地区分部时，在结合企业内部管理要求的同时，还需要考虑以下因素。

1. 所在地区经济、政治环境的相似性

比如境外经营所在地区经济和政治的稳定程度等。不同生产经营所在地经济、政治环境的差异，意味着其生产经营活动所面临的经济、政治风险的不同，因此，不能将其合并为一个地区分部。反之，对于经济、政治环境基本相同的国家、地区，在确定地区分部时应将其合并为一个地区分部。

[案例 8-9]

某矿业公司从事锂矿开采、加工、销售业务。该公司主要在南美洲“锂三角”地区从事锂矿开采业务，业务覆盖阿根廷、智利、玻利维亚三国，因三国政治、经济环境相似，因此，应当将地处三国的业务合并为一个地区分部。

2. 不同地区经营之间的关系

比如在某地区进行产品生产，而在其他地区进行销售等。如果在不同地区的经营之间存在着密切的联系，则意味着这些不同地区的经营具有相同的风险和报酬，应当将这些地区的经营作为一个地区分部处理。反之，当两个地区的经营之间没有直接的联系时，则不应将其作为一个地区分部处理。

[案例 8-10]

某公司是一家新能源车企，从事电池、电车的生产、销售。为了拓展欧洲市场，该公司采取了贴近市场生产的策略，在匈牙利设立电池工厂生产锂电池，并运往德国组装厂进行整车生产。匈牙利电池工厂和德国组装厂之间有着密切的联系，共同面对相同的风险和报酬，应当作为一个地区分部处理。

3. 经营的接近程度

比如在某地区生产的产品是否需要在其他地区进一步加工生产等。生产经营接近程度较高的地区，表明其在生产经营方面所面临的风险和报酬基本相同，在确定地区分部时，应当将生产经营接近程度较高的地区作为一个地区分部处理。反之，生产经营接近程度不高的地区，通常表明其在生产经营方面所面临的风险和报酬不同，因此，在确定地区分部时，不能将其作为一个地区分部处理。

[案例 8-11]

某公司是一家家具生产企业，为了保证原材料供应稳定，选定南美洲圭亚那作为原材料供应基地。因圭亚那政府禁止原木出口，该公司在圭亚那建立多家锯木厂，将原木初步加工成板材后运回国内生产家具。几家锯木厂生产经营活动基本一致，因此，应当作为一个地区分部处理。

4. 与某一特定地区经营相关的特别风险

比如气候异常变化等。如果某一特定地区在生产经营上存在特别风险，则不能将其与其他地区分部合并作为一个地区分部处理。反之，如果某一特定地区在生产经营上并不存在着特别的经营风险，则可以将其与其他地区分部合并作为一个地区分部处理。

[案例 8-12]

某公司是一家地处东北的旅游企业，在东北某省区推出了多项旅游产品，其中一项产品因地处高原，特殊的地理、气候环境导致旅游线路泥石流频发，存在特别风险。因此，该项产品不能与其他地区分部合并，应当单独作为一个地区分部处理。

5. 境外经营所在地区是否实行外汇管制

经营所在地的外汇管制直接影响企业资金的调拨，从而有可能影响企业的风险和报酬。在实行严格外汇管制的国家、地区，要承受较大的资金转移风险。而外汇管制宽松的国家、地区，资金转移风险相对较小。因此，不能将实行外汇管制的国家和地区与外汇自由流动的国家、地区作为一个地区分部处理。

[案例 8-13]

某公司是一家石油生产设备供应商。该公司拓展某中东油气生产国市场，但是该国由于特殊的政治、经济原因，实施了严格的外汇管制，导致该公司调拨资金难度较高，应当单独作为一个地区分部处理。

6. 外汇汇率变动的风险

一般情况下，在外汇汇率稳定的国家、地区，生产经营所面临的风险和报酬基本相同，可以作为一个地区分部处理。而在外汇汇率波动较大的国家、地区，生产经营所面临的风险和报酬不同，不能作为一个地区分部处理。

企业在具体确定地区分部时，特定的分部不太可能同时符合上述全部因素，当包含上述所列明的大部分因素时，就可认定为某个地区分部。

三、经营分部合并的条件

《企业会计准则第 35 号——分部报告》规定，两个或两个以上的业务分部或地区分部同时满足下列条件的，可以予以合并：

（1）具有相近的长期财务业绩，比如具有相近的毛利率、资金回报率、未来现金流量等。

（2）确定业务分部或地区分部所考虑的因素类似。

两个或两个以上的业务分部或地区分部具有相近的长期财务业绩，通常表明这两个或两个以上的业务分部或地区分部所面临的风险和报酬相近，毛利率、资金回报率、未来现金流量等相近。如果同时满足确定业务分部或地区分部时所考虑因素的相似性，在确定业务分部或地区分部时，可以将这些业务部或地区分部予以合并。

［案例 8–14］

某公司是一家冰雪运动产品供应商，产品均供应国内市场零售。该公司生产、销售甲、乙、丙三个品牌的滑雪服装、滑雪板、雪杖等产品，每种品牌的单项产品均由独立的业务部门生产。其中三个品牌的滑雪服装的毛利率均在 50%左右。由于三个品牌的滑雪服装的毛利率差异不大，可以认为具有相似的长期财务业绩。同时，三个品牌的滑雪服装生产过程、客户类型、销售方式相似，因此，该公司可以将三个品牌的滑雪服装分部予以合并，组成滑雪服装分部。

第三节 报告分部的确定

《企业会计准则第 35 号——分部报告》规定，企业应当以业务分部或地区分部为基础确定报告分部。业务分部或者地区分部的大部分收入是对外交易收入，且满足下列条件之一的，应当将其确定为报告分部。

1. 该分部的分部收入占所有分部收入合计的 10%或者以上

分部收入是指可归属于分部的对外交易收入和对其他分部交易收入。分部收入包括对外交易收入和对其他分部交易收入。当某分部的分部收入大部分是对外交易收入，并且满足该分部的分部收入占所有分部收入合计的 10%或者以上条件时，则可以将其确定为报告分部。

［案例 8–15］

某公司的滑雪服装全部对外销售，滑雪服装的销售额占公司所有分部销售总额的比例为 30%（高于 10%），因此，该公司在确定报告分部时，应当将滑雪服装分部确定为报告分部。

2. 该分部的分部利润或者亏损的绝对额，占所有盈利分部利润合计额或者所有亏损分部亏损合计额的绝对额两者中较大者的 10%或者以上

分部利润或者亏损是指分部收入减去分部费用后的余额。分部费用是指可归属于分部的对外交易费用和对其他分部交易费用。当企业的分部收入大部分是通过对外交易取得，并且该分部的分部利润或者亏损的绝对额，占所有盈利分部利润合计额或者所有亏损分部亏损合计额的绝对额两者较大者的 10%或者以上，则可以将其确定为报告分部。

［案例 8–16］

某公司的滑雪服装全部对外销售，公司所有分部均盈利。滑雪服装的利润额占该公司所有分部利润总额的比例为 30%（高于 10%），因此，该公司在确定报告分部时，应当将滑雪服装分部确定为报告分部。

3. 该分部的分部资产占所有分部资产合计额的 10%或者以上

分部资产是指在分部经营活动所使用的，可以归属于该分部的资产。分部资产应该符合下列两个条件：①在分部的经营中使用，且归属于该分部；②能够以合理的基础分配给该分部。企业在计量分部资产时，应当按照分部资产的账面价值进行计量。如果某一分部的大部分收入是对外交易收入，并且分部资产占所有分部资产总额的 10%或者以上，则该部分可以

确定为报告分部。

［案例 8-17］

某公司的滑雪服装全部对外销售，生产滑雪服装的资产账面价值占公司所有分部资产总额的比例为 30%（高于 10%），因此，该公司在确定报告分部时，应当将滑雪服装分部确定为报告分部。

4. 低于 10%重要性标准的选择

《企业会计准则第 35 号——分部报告》规定，业务分部或者地区分部未满足上述条件的，可以按照以下规定处理：

（1）不考虑该分部的规模，直接将其指定为报告分部。

（2）不将该分部直接指定为报告分部的，可将该分部与一个或两个以上类似的、未满足上述规定条件的其他分部合并为一个报告分部。

（3）不将该分部指定为报告分部且不与其他分部合并的，应当在披露分部信息时，将其作为其他项目单独披露。

［案例 8-18］

某公司生产滑雪镜、手套、防护装备等产品，全部对外销售，但是营收、利润、资产比重均不足 10%。因此，该公司应当合并为一个报告分部。

5. 报告分部 75%的标准

《企业会计准则第 35 号——分部报告》规定，企业在确定报告分部时，除了要满足上述报告分部 10%重要性的确定标准之外，还要满足报告分部 75%的外部交易收入条件。被确定为报告分部的经营分部，各个报告分部的对外交易收入合计数占企业总收入的比重必须达到 75%。如果报告分部对外交易收入的总额未达到企业总收入的 75%，则企业必须增加报告分部数量，将原未作为报告分部的经营分部确认为报告分部，直到该比重达到 75%。此时，其他未作为报告分部的经营分部很可能未满足上述规定的 10%重要性标准，但为了使报告分部的对外交易收入合计额占合并总收入或企业总收入的总体比重能够达到 75%的比例要求，也应当将其确定为报告分部。

［案例 8-19］

某公司目前的报告分部均符合 10%重要性标准。但是因存在内部交易，导致各个报告分部的对外交易收入合计数占企业总收入的比重达不到 75%的要求。该公司通过把部分不符合 10%重要性标准的经营分部确定为报告分部，实现了各个报告分部的对外交易收入合计数占企业总收入的比重必须达到 75%的要求。

6. 垂直一体化经营下报告分部的确定

《企业会计准则第 35 号——分部报告》规定，企业的内部管理是按照垂直一体化经营的不同层次来划分的，即使其大部分收入不通过对外交易取得，仍可将垂直一体化经营的不同层次确定为独立的报告业务分部。

7. 未提供可比信息报告分部的确定

《企业会计准则第 35 号——分部报告》规定，对于上期确定为报告分部的，企业本期认为其依然重要，即使本期未满足上述规定条件，仍应将其确定为本期的报告分部。企业在确定报告分部时，除应当遵循相应的确定标准以外，还应当考虑不同会计期间分部信息的可比性和一贯性。

[案例 8-20]

某公司某一业务分部在上期满足报告分部的确定条件，被确定为报告分部，但是本期不满足报告分部的确定条件。该公司认为该分部仍然重要，单独披露该分部的信息能够更有助于报告使用者了解企业的整体财务情况，最终仍旧将该业务分部确定为本期的报告分部。

第四节 分部信息披露

《企业会计准则第 35 号——分部报告》规定，企业应当区分主要报告形式和次要报告形式披露分部信息。具体要求如下：

(1) 风险和报酬主要受企业的产品、劳务差异影响的，披露分部信息的主要形式应当是业务分部，次要形式是地区分部。

[案例 8-21]

某物业公司主要在东北地区从事安保、保洁服务，公司所处行业进入门槛较低，竞争激烈。该公司披露分部信息的主要形式是业务分部，包括安保业务分部和保洁业务分部。

(2) 风险和报酬主要受企业在不同的国家或地区经营活动影响的，披露分部信息的主要形式应当是地区分部，次要形式是业务分部。

[案例 8-22]

某公司是一家锂矿开发公司，在南美洲、大洋洲、南部非洲设有锂矿场，从事锂矿开采、加工。因锂矿场产品单一，该公司披露分部信息的主要形式是地区分部，包括南美洲地区分部、大洋洲地区分部、南部非洲地区分部。

(3) 风险和报酬同时受企业产品、劳务的差异以及经营活动所在国家、地区差异影响的，披露分部信息的主要形式应当是业务分部，次要形式是地区分部。

[案例 8-23]

某公司是一家从事汽车生产、销售的企业。该公司产品包括家用乘用车、客车、运输卡车，产品销往全球各地。该公司产品以及行销国家、地区都能够影响公司的风险和报酬。该公司披露分部信息的主要形式是业务分部，包括家用乘用车业务分部、客车业务分部和运输卡车业务分部。

此外，在确定报告分部的主要报告形式和次要报告形式时，还应当考虑风险和报酬的主要来源和性质，同时结合企业的内部组织结构、管理结构以及向董事会或类似机构的内部报告制度。风险和报酬的主要来源和性质通常与提供的产品、劳务，经营所在的国家、地区相关。

一、分部信息的主要报告形式

《企业会计准则第 35 号——分部报告》规定，对于主要报告形式，企业应当在附注中披露分部资产总额、分部负债总额、分部收入、分部费用、分部利润或者亏损等。

1. 分部资产

分部资产是指分部经营活动使用的可归属于该分部的资产。分部资产的披露金额应当按照原值扣除相关累计折旧或摊销额以及减值准备后的金额确定。披露分部资产总额时，当期发生的在建工程总额、购置的固定资产和无形资产的总额，应当单独披露。

2. 分部负债

分部负债是指分部经营活动形成的可归属于该分部的负债。

3. 分部收入

分部收入是指可归属于分部的对外交易收入和对其他分部的交易收入。分部的对外交易收入和对其他分部的交易收入应当分别披露。分部收入主要由可归属于分部的对外交易收入构成，通常为营业收入，包括主营业务收入和其他业务收入，不包括利息收入、股利收入、利得等项目。

[案例 8-24]

某公司是一家从事汽车生产、销售的企业。风险和报酬主要受公司产品影响，该公司披露信息的主要形式是业务分部，包括家用乘用车业务分部、客车业务分部和运输卡车业务分部和零部件分部。分部收入包括销售汽车、零部件所产生的主营业务收入和其他业务收入。

4. 分部费用

分部费用是指可归属于分部的对外交易费用和对其他分部的交易费用，分部费用通常包括营业成本、销售费用等。分部的折旧费用、摊销费用以及其他重大的非现金费用，应当分别披露。分部费用不包括利息费用、与企业整体相关的管理费用和其他费用、损失、所得税费用。但是，企业代所属分部支付的、与分部经营活动相关的、能直接归属或者按照合理基础分配给该分部的费用属于分部费用。

[案例 8-25]

某公司的分部费用包括销售汽车、零部件所产生的主营业务成本和其他业务成本，以及与销售汽车、零部件相关的销售费用。

5. 分部利润或者亏损

分部利润或者亏损是指分部收入减去分部费用的差额。

二、分部信息与企业合并财务报表或企业财务报表总额信息的衔接

《企业会计准则第 35 号——分部报告》规定，企业披露的分部信息，应当与合并财务报表或企业财务报表中的总额信息相衔接。

1. 分部资产总额应当与企业资产总额相衔接

企业资产总额由归属于分部的资产总额和未分配给各个分部的资产总额组成。分部资产总额加上未分配给各个分部的资产总额与企业资产总额相一致。

2. 分部负债总额应当与企业负债总额相衔接

企业负债总额由归属于分部的负债总额和未分配给各个分部的负债总额组成。分部负债总额加上未分配给各个分部的负债总额的合计额与企业负债总额相一致。

3. 分部收入总额应当与企业收入总额相衔接

企业的对外交易收入包括企业对外交易取得的，未包括在任何分部收入中的收入。分部收入在与企业的对外交易收入相衔接时，需要将分部之间的内部交易进行抵销，各个报告分部的对外交易收入加上未包含在任何分部中的对外交易收入金额之和应当与企业的对外交易收入总额一致。

[案例 8-26]

某公司有甲、乙、丙、丁四个业务分部，其中甲、乙、丙三个业务分部符合 10%重要性标准，且满足报告分部 75%的外部交易收入条件，因此，被确认为报告分部。甲、乙、丙报告分部与丁业务分部的对外交易收入金额之和应当与企业的对外交易收入总额一致。

4. 分部利润或者亏损应当与企业营业利润或者亏损和企业净利润或者净亏损相衔接

由于分部收入和分部费用与企业的对外交易收入和对外交易费用存在差异，导致企业分

部利润或者亏损与企业营业利润或者亏损和企业净利润或者净亏损之间也存在一定差异。

[案例 8-27]

某公司是一家生产型企业。子公司实现的投资收益构成了企业营业利润的一部分，但却不属于分部利润。该公司的净利润等于利润总额扣除所得税费用，但分部利润的计算并没有考虑所得税的扣除因素。因此，该公司的分部利润或者亏损在进一步考虑不属于分部的收入、费用等调整因素之后，可以计算出公司的营业利润或者亏损和公司的净利润或者净亏损。

三、分部信息的次要报告形式

(一) 采用业务分部作为主要报告形式情况下次要信息的披露

分部信息的主要报告形式是业务分部的，应当就次要报告形式披露如下信息：

(1) 对外交易收入占企业对外交易收入总额 10%或者以上的地区分部，以外部客户所在地为基础披露对外交易收入。

(2) 分部资产占所有地区分部资产总额 10%或者以上的地区分部，以资产所在地为基础披露分部资产总额。

[案例 8-28]

某公司分部信息的主要报告形式是业务分部。该公司就次要报告形式披露对外交易收入占企业对外交易收入总额 10%或者以上的地区分部，以及分部资产占所有地区分部资产总额 10%或者以上的地区分部。

(二) 采用地区分部作为主要报告形式情况下次要信息的披露

分部信息的主要报告形式是地区分部的，应当就次要报告形式披露如下信息：

(1) 对外交易收入占企业对外交易收入总额 10%或者以上的业务分部，应当披露对外交易收入。

(2) 分部资产占所有业务分部资产总额 10%或者以上的业务分部，应当披露分部资产总额。

[拓展知识 8-1]

当企业分部信息的主要报告形式是地区分部的，企业就次要报告形式披露对外交易收入占企业对外交易收入总额 10%或者以上的业务分部，以及分部资产占所有业务分部资产总额 10%或者以上的业务分部。

四、其他披露要求

企业在编制分部报告时，除对上述信息进行披露以外，还应当对如下内容进行披露。

(一) 分部间转移价格的确定及变更

《企业会计准则第 35 号——分部报告》规定，企业在计量分部之间发生内部交易时，需要确定分部间的交易价格。一般情况下，分部间的交易价格不同于市场交易价格。为了准确计量分部间的交易，企业在确定分部间交易收入时，应当以实际交易价格为基础计量，交易价格的确定基础应当在附注中予以披露。此外，企业不同期间生产的产品成本可能有所不同，也可能会导致不同期间分部间交易价格的确定产生差异，因此，转移交易价格的变更情况也应当在附注中进行披露。

[案例 8-29]

某公司各个地区分部之间存在内部交易，交易价格以产品成本作为确定基础。该公司分部报告附注中应当披露内部交易价格的确定基础以及内部交易价格的变更情况。

（二）分部会计政策的披露

《企业会计准则第 35 号——分部报告》规定，企业应当披露分部会计政策，但是分部会计政策与合并财务报表或企业财务报表一致的除外。分部会计政策是编制合并财务报表或企业财务报表时采用的会计政策，以及与分部报告特别相关的会计政策。与分部报告特别相关的会计政策包括分部的确定、分部间转移价格的确定方法，以及将收入、费用分配给分部的基础等。

分部财务信息是企业整体财务信息的一部分，企业提供生成分部信息所采用的会计政策，应当与编制企业合并财务报表或者企业财务报表时所采用的会计政策一致。同时，由于分部财务信息不同于企业整体财务信息，某些分部信息对于会计信息使用者来说特别相关，因此，企业提供分部信息时除了采用与编制合并财务报表或者个别财务报表时相一致的会计政策以外，还会采用一些与分部特别相关的会计政策，企业应当披露这些分部会计政策。

[案例 8-30]

某公司分部会计政策与合并财务报表或者个别财务报表会计政策一致，并且已经按照《企业会计准则第 30 号——财务报表列报》《企业会计准则第 33 号——合并财务报表》的规定在附注中进行了相关披露，因此，不需要在披露分部信息时重复披露分部会计政策。

有些会计政策变更只与分部报告相关，例如分配分部收入和费用的基础发生变更等，这种变更不会影响到企业合并财务报表、个别财务报表的信息。当企业改变了其分部会计政策，并且这种变更对分部信息产生了实质性的影响，企业应当披露这一变更情况，并按规定提供相关比较数据。如果提供比较数据不切实可行，则企业应当说明其原因。

[案例 8-31]

某公司对经营业务、经营地区做出了调整，使得公司原已确定的地区分部所面临的风险和报酬产生了较大差异，公司因此改变了原有的经营分部分类，由按照地区确定分部改为按照业务确定分部。在这种情况下，该公司应当对此项分部会计政策变更予以披露。

（三）比较信息的披露

《企业会计准则第 35 号——分部报告》规定，企业在披露分部信息时，应当提供前期比较数据。但是，提供比较数据不切实可行的除外。

第五节　分部报告示例

一、补充披露分部报告示例

×××公司关于补充披露 2023 年年度报告分部报告信息的公告

本公司及董事会全体成员保证信息披露的内容真实、准确、完整，没有虚假记载、误导性陈述或重大遗漏。

×××公司业务涉及建筑业、房地产业、工业和投资服务业共四个行业，分行业信息以及分产品信息已在 2023 年年度报告中进行了披露。根据《公开发行证券的公司信息披露编报规则第 15 号——财务报告的一般规定》的相关规定，现将分部报告信息汇总补充披露如下。

一、报告分部的确定依据与会计政策

（一）公司以内部组织结构、管理要求、内部报告制度为依据确定经营分部。公司的经营分部是指同时满足下列条件的组成部分：

1. 该组成部分能够在日常活动中产生收入、发生费用；

2. 管理层能够定期评价该组成部分的经营成果，以决定向其配置资源、评价其业绩；

3. 能够取得该组成部分的财务状况、经营成果和现金流量等有关会计信息。

（二）公司以经营分部为基础确定报告分部，满足下列条件之一的经营分部确定为报告分部：

1. 该经营分部的分部收入占所有分部收入合计的10%或者以上；

2. 该分部的分部利润（亏损）的绝对额，占所有盈利分部利润合计额或者所有亏损分部亏损合计额的绝对额两者中较大者的10%或者以上；

3. 该分部的分部资产占所有分部资产合计额的10%或者以上。

（三）分部报告所采用的会计政策与编制公司财务报表所采用的会计政策一致。

二、报告分部的财务信息

（一）2023年报告分部财务信息（金额略）

项目	建筑施工	房地产开发	房地产出租	期货经济	分部间抵销	合计
一、对外交易收入						
二、分部间交易收入						
三、营业成本						
四、利息收入						
五、利息费用						
六、对联营和合营企业的投资收益						
七、资产减值损失						
八、折旧费和摊销费						
九、利润总额（亏损总额）						
十、所得税费用						
十一、净利润（净亏损）						
十二、资产总额						
十三、负债总额						
十四、其他重要的非现金项目						
其他非现金费用						
对联营和合营企业的长期股权投资						
长期股权投资以外的其他非流动资产增加额						

（二）2022年报告分部的财务信息（内容与2023年报告分部财务信息内容基本相同，略）

×××公司董事会

××年××月××日

二、年度报告（董事会报告）示例

×××公司年度报告（董事会报告）

本报告期公司面临宏观经济下行和行业竞争加剧等不利形势，公司积极适应新形势和新变化，坚持以市场为导向，围绕年初制订的工作计划，在强化公司治理体系建设和内部控制，处理历史遗留问题，促进业务发展等方面开展了扎实有效的工作，并取得较好进展。

本报告期公司缺乏有突出盈利能力主业的基本状况未得到实质性改变，特别是这种状况在宏观经济环境和行业变化的背景下，对公司业绩的影响更加明显。本报告期公司营业收入为××万元，较去年同期下降××%，归属于上市公司股东的净利润为-××万元，较去年同期下降××%，归属于上市公司股东的扣除非经常性损益的净利润为-××万元，较去年同期下降××%。因亏损所致，报告期末归属于上市公司股东的净资产为××万元，较报告期初下降××%。本报告期公司营业收入下降以及净利润大幅下滑并出现亏损的主要原因为：

1. 受房地产宏观调控以及工程成本增长的影响，公司建筑施工业务部分项目在2023年出现亏损，导致建筑施工业务净利润下降××万元。

2. 受宾馆服务业竞争加剧等因素影响，公司2023年期宾馆服务业务收入和净利润较2022年分别下降××万元和××万元。

3. 2023年公司×××项目进入尾盘销售阶段，加之2022年公司确认了科创园区基础设施建设收入和收益，使得公司房地产业务销售收入和净利润较2022年分别下降××万元和××万元。

4. 公司2022年确认了转让土地合同项下权利相应产生的营业外收益××万元。为了公司长远可持续发展，本报告期在控股股东××集团的支持下，公司启动了向××集团非公开发行股票募集资金事宜，并于2024年2月2日经中国证监会发行审核委员会审核通过。非公开股票募集资金为增强公司资本实力和优化资本结构，提高公司抗风险能力将起到重要作用，也将为解决公司业务分散、主业不突出这一制约公司发展的根本性问题打下坚实的基础。

一、主营业务分析

（一）概述

1. 各项业务发展状况

（1）建筑施工业务。公司建筑业务在其省份建筑市场具有一定影响力，但是受资金紧张等自身条件制约，业务发展模式存在不足，目前主要选择项目周期短、资金占用少，且利润率相对较低的短平快项目。为实现建筑业务转型迭代升级，一方面，子公司×××在报告期内确立稳定经营的主基调，并将2023年确定为大力推行工程项目精细化管理。本报告期×××严把投标审查关，从源头进行风险控制。以建筑合同为主线，以资金支出为重要控制手段，实施全过程风险控制。主动放弃了一些利润率较低的项目，同时，启动了对完善内部控制和提高项目管理水平具有重要作用的信息化建设工作。注重人才和技术储备，积极为建筑业务模式的转型迭代升级做好充分准备。另一方面，公司积极推动向控股股东×××非公开发行股票事宜，以增发股票作为解决制约本公司建筑业务发展的资金紧张问题的主要方式，为建筑业务模式的转型迭代升级创造物质条件。但是，由于建筑业务模式的转型迭代升级仍在推进过程当中，在报告期宏观经济增速放缓和房地产市场波动的环境下，公司建筑业务利润率长期较低、房建施工量比重较大的特点仍旧十分明显，加之受到建筑工程成本增长的负面影响，公司建筑施工业务2023年出现了较大金额的亏损。

(2) 期货经纪业务。本报告期，期货行业中最传统、最基础的经纪业务继续持续低迷，代理手续费率持续走低，公司期货经纪业务面临严峻的经营形势。受行业商品期货经纪业务竞争加剧和手续费率持续下降等因素的负面影响，在投资咨询等创新业务尚处于起步阶段的情况下，子公司营业收入、净利润较去年同期均有一定幅度的下降。为了适应期货经济市场变化，打破公司经营局限，特别是抓住当前期货行业创新发展的战略机遇，子公司在本报告期做了大量基础性工作和前期准备。

(3) 房地产出租业务。本报告期内，公司积极应对孵化器行业激烈的市场竞争，持续强化精细化管理，提高组织运行效率，积极探索和创新运营与盈利的新模式，加强与客户的交流、沟通，提高回复客户诉求的响应速度，使房地产出租率在当前宏观经济发展背景下，继续保持了较高水平。

(4) 橱柜制造业务。报告期内，公司橱柜制造业务围绕年度经营目标，完成了销售队伍的重组、优化，制定了改进生产、销售相关工作的具体措施。经营活动坚持以市场为导向，强化销售网点建设和采取有针对性的措施提高产品质量、服务质量，提高用户满意度，巩固和提升橱柜在区域市场的影响力，为未来经营业绩稳步提升创造条件。

(5) 房地产开发业务。报告期内，子公司×××二期处于尾盘销售阶段，收入和利润均较上年同期有所减少。

2. 公司回顾总结前期披露的发展战略和经营计划在报告期内的进展情况

公司在2022年度报告中披露了新年经营计划。本报告期，公司积极推进新年经营计划的贯彻落实。公司进一步完善了内部控制体系，着重完善了重要内控制度，并梳理了分公司、子公司的业务流程，强化了内控制度的执行力度。公司立足现有的资源优势，积极探索可持续健康发展的新模式，将资源更多地集中在优势业务上，为优势业务的转型迭代升级积极做好充分准备。同时，公司在2022年已取得部分阶段性成效的基础上，加快了历史遗留问题的解决步伐。经过长期不懈的努力，本报告期内，办理了相关资产权证，增强了公司资产的流动性，提高公司资产的运营效率，减少制约公司发展的历史遗留问题。同时，为部分重要业务岗位引进了高水平专业人才，优化了员工薪酬体制，为公司未来发展提供人才储备、人才保障。

(二) 收入(金额略)

行业名称	2023 年		2022 年	
	主营业收入（元）	比重	主营业收入（元）	比重
建筑业				
房地产业				
工业				
投资服务业				
合计				

（三）成本（金额略）

1. 行业分类

行业分类	项目	2023年		2022年		同比增减
		金额	占营业成本比重	金额	占营业成本比重	
建筑业	建筑施工					
房地产行业	销售及出租开发产品					
工业	原材料					
工业	人工成本					
工业	折旧费					
工业	其他					
工业小计						
投资服务业	物业管理成本					
投资服务业	客房成本					
投资服务业	餐饮成本					
投资服务业	其他					
投资服务业小计						
合计						

2. 产品分类（金额略）

产品分类	项目	2023年		2022年		同比增减
		金额	占营业成本比重	金额	占营业成本比重	
销售及出租开发产品	江尚一期					
销售及出租开发产品	江尚二期					
销售及出租开发产品	基础设施建设成本					
销售及出租开发产品小计						
建筑施工	人工费					
建筑施工	材料费					
建筑施工小计						
厨柜制造	原材料					
厨柜制造	人工成本					
厨柜制造	折旧费					

续表

产品分类	项目	2023年		2022年		同比增减
		金额	占营业成本比重	金额	占营业成本比重	
厨柜制造小计						
宾馆服务业	客房成本					
宾馆服务业	餐饮成本					
宾馆服务业小计						
其他服务业	物业管理成本					
其他服务业小计						
合计						

（四）费用（金额略）

项目	2023年	2022年	同比增减
销售费用			
管理费用			
财务费用			
所得税费用			
合计			

（五）现金流（金额略）

项目	2023年	2022年	同比增减
经营活动现金流入小计			
经营活动现金流出小计			
经营活动产生的现金流量净额			
投资活动现金流入小计			
投资活动现金流出小计			
投资活动产生的现金流量净额			
筹资活动现金流入小计			
筹资活动现金流出小计			
筹资活动产生的现金流量净额			
现金及现金等价物净增加额			

二、主营业务构成情况（金额略）

项目	营业收入	营业成本	毛利率	营业收入比上年同期增减	营业成本比上年同期增减	毛利率比上年同期增减
行业分类						
建筑业						
房地产业						
工业						
投资服务业						
产品分类						
销售及出租开发产品						
建筑施工						
期货经纪						
厨卫制造						
物业服务						
宾馆服务						

三、资产、负债状况分析

（一）资产项目重大变动情况（金额略）

项目	2023 年		2022 年		比重增减	重大变动说明
	金额	占总资产比例	金额	占总资产比例		
货币资金						
应收账款						
存货						
投资性房地产						
长期股权投资						
固定资产						
在建工程						
其他应收款						

（二）负债项目重大变动情况（金额略）

	2023 年		2022 年		比重增减	重大变动说明
	金额	占总资产比例	金额	占总资产比例		
短期借款						
长期借款						
应付账款						
其他应付款						

四、投资状况分析（略）

五、2024 年 1 至 3 月经营业绩的预计（略）

六、公司控制的特殊目的主体情况（略）

七、公司未来发展的展望（略）

八、董事会、监事会对会计师事务所本报告期“非标准审计报告”的说明（略）

九、与上年度财务报告相比，会计政策、会计估计和核算方法发生变化的情况说明

（1）重要会计政策变更：

会计政策变更的内容和原因	审批程序	备注
2023 年，财政部发布了《企业会计准则第 2 号——长期股权投资（2023 年修订）》《企业会计准则第 9 号——职工薪酬（2023 年修订）》《企业会计准则第 30 号——财务报表列报（2023 年修订）》《企业会计准则第 33 号——合并财务报表（2023 年修订）》《企业会计准则第 37 号——金融工具列报》（2023 年修订）《企业会计准则第 39 号——公允价值计量》《企业会计准则第 40 号——合营安排》及《企业会计准则第 41 号——在其他主体中权益的披露》，要求自 2024 年 7 月 1 日起在所有执行企业会计准则的企业范围内施行，鼓励在境外上市的企业提前执行	经公司董事会决议	公司自 2023 年 7 月 1 日起开始执行上述除金融工具列报准则以外的 7 项新颁布或修订的企业会计准则，在编制 2023 年年度财务报告时开始执行金融工具列报准则，并根据各准则衔接要求进行了调整，采用上述企业会计准则后的主要会计政策已在附注各相关项目中列示

（2）上述会计政策的变更对本公司报告期财务报表项目的确认和计量产生影响如下：

		对 2023 年 1 月 1 日 2022 年度报表项目的影响金额	
		项目名称	影响金额
准则名称《企业会计准则第 2 号——长期股权投资》（2023 年修订）	会计政策变更的内容及其对本公司的影响说明按照《企业会计准则第 2 号——长期股权投资》（2023 年修订）及应用指南的相关规定	长期股权投资	
		可供出售金融资产	
		其他非流动资产	

十、报告期内发生重大会计差错更正需追溯重述的情况说明

公司报告期无重大会计差错更正需追溯重述的情况。

十一、与上年度财务报告相比，合并报表范围发生变化的情况说明

2023 年 5 月 14 日，经公司第八届董事会第十八次临时会议决议，本公司对×××物业管理有限公司增资××万元，本次增资完成后，××物业的注册资本由××万元增至××万元。

十二、公司利润分配及分红派息情况

（一）报告期内利润分配政策的制定、执行或调整情况（略）

（二）公司近 3 年（含报告期）的利润分配预案或方案及资本公积金转增股本预案或方案情况（略）

（三）公司近三年现金分红情况表（略）

十三、本报告期利润分配及资本公积金转增股本预案

本报告期，公司未实施现金利润分配，未送红股，也未进行资本公积金转增股本。

十四、社会责任情况

公司重视社会责任的履行，采取多种措施力求实现公司与员工、与社区、与环境等相关方的协调发展。

十五、报告期内接待调研、沟通、采访等活动登记：

接待时间	接待地点	接待方式	接待对象类型	接待对象	谈论的主要内容及提供的资料
2023 年 9 月 8 日	哈尔滨国际金融中心	其他	其他	上市公司投资者	就公司治理、发展战略、2023 年非公开交流

复习思考题

1. 什么是分部报告？
2. 编制分部报告的意义有哪些？
3. 经营分部如何确定？
4. 报告分部如何确定？

实践与思政课堂

结合《中华人民共和国证券法》关于扩大信息披露义务人的范围、完善信息披露的内容、规范信息披露义务人的自愿披露行为，以及大幅提高上市公司信息披露违法行为的处罚力度等内容，论述信息披露的意义。

第九章 上市公司财务报告

第一节 财务报告概述

一、财务报告的概念

《企业会计准则——基本准则》规定：财务报告是企业对外提供的反映某一特定日期的财务状况和某一会计期间的经营成果、现金流量等会计信息的文件。《企业会计准则第30号——财务报表列报》规定：财务报表是对企业财务状况、经营成果和现金流量的结构性表述。财务报告主要由财务报表和附注构成，财务报表是财务报告的主要内容，广义的财务报告还包括审计报告以及企业自愿披露的内容。

二、财务报表的内容

根据前文所述，本部分的财务报告分类实质上是财务报表的内容和分类。《企业会计准则第30号——财务报表列报》规定，财务报表至少应当包括下列组成部分：资产负债表、利润表、现金流量表、所有者权益变动表以及附注。

财务报表可以按照不同的标准进行分类：

（1）按编报期间不同，财务报表可以分为中期财务报表和年度财务报表。中期财务报表是指编报周期短于一个完整会计年度的财务报表，包括月报、季报和半年报。

[拓展知识9-1]

公司中期财务报表至少应当包括资产负债表、利润表、现金流量表和附注，视所有者权益变动情况，可以不编制所有者权益变动表。但是与年度财务报表相比，中期财务报表中的格式、内容相同，只是附注部分可以适当简略。

（2）按财务报表报告主体不同，财务报表可以分为个别财务报表和合并财务报表。

[案例9-1]

某上市公司对外提供母公司个别报表和合并报表。个别财务报表的数据来自该公司的账簿记录，反映母公司自身的财务状况、经营成果和现金流量。合并财务报表的数据则来自母公司和子公司的个别报表，反映集团的财务状况、经营成果和现金流量。

三、财务报表列报的基本要求

（一）遵循企业会计准则

企业应当根据实际发生的交易和事项，遵循《企业会计准则——基本准则》和其他各项会计准则的规定进行确认和计量，并在此基础上编制财务报表。企业应当在附注中对遵循企业会计准则编制的财务报表做出声明。

（二）持续经营假设

持续经营是会计的基本前提，是会计确认、计量及报告的基础，《企业会计准则》规范的是持续经营条件下，对交易和事项确认、计量及报告。如果企业处于非持续经营状况，应当采用其他基础编制财务报表。

[**拓展知识 9-2**]

在编制财务报表的过程中，公司管理者应当从宏观政策、市场风险、盈利能力等方面评估公司自报告期末起未来至少 12 个月的持续经营能力。如果评估结果为对公司持续经营的能力产生重大怀疑，公司应当在附注中披露对持续经营能力产生重大怀疑的原因，并提出相应的改善措施。

（三）权责发生制原则

《企业会计准则第 30 号——财务报表列报》第七条规定，除现金流量表按照收付实现制原则编制外，企业应当按照权责发生制原则编制财务报表。

（四）重要性原则

财务报表项目如果省略或者错报会降低会计信息的相关性，则表明该项目具有重要性。重要性的判断应当根据项目的性质和金额大小两个方面来判断。项目的性质是否属于企业日常活动、是否对财务状况和经营成果具有较大影响。判断金额大小应当通过单项金额占不同种类会计要素总额的比重来判断。

（五）可比性原则

财务报表至少应当提供所有列报项目上一个可比会计期间的比较数据以及相关的附注。当企业采用追溯调整法或者追溯重述法重新分类财务报表项目时，则应当在一套完整的财务报表中列报最早可比期间期初的财务报表。

可比性原则中包含一致性原则的内容。财务报表项目的列报应当在各个会计期间保持一致，不得随意变更。但是，当企业会计准则要求改变列报，或者变更财务报表项目能够提高会计信息的相关性时，财务报表项目的列报可以改变。执行一致性原则的目的就是为了提高会计信息的可比性。

（六）财务报表列报的其他要求

企业应当在财务报表的显著位置至少披露下列各项内容：编报企业的名称、资产负债表日或财务报表涵盖的会计期间、记账本位币金额单位。

第二节　审计报告

一、审计报告的概念

审计报告是注册会计师在完成审计工作后向委托人提交的报告。注册会计师通过对财务报表发表意见，从而履行业务约定的责任。审计报告是注册会计师对财务报表合法性和公允性发表审计意见的书面文件。

二、审计报告的内容

1. 标题

审计报告的标题为“审计报告”。

2. 收件人

审计报告的收件人是指注册会计师按照业务约定书的要求致送审计报告的对象，一般是指审计业务的委托人。以上市公司的年报审计为例，公司法规定，审计的委托人是股东大会。

3. 引言段

审计报告的引言段应当说明被审计单位的名称和财务报表已经通过审计。

4. 管理层对财务报表的责任段

管理层对财务报表的责任段应当说明管理层的责任是按照适用的会计准则和相关会计制度的规定编制财务报表。这些责任包括设计、实施内部控制制度、选择会计政策、会计估计等内容。

5. 注册会计师的责任段

注册会计师的责任段应当说明注册会计师的责任是在实施审计工作的基础上对财务报表发表审计意见，并且遵守职业道德，按照中国注册会计师审计准则的规定执行审计工作。

6. 审计意见段

（1）无保留意见，表示财务报表符合有关财务报告准则，相关信息准确无误。

（2）保留意见，表示财务报表部分或全部内容可能存在一定的问题，但是不足以影响财务报表整体的真实性和准确性。

（3）否定意见，表示财务报表存在重大问题，无法认定相关信息准确无误。

（4）无法表示意见，表示由于审计范围受到委托人、被审计单位或客观环境的严重限制，不能获取必要的审计证据，以至于无法对财务报表发表审计意见。

7. 注册会计师的签名和盖章

审计报告应当由注册会计师签名并盖章，以便明确法律责任。

8. 会计师事务所的名称、地址及盖章

9. 报告日期

第三节 财务报表

上市公司通常是由母公司和子公司所组成的企业集团，因此，上市公司财务报告中的财务报表部分会分别提供母公司个别报表和合并报表。

一、个别报表

个别报表反映单个企业的财务状况和经营成果，母公司编制的个别报表反映母公司自身的财务状况和经营成果。个别报表包括资产负债表、利润表、现金流量表和所有者权益变动表。

（一）资产负债表

资产负债表是反映企业在某一特定日期的财务状况的会计报表。即某一特定时点，比如期末的资产、负债、所有者权益的多少及相互关系。

资产负债表还能提供资产、负债、所有者权益的总额和结构分布。资产负债表数据是财务分析的基础数据。

资产负债表包括以下项目。

（1）资产项目包括："货币资金"项目、"交易性金融资产"项目、"衍生金融资产"项目、"应收票据"项目、"应收账款"项目、"预付款项"项目、"应收款项融资"项目、"预付款项"项目、"其他应收款"项目、"存货"项目、"合同资产"项目、"持有待售资产"项目、"一年内到期的非流动资产"项目、"其他流动资产"项目、"债权投资"项目、"其他债权投资”项目、“长期应收款”项目、“长期股权投资”项目、“其他权益工具投资”项目、“投资性房地产”项目、“固定资产”项目、“在建工程”项目、“生产性生物资产”项目、“油气资产”项目、“使用权资产”项目、“无形资产”项目、“开发支出”项目、“商誉”项目、“长期待摊费用”项目、“递延所得税资产”项目、“其他非流动资产”项目等。

（2）负债项目包括：“短期借款”项目、“交易性金融负债”项目、“衍生金融”项目、“应付票据”项目、“应付账款”项目、“预收款项”项目、“应付职工薪酬”项目、“应交税费”项目、“其他应付款”项目、“持有待售负债”项目、“一年内到期的非流动负债”项目、“其他流动负债”项目、“长期借款”项目、“应付债券”项目、“租赁负债”项目、“长期应付款”项目、“预计负债”项目、“递延收益”项目、“递延所得税负债”项目、“其他非流动负债”项目、“合同负债”项目等。

（3）所有者权益项目包括：“实收资本或者股本”项目、“其他权益工具”项目、“资本公积”项目、“库存股”项目、“其他综合收益”项目、“专项储备”项目、“盈余公积”项目、“未分配利润”项目等。

（二）利润表

利润表是反映企业在一定会计期间的经营成果的会计报表。利润表能够反映企业经营业绩的主要来源及构成，有助于会计信息使用者判断净利润的质量、风险以及净利润的持续性。

利润表项目包括：“营业收入”项目、“营业成本”项目、“税金及附加”项目、“销售费用”项目、“管理费用”项目、“研发费用”项目、“财务费用”项目、“其他收益”项目、“投资收益”项目、“以摊余成本计量的金融资产终止确认收益”项目、“净敞口套期收益”项目、“公允价值变动收益”项目、“信用减值损失”项目、“资产减值损失”项目、“资产处置收益”项目、“营业外收入”项目、“营业外支出”项目、“所得税费用”项目、“持续经营净利润”项目、“终止经营净利润”项目、“其他权益工具投资公允价值变动”项目、“企业自身信用风险公允价值变动”项目、“其他债权投资公允价值变动”项目、“金融资产重分类计入其他综合收益的金额”项目、“其他债权投资信用减值准备”项目、“现金流量套期储备”项目、“基本每股收益”项目、“稀释每股收益”项目等。

（三）现金流量表

现金流量表是反映企业一定会计期间现金和现金等价物流入和流出的报表。

现金流量表的现金是广义的现金，包括库存现金、银行存款、其他货币资金以及现金等价物。其中现金等价物是指从购买日起三个月内到期、易于转换为已知金额现金、价值变动风险很小的投资。

现金流量表项目包括以下项目。

（1）经营活动产生的现金流量：“销售商品、提供劳务收到的现金”项目、“收到的税费返还”项目、“收到其他与经营活动有关的现金”项目、“购买商品、接受劳务支付的现金”项目、“支付给职工以及为职工支付的现金”项目、“支付的各项税费”项目、“支付其他与经营活动有关的现金”项目等。

（2）投资活动产生的现金流量：“收回投资收到的现金”项目、“取得投资收益收到的现金”项目、“处置固定资产、无形资产和其他长期资产收回的现金净额”项目、“处置子公司及其他营业单位收到的现金净额”项目、“收到其他与投资有关的现金”项目、“构建固定资产、无形资产和其他长期资产支付的现金”项目、“投资支付的现金”项目、“取得子公司及其他经营单位支付的现金净额”项目、“支付其他与投资活动有关的现金”项目等。

（3）筹资活动产生的现金流量：“吸收投资收到的现金”项目、“取得借款收到的现金”

项目、“收到其他与筹资活动有关的现金”项目、“偿还债务支付的现金”项目、“分配股利、利润或偿付利息支付的现金”项目、“支付其他与筹资活动有关的现金”项目等。

（4）汇率变动对现金及现金等价物的影响。

（5）现金及现金等价物的净增加额。

（6）期末现金及现金等价物的余额。

（四）所有者权益变动表

所有者权益变动表是指反映构成所有者权益的各组成部分当期的增减变动情况的报表。

所有者权益变动表项目包括：实收资本或者股本、其他权益工具、资本公积、其他综合收益、专项储备、盈余公积、未分配利润的“上年年末余额”项目、“本年年初余额”项目、“本年增减变动金额”项目、“本年年末余额”项目等。

二、合并报表

合并报表反映母公司和子公司所组成的企业集团整体的财务状况和经营成果，反映的对象是由若干个法人组成的会计主体。

（一）合并报表的概念

合并报表是由母公司编制的，将母子公司形成的企业集团作为一个会计主体，综合反映企业集团整体财务状况、经营成果和现金流量的报表。

（二）合并报表的内容

合并报表以母公司及其全部子公司单独编制的个别财务报表为基础，通过对简单叠加后形成的合计数进行调整、抵消，最终形成合并报表。与个别报表内容相同，合并报表包括合并资产负债表、合并利润表、合并现金流量表、合并所有者权益变动表。

第四节 附注

一、附注的概念

附注是对在资产负债表、利润表、现金流量表和所有者权益变动表等报表中列示项目的文字描述或明细资料，以及对未能在这些报表中列示项目的说明。

从会计专业角度，财务报告包括财务报表和附注两部分。财务报表的格式是固定的，企业的财务部门根据账簿资料编制财务报表的数字部分。财务报表的数字是汇总的量化信息。为了有利于会计信息使用者合理使用会计信息，有必要以文字的形式对形成数字信息的会计政策、会计估计进行说明，同时，也有必要提供财务报表数字信息的明细。

二、附注的内容

附注一般按照顺序披露以下内容。

1. 企业的基本情况

企业的基本情况包括企业注册地、组织形式、总部地址、企业的主要经营活动、母公司的名称、财务报告的批准报出者、财务报告批准报出日等内容。

2. 财务报表的编制基础

编制基础是指财务报表是在持续经营基础上编制的，不是在破产、清算等非持续经营基础上编制的。

3. 遵循企业会计准则的声明

编报单位应当声明编制的财务报表符合企业会计准则的要求，真实、完整地反映了企业的财务状况、经营成果和现金流量等有关信息。

4. 重要会计政策和会计估计

企业应当披露采用的重要会计政策和会计估计，以及重要会计政策的确定依据和财务报表项目的计量基础、会计估计所采用的关键假设和不确定因素。

[拓展知识 9-3]

企业会计政策的确定依据主要是企业在运用会计政策过程中所做的重要判断。这些判断对在报表中确认的项目金额具有重要影响。例如，购入一批股票，以短期持有为目的，依据这一判断，可以将上述股票分类为以公允价值计量且其变动计入当期损益的金融资产。按照企业会计准则的要求，应当选择公允价值会计政策计量。

[拓展知识 9-4]

企业应结合自身的具体实际披露其会计估计所采用的关键假设和不确定因素。企业一项固定资产出现减值迹象，进行减值测试，可收回金额的计算需要根据其公允价值减去处置费用后的净额与预计未来现金流量的现值两者之间的较高者确定。在计算资产预计未来现金流量的现值时需要对未来现金流量进行预测，并选择适当的折现率进行折现。企业在附注中披露估计未来现金流量、选取折现率所采用的假设及其依据。

5. 会计政策变更、会计估计变更以及会计差错更正的说明

按照《企业会计准则第 28 号——会计政策、会计估计变更和差错更正》的规定，披露会计政策变更、会计估计变更以及会计差错更正的情况。

6. 报表重要项目的说明

企业应当采用文字和数字描述相结合的方式，按照资产负债表、利润表、现金流量表、所有者权益变动表的顺序及具体项目列示的顺序进行披露。

第五节　上市公司年报示例

×××公司 2023 年年度报告（框架）

第一部分　重要提示、目录和释义

一、重要提示

公司董事会、监事会及董事、监事、高级管理人员保证年度报告内容的真实、准确、完整，不存在虚假记载、误导性陈述或重大遗漏，并承担个别和连带的法律责任。

公司负责人×××、主管会计工作负责人×××及会计机构负责人×××声明：保证本年度报告中财务报告的真实、准确、完整。

所有董事均已出席了审议本报告的董事会会议。

本年度报告中涉及未来计划等前瞻性陈述，不构成公司对投资者的实质承诺，投资者及相关人士均应对此保持足够的风险认识，并且应当理解计划、预测与承诺之间的差异。

公司在本报告第三部分“管理层讨论与分析”之“公司未来发展的展望”部分描述了公司未来经营中可能面对的风险，敬请广大投资者注意阅读。

二、目录
第一部分 重要提示、目录和释义
第二部分 公司简介和主要财务指标
第三部分 管理层讨论与分析
第四部分 公司治理
第五部分 环境和社会责任
第六部分 重要事项
第七部分 优先股相关情况
第八部分 债券相关情况
第九部分 财务报告
三、释义

释义项	系指	释义内容
本公司		×××公司
《公司法》		《中华人民共和国公司法》
《公司章程》		×××公司《公司章程》
报告期		2023 年 1 月 1 日至 2023 年 12 月 31 日

第二部分 公司简介和主要财务指标

一、公司信息
二、联系人和联系方式
三、信息披露及备置地点
四、注册变更情况
五、其他有关资料
六、主要会计数据和财务指标
七、境内外会计准则下会计数据差异
八、分季度主要财务指标
九、非经常性损益项目及金额

第三部分 管理层讨论与分析

一、报告期内公司所处的行业情况
二、报告期内公司从事的主要业务
三、公司核心竞争力分析
1. 研发平台优势
2. 产业化产品平台优势
3. 品牌集成平台优势
四、主营业务分析
1. 概述
2. 收入与成本
3. 费用
4. 研发投入

5. 现金流
五、非主营业务分析
六、资产及负债状况分析
1. 资产构成重大变动情况
2. 以公允价值计量的资产和负债
3. 截至报告期末的资产权利受限情况
七、投资状况分析
1. 总体情况
2. 报告期内获取的重大的股权投资情况
3. 报告期内正在进行的重大的非股权投资情况
4. 金融资产投资
5. 募集资金使用情况
八、重大资产和股权出售
1. 出售重大资产情况
2. 出售重大股权情况
九、主要控股参股公司分析
十、公司控制的结构化主体情况
十一、公司未来发展的展望
1. 公司发展战略
2. 新年度经营计划
3. 公司可能面对的风险
十二、报告期内接待调研、沟通、采访等活动

第四部分　公司治理

一、公司治理的基本状况
二、公司相对于控股股东、实际控制人在保证公司资产、人员、财务、机构、业务等方面的独立情况
三、同业竞争情况
四、报告期内召开的年度股东大会和临时股东大会的有关情况
五、董事、监事和高级管理人员情况
六、报告期内董事履行职责的情况
七、董事会下设专门委员会在报告期内的情况
八、监事会工作情况
九、公司员工情况
十、公司利润分配及资本公积金转增股本情况
十一、公司股权激励计划、员工持股计划或其他员工激励措施的实施情况
十二、报告期内的内部控制制度建设及实施情况
十三、公司报告期内对子公司的管理控制情况
十四、内部控制自我评价报告或内部控制审计报告
十五、上市公司治理专项行动自查问题整改情况

第五部分　环境和社会责任

一、重大环保问题

二、社会责任情况

三、巩固拓展脱贫攻坚成果、乡村振兴的情况

第六部分 重要事项

一、承诺事项履行情况

二、控股股东及其他关联方对上市公司的非经营性占用资金情况

三、违规对外担保情况

四、董事会对最近一期“非标准审计报告”相关情况的说明

五、董事会、监事会、独立董事对会计师事务所本报告期“非标准审计报告”的说明

六、与上一年度财务报告相比，会计政策、会计估计变更或重大会计差错更正的情况说明

七、与上一年度财务报告相比，合并报表范围发生变化的情况说明

八、聘任、解聘会计师事务所情况

九、年度报告披露后面临退市情况

十、破产重整相关事项

十一、重大诉讼、仲裁事项

十二、处罚及整改情况

十三、公司及其控股股东、实际控制人的诚信状况

十四、重大关联交易

十五、重大合同及其履行情况

十六、其他重大事项的说明

第七部分 优先股相关情况

第八部分 债券相关情况

第九部分 财务报告

一、审计报告

1. 审计意见

2. 形成审计意见的基础

3. 关键审计事项

4. 其他信息

5. 管理层和治理层对财务报表的责任

6. 注册会计师对财务报表审计的责任

二、财务报表

1. 合并资产负债表

2. 母公司资产负债表

3. 合并利润表

4. 母公司利润表

5. 合并现金流量表

6. 母公司现金流量表

7. 合并所有者权益变动表

8. 母公司所有者权益变动表

三、公司基本情况

四、财务报表的编制基础

1. 编制基础
2. 持续经营
五、重要会计政策及会计估计
1. 遵循企业会计准则的声明
2. 会计期间
3. 营业周期
4. 记账本位币
5. 同一控制下和非同一控制下企业合并的会计处理方法
6. 合并财务报表的编制方法
7. 合营安排分类及共同经营会计处理方法
8. 现金及现金等价物的确定标准
9. 外币业务和外币报表折算
10. 金融工具
11. 存货
12. 合同资产
13. 合同成本
14. 持有待售资产
15. 长期股权投资
16. 投资性房地产
17. 固定资产
18. 在建工程
19. 借款费用
20. 无形资产
21. 长期资产减值
22. 长期待摊费用
23. 合同负债
24. 职工薪酬
25. 收入
26. 政府补助
27. 递延所得税资产/递延所得税负债
28. 租赁
29. 终止经营
30. 证券资本化
31. 重要会计政策和会计估计变更
32. 分部报告
六、税项
1. 主要税种及税率
2. 税收优惠
七、合并财务报表项目注释
1. 货币资金
2. 交易性金融资产

3. 应收票据
4. 应收账款
5. 预付款项
6. 其他应收款
7. 存货
8. 持有待售资产
9. 一年内到期的非流动资产
10. 其他流动资产
11. 发放贷款与垫款
12. 长期应收款
13. 长期股权投资
14. 其他非流动金融资产
15. 投资性房地产
16. 固定资产
17. 在建工程
18. 使用权资产
19. 无形资产
20. 开发支出
21. 商誉
22. 长期待摊费用
23. 递延所得税资产/递延所得税负债
24. 其他非流动资产
25. 短期借款
26. 应付账款
27. 合同负债
28. 应付职工薪酬
29. 应交税费
30. 其他应付款
31. 持有待售负债
32. 一年内到期的非流动负债
33. 其他流动负债
34. 租赁负债
35. 长期应付款
36. 递延收益
37. 股本
38. 资本公积
39. 其他综合收益
40. 盈余公积
41. 未分配利润
42. 营业收入和营业成本
43. 税金及附加

44. 销售费用
45. 管理费用
46. 研发费用
47. 财务费用
48. 其他收益
49. 投资收益
50. 公允价值变动收益
51. 信用减值损失
52. 资产减值损失
53. 资产处置收益
54. 营业外收入
55. 营业外支出
56. 所得税费用
57. 其他综合收益
58. 每股收益
59. 现金流量表项目
60. 现金流量表补充资料
61. 所有者权益变动表项目注释
62. 外币货币性项目
63. 政府补助

八、合并范围的变更

1. 报告期无非同一控制下企业合并
2. 报告期无同一控制下企业合并
3. 报告期无反向购买
4. 报告期无处置子公司

九、在其他主体中的权益

1. 在子公司中的权益
2. 在子公司的所有者权益份额发生变化且仍控制子公司的交易
3. 在合营安排或联营企业中的权益
4. 重要的共同经营
5. 报告期无未纳入合并财务报表范围的结构化主体中的权益

十、与金融工具相关的风险

1. 信用风险
2. 流动性风险
3. 市场风险

十一、公允价值的披露

1. 以公允价值计量的资产和负债的期末公允价值
2. 公允价值计量所使用的输入值划分为三个层次
3. 持续和非持续第一层次公允价值计量项目市价的确定依据
4. 持续和非持续第二层次公允价值计量项目，采用的估值技术和重要参数的定性及定量信息

5. 持续和非持续第三层次公允价值计量项目，采用的估值技术和重要参数的定性及定量信息

6. 持续的公允价值计量项目，本期内发生各层级之间转换的，转换的原因及确定转换时点的政策

7. 本期内发生的估值技术变更及变更原因

8. 不以公允价值计量的金融资产和金融负债的公允价值情况

十二、关联方及关联交易

1. 本企业的母公司情况

2. 本企业的子公司情况

3. 本企业合营和联营企业情况

4. 其他关联方情况（同受本公司母公司控制的企业、本公司关键管理人员担任董事长的公司、本公司董事长关系密切的家庭成员担任董事的公司）

5. 关联交易情况

6. 关联方应收应付款项

7. 关联方承诺

十三、股份支付

十四、承诺及或有事项

1. 重要承诺事项

2. 或有事项

十五、资产负债表日后事项

1. 重要的非调整事项

2. 销售退回

3. 其他资产负债表日后事项说明

十六、其他重要事项

1. 前期会计差错更正

2. 债务重组

3. 资产置换

4. 年金计划

5. 终止经营

6. 分部信息

7. 其他对投资者决策有影响的重要交易和事项

8. 其他

十七、母公司财务报表主要项目注释

十八、补充资料

×××公司

董事长：×××

××年××月××日

复习思考题

1. 财务报告编制的目的和主要构成内容是什么？

2. 什么是资产负债表，其作用是什么？
3. 什么是利润表，其作用是什么？
4. 什么是现金流量表，其作用是什么？
5. 什么是附注，其作用是什么？
6. 完整的上市公司年度报告应该包括哪些内容？

实践与思政课堂

据中国证券报报道：新疆证监局2023年2月10日召开“辖区上市公司年报工作专题培训”。会议传达了证监会2023年系统工作会议精神，对全面实行股票发行注册制进行了政策解读和工作动员。针对2022年年报工作，会议强调各上市公司和年审机构要强化责任意识，勤勉尽责履行法定义务，要聚焦年报真实性，杜绝财务造假，严格执行会计准则，加强重点领域、重要事项审计，确保财务真实性和会计处理的合规性；要把好“三关”，提高年报披露质量，确保年报披露质量。会议还邀请上交所监管专家和辖区资本市场咨询委员会专家做了年报专题培训。新疆证监局表示，下一步将深入贯彻落实证监会系统工作会议部署，切实抓好年报监管和审计监管工作，持续提升辖区上市公司财务信息披露质量，推动提高辖区上市公司质量再上新台阶。

结合上述资料，论述财务报告对于会计信息使用者的重要意义。

专题四
新质生产力的会计反映与监督

第十章 非财务报告

第一节 非财务报告概述

一、非财务报告的含义

非财务报告是反映企业非财务方面的情况和业绩的报告。非财务报告不侧重于财务数据的分析与解读，而是侧重于对企业的社会责任、环境保护、员工福利等方面的表现进行报告。非财务报告可以帮助企业与外部信息使用者建立起良好的社会关系，提升企业的可持续发展能力。

二、非财务报告的内容

1. 环境保护

非财务报告能够披露企业的环境管理制度、能源消耗和排放情况、水资源管理、废物处理等方面的信息，以及企业在环境保护方面的政策和具体举措。

2. 社会责任

非财务报告能够披露企业在社会责任方面的表现和投入，包括企业参与的慈善活动、促进教育、扶贫济困等方面的信息，向社会传递企业积极的社会价值观。

3. 员工福利

员工福利也是非财务报告中的重要内容，非财务报告可以披露企业的员工结构、培训和发展、薪酬福利、员工满意度等方面的信息，展现企业对员工的关怀和持续发展的支持。

4. 科技创新能力

企业的科技创新能力是非财务报告的重要内容之一。非财务报告可以披露企业在科技研发、产品创新、知识产权保护等方面的表现，展现企业在科技领域的竞争力和发展潜力。

三、非财务报告的编制与公布

非财务报告不同于财务报告，非财务报告没有严格的编制程序和内容要求。因此，企业可以自行制定非财务指标和报告编制的方法，并收集和整理相关数据信息，编制非财务报告。编制好的非财务报告可以在企业官方网站上发布，也可以举办非财务报告发布会，通过社交媒体等形式发布。同时，企业也可以邀请独立第三方机构对非财务报告进行审计，增强非财务报告的可信度和公信力。非财务报告的编制与公布并非一定要求与企业的财务报告同步进行。

四、ESG 报告与 CSR 报告

以上市公司为例，上市公司披露的非财务报告主要有 ESG 报告和 CSR 报告。

(一)ESG 报告

ESG 报告也称企业可持续发展报告，它是企业将其履行社会责任的理念、战略、方法，及其经营活动在经济、社会、环境等方面产生的影响，定期或者不定期向企业相关利益方进行披露的沟通方式。企业通过编制和发布企业可持续发展报告，可以系统地梳理、分析企业所面临的各种责任风险，推动企业内部管理提升和改进；有利于将企业可持续战略贯彻实施于各项工作；有利于满足企业各相关利益方的非财务信息需求，提升企业的形象和影响力。

(二)CSR 报告

CSR 报告也称企业社会责任报告，是企业将其履行社会责任的理念、战略、方式方法，其经营活动对经济、环境、社会等领域造成的直接和间接影响、取得的成绩及不足等信息，进行系统的梳理和总结，并向利益相关方进行披露的报告。

(三)ESG 报告与 CSR 报告的关系

1. ESG 报告与 CSR 报告的相同点

ESG 报告和 CSR 报告的最终目标是一致的，即推动企业实现长期、稳定、健康的发展，既为股东创造价值，也为社会创造价值。

2. ESG 报告与 CSR 报告的不同点

(1)视角不同。ESG 主要从资本市场的投资者角度出发，聚焦企业社会绩效与股东回报的关系。CSR 强调多利益相关方视角，关注的群体比较宽泛，不仅仅聚焦于股东，还聚焦于政府部门、合作伙伴，甚至客户、媒体。

(2)应用不同。ESG 应用场景聚焦在资本市场，特别是在投资者与上市公司之间，在企业内部，一般是由投资者关系管理部门负责 ESG 报告。CSR 应用场景比较宽泛，可能出现在企业的供应链管理、品牌营销、社区沟通、员工管理等领域，这些领域都可能成为 CSR 工作的对象。

此外，ESG 报告相对于 CSR 报告，内容更加标准化、更加量化，通常在企业财务报告周期内按时发布。

第二节 ESG 报告

一、ESG 的含义

ESG 是社会责任投资中最重要的三项考量因素，ESG 即环境(Environmental)、社会责任(Social Responsibility)和公司治理(Corporate Governance)，是公平和价值投资的基础，是绿色金融体系构建的关键指标。

近年来，随着我国双碳目标的提出以及资本市场的变革，ESG 逐渐成为监管机构和企业关注的热点。比如，香港联合交易所发布的《环境、社会及管治报告指引》要求：发行人须每年刊发其环境、社会及管治报告；深圳证券交易所发布的《深圳证券交易所上市公司社会责任指引》要求：公司应按照本指引要求，积极履行社会责任，定期评估公司社会责任的履行情况，自愿披露公司社会责任报告。ESG 已经成为企业价值评价的一种新模式。

二、ESG 报告的内容

ESG 报告的主体架构分为三大板块：环境、社会责任和公司治理，企业根据具体情况按照披露规则进行披露。

（一）环境报告

关于环境报告，以深圳证券交易所为例，其要求通过正面列举的方式报告环境保护政策，通常包括以下8个方面：

（1）符合所有相关环境保护的法律、法规、规章的要求；

（2）减少包括原料、燃料在内的各种资源的消耗；

（3）减少废料的产生，并尽可能对废料进行回收和循环利用；

（4）尽量避免产生污染环境的废料；

（5）采用环保的材料和可以节约能源、减少废料的设计、技术和原料；

（6）尽量减少由于公司的发展对环境造成的负面影响；

（7）为职工提供有关保护环境的培训；

（8）创造一个可持续发展的环境。

香港联合交易所则强制要求披露“识别准则”“量化排放量/能源耗用”，并就“排放物、资源使用、环境及天然资源、气候变化”四个方面进行不遵守就解释。以上二者虽然是从不同方面对环境保护政策做出了列报要求，但立足点都是通过资源的综合利用、遵守相关法律、法规来降低对环境的破坏。

（二）社会责任报告

企业作为社会活动的重要参与者，联结着各个相关利益人，比如国家、社会、股东、员工、债权人、供应商、客户、社区等。企业在确保自身合法权益的同时，还应当保护相关利益人的权益。企业的社会责任包括以下8个方面：

（1）合法经营，依法纳税；

（2）实现共同富裕、扶贫济困；

（3）保护员工权益、建立员工晋升体系、福利制度等；

（4）保障小股东权益；

（5）建立企业信用和偿债风险管理体系；

（6）供应链管理和保护；

（7）产品质量保证、服务和市场化调解；

（8）参与社会公益。

（三）公司治理报告

传统的以财务报告为核心的对外报告模式，更多地关注财务状况、经营成果等量化信息，对企业的治理能力缺乏披露。在ESG报告企业治理部分，需要报告董事会、监事会、股东大会的职能、活动和决定，同时，关注企业的治理制度与信息披露制度，全面报告企业的治理能力和水平。

第三节 ESG报告示例

×××公司2022年ESG报告

一、关于本报告

1. 时间范围

本报告为年度报告，时间范围为2022年1月1日至2022年12月31日。为了提高报告的完整性，部分数据超出上述时间范围。

2. 组织范围

本报告的组织范围涵盖了×××公司及其主要附属公司。为了便于表达与阅读，如果不作特别说明，报告中“公司”“我们”均指代×××公司及其主要附属公司。

3. 报告数据说明

报告中所使用的数据和案例均来自公司的正式文件、统计报告以及履责情况的汇总和统计。

4. 报告参考标准

全球报告倡议组织（GRI）的《可持续发展报告标准》、联合国可持续发展目标（SDGs）、联合国全球契约（United Nations Global Compact）“十项原则”、《深圳证券交易所上市公司社会责任指引》、香港联合交易所《环境、社会及管治报告指引》。

5. 报告可靠性保证

公司保证本报告内容不存在任何虚假记载和误导性陈述。

二、卷首语

2022年，是公司成立30周年。2022年，我们面临着前所未有的机遇和挑战。从宏观层面看，全球经济、政治形势复杂多变造成的社会经济影响持续发酵。从微观层面看，消费者需求日益多样化和个性化，厨房电器行业竞争日趋激烈。尽管如此，公司依然在今年实现了全球累计烟机销量超过1亿台的目标。我们聚焦发展烟机主业，持续提升公司运营效率、产品品质以及成本优势，全力化解历史形成的经营风险和债务危机。2022年，子公司率先发布可持续发展绿皮书并成立ESG委员会，将ESG各项议题融入生产经营的各个领域。

（一）环保责任，永续经营

在绿色发展方面，公司一直致力于节能减排，助力实现国家双碳目标。在生产过程中，我们建立了完善的能源管理体系，不断提高资源利用效率，加强排放管理，降低对环境的负面影响。我们安装了光伏面板，生产绿色电力，推动人与自然的共存。在研发过程中，我们持续探索高能效的产品设计，推进绿色材料、绿色包装与绿色物流管理，降低烟机全生命周期的碳排放。

（二）创新创造，引领变革

作为全球厨房电器行业的领军者，公司坚持创新技术和以人为本的理念，本着回归理性的研发理念，坚持为全球用户提供有竞争力的产品。2022年，公司持续加大产品研发投入，在烟机领域取得了突破性的成果，开发了多款高效、智能、时尚的烟机产品。

（三）客户为先，团队为本

公司对内重视人才培养，对外重视客户服务。公司为员工提供了舒适安全的工作环境、完善的职业安全管理体系、丰富多彩的员工活动，助力构建包容、开放、透明、多元的工作环境，增强员工的幸福感、归属感。同时，我们也加强了产品质量的管理和售后服务体系，通过及时、有效、规范的专业客户服务，打造领先的服务体验，满足全球用户的需求。

（四）合作共赢，价值共享

公司积极履行企业公民的责任，依托公司资源推动社会进步。我们积极参与行业交流，推动行业发展与标准创新，与合作伙伴共享我们的成长与发展。秉持做最好烟机的信念，以及对产品质量、产品设计、产品创新的不懈追求，公司全体员工在2022年创造了令人瞩目的业绩。未来，公司将聚焦节能、安全、健康厨电产品的开发，用可持续设计、技术和服务，做好每一台烟机。带着对未来的憧憬，公司将用可持续发展的态度开启下一个30年。

三、企业简介

×××公司自1993年设立以来，始终专注于家用烟机、灶具等厨房电器的研发与生产。依托资深管理团队，公司在研发技术、工艺设计、产品品质、制造成本、运营效率等方面均保持行业领先地位。多年来，公司秉持客户为先、团队为本的价值观念，用专业到极致的理念为全球客户提供有竞争力的高性价比产品，致力于做最好的厨电产品。经过30年的精耕细作，公司控股子公司现设有8大制造基地、16条高效生产线、综合年产能可达1600万台。经营规模保持稳定增长。

公司的愿景是通过质量领先、设计领先、创新领先和成本领先，用心做最好的烟机。

公司的使命是客户为先，团队为本、高效可靠。为全球客户提供有竞争力的产品。

四、ESG治理

公司坚持与用户一起拥抱未来，公司成立伊始便本着用可持续发展的态度做好每一台烟机。立足于长期发展战略，将企业社会责任理念融入公司战略及生产运营的各个方面，不断进行创新，推动公司可持续发展。公司不断吸取国内外先进经验，提升环境、社会责任及公司治理重要议题所披露内容的可计量性与可比性，并重点关注业务依赖关系及其对环境与社会的影响。此外，公司将进一步完善对关键ESG风险与机遇信息的披露。

本年度，公司成立ESG委员会，负责监督和执行公司ESG政策。公司同时发布绿皮书，为制造行业可持续发展趋势进行深度解读。2022年，公司结合国内外的相关政策、管理机构要求以及相关利益方的需求，识别了公司涵盖环境、社会责任、公司治理的实质性议题，明确了公司环境、社会责任与公司治理的范畴、相关要求和管理机制。同时，公司坚持履行企业社会责任，在员工权益、职业安全、绿色产品等相关议题持续推进，为助力联合国2030可持续发展目标（SDGs）的实现而不懈努力。

五、实质性议题分析

为了科学、精准识别公司环境、社会、治理的重点议题，公司参照全球报告倡议组织Global Reporting Initiative（GRI）发布的《GRI标准（2021版）》中提供的确定实质性议题分布的指导，开展了实质性议题分析工作。在实质性议题的分析过程中，公司基于国内外披露标准和指引并结合国内外相关政策、行业专家及各相关利益方的意见进行了充分的分析。同时，公司也通过问卷调查、访谈等形式与各个相关利益方群体进行了沟通，深入了解了相关利益方对公司可持续发展相关工作的期望。

公司基于相关方反馈，梳理出环境、社会责任、公司治理三个方面的实质性议题，为公司ESG战略规划、绩效管理和信息披露提供了重要参考基础。

六、未来展望

2022年，面对全球烟机灶具行业需求相对疲弱、市场不利的形势，公司积极采取应对措施，夯实根基、奋进开拓，取得了突破性进展。未来，公司将顺应行业发展趋势，在保持出口优势的基础上，辅以自主品牌的持续深耕细作，不断优化产品结构，提升中高端产品的市场份额，使公司的发展从规模数量化成长，进入规模与质效增长并举的可持续发展新阶段。同时，为了实现公司高质量发展与长远立足，我们将继续推进公司可持续发展管理体系建设，落地制度化措施规范相关管理，以实现更长远的发展目标。

复习思考题

1. 什么是非财务报告？

2. 非财务报告披露哪些内容？
3. 非财务报告和财务报告的关系是什么？
4. 常见的非财务报告有哪些？
5. ESG 报告披露哪些内容？
6. ESG 报告和 CSR 报告的关系是什么？
7. ESG 报告是否可以理解为能够部分反映、监督新质生产力要素的报告？

实践与思政课堂

据第一财经报道，在经历了数年的繁荣之后，环境、社会和治理原则（ESG）投资正在面临新一轮动荡。

2022 年，ESG 标签未能保护投资者免受金融市场下滑拖累。全球最大的 10 只 ESG 基金（按资产规模计）均出现了两位数的亏损。不仅最大的 10 只 ETF 基金跌幅达到两位数，总资产规模超过 5 亿美元的所有 ESG 股票基金的平均跌幅也达到 12%。欧洲不断收紧 ESG 标准，令不少基金面临降级的可能。美国则掀起了一阵反对 ESG 投资之风，一些大型资产管理公司顶不住压力退出相关联盟，ESG 基金、ESG 债券均面临困境。

化石燃料在欧洲能源政策中的复兴有可能引发全球市场对 ESG 债券的第一波金融处罚。2022 年，欧洲公共电力公司几乎不可能实现其发行的部分 ESG 债券的年底排放目标。

就在 ESG 基金业绩惨淡，ESG 相关债券恐难达到减排目标之际，欧洲还收紧了 ESG 监管标准。继 1250 亿美元的 ESG 基金遭降级后，资产管理机构仍然在努力消除欧洲的 ESG 基金类别变更带来的颠覆性影响。《欧盟分类目录》、《企业可持续发展报告指令》（CSRD）、《可持续金融披露规定》（SFDR）是欧盟在 ESG 领域内的监管框架。这一框架将基金分为三类：推动环境或社会因素的基金（俗称"浅绿基金"）、以可持续投资为目标的基金（俗称"深绿基金"），以及不以任何 ESG 因素为主要投资目标的普通基金。目前约 4 万亿美元规模的"浅绿基金"中，只有 18% 符合监管机构提出的可持续投资门槛。

在欧洲收紧标准的同时，一股强烈的反对 ESG 投资的声浪在美国多州越演越烈。在此背景下，全球最大的资产管理公司贝莱德集团因支持 ESG 而遭受打击，全球第二大资产管理公司先锋集团宣布将退出全球最大的气候投资联盟"净零排放资产管理人倡议"。该倡议成立于 2020 年 12 月，承诺到 2050 年实现净零碳排放，共有 291 名成员，总资产规模 66 万亿美元。大多数大型全球资产管理公司都是该倡议的成员。2022 年传统能源企业盈利丰厚，ESG 基金却亏损严重。

1. 结合上述资料，论述 ESG 在全球的发展前景。
2. 分析 ESG 在我国的发展前景，以及 ESG 报告如何充分披露我国 ESG 的发展成果。
3. 分析环境、社会责任和公司治理的新质生产力特征。

第十一章 碳汇会计、环境会计与人力资源会计

第一节 碳汇会计

一、碳汇溯源

1997年12月，为缓解全球气候变暖问题，149个国家和地区的代表在日本京都签署了《京都议定书》，该议定书于2005年2月16日在全球正式生效，由此形成了碳排放权交易制度。《京都议定书》是一部限制世界各国二氧化碳排放量的国际法案，签署国同意减少人为的六种温室气体（二氧化碳、甲烷、氧化亚氮、氢氟碳化物、全氟化碳和六氟化硫）的排放量。在2008—2012年的第一个承诺期内，发达国家的温室气体排放量至少比1990年水平降低5%，包括我国在内的发展中国家可自愿制定削减排放量目标。作为尚处于工业化进程中的大国，我国在发展经济的同时，通过植树造林等活动吸收二氧化碳，抵减部分工业温室气体的排放，减轻我国的国际减排压力。将我国的生态建设纳入应对世界气候变化的范畴，为我国在应对世界气候变化的谈判和相关国际环境外交上争取主动权。

森林碳汇是世界上较为经济的碳吸收手段。2004年，我国碳汇工作开始起步，起步阶段的碳汇主要就是森林碳汇。彼时，国家林业局将广西利用世界银行生物碳基金开展的造林项目作为碳汇试点实施，这是我国的第一个碳汇项目。截至2022年底，我国已经确定了18个林业碳汇试点市县。

碳汇交易蕴藏着巨大商机。2011年11月，国家林业局在浙江华东林业产权交易所正式启动林业碳汇交易试点，阿里巴巴集团以18万元购买了1万吨林业碳汇指标，成为国内购买林业碳汇的第一笔交易。2022年7月19日，为农田碳汇开发奠定先行先试基础，福建海峡资源环境交易中心和南靖县人民政府等多方合力共同策划推进的首单0.7万吨农田碳汇项目顺利在福建海峡股权交易中心完成交易。2022年，都昌县人民政府与易高天成（北京）科技有限公司成功签约水稻种植温室气体减排项目，这是江西省首个签约落地的农业碳汇项目。2022年5月，全国首个农业碳汇交易平台在厦门落地。同时，福建首例双壳贝类海洋渔业碳汇交易项目完成。2022年5月23日，全国首个农业碳汇服务驿站在厦门市同安区莲花镇军营村设立，开启为农户提供“农业碳汇+绿色金融”的下沉式服务新模式。2022年6月26日，中国林学会发布了“十三五”期间林草科技十大进展。其中，开发竹林碳汇多尺度联合监测技术体系，实现竹林碳汇时空动态的快速准确计测，为实现我国森林质量精准提升和森林碳汇精准估测提供重要科技支持。2022年8月17日，福鼎市茶产业发展中心与中国人寿财险福建省分公司签约，为福鼎市特色农业产业提供300万元碳汇损失风险保障，标志着农业碳汇保险率先在福建实现创新。

二、碳汇概述

（一）碳汇的含义

“碳汇”一词源自《联合国气候变化框架公约》缔约方签订的《京都议定书》。碳汇是指

从空气中清除二氧化碳的过程、活动和机制。碳汇概念的提出与导致全球气候变暖的温室气体排放密切相关，这就是所谓的碳源。碳源是指产生二氧化碳之源，自然界中二氧化碳源主要来自生物体的排放，此外，工业生产、日常生活也会产生大量的二氧化碳等温室气体。这些二氧化碳中的一部分累积在大气中，引起温室气体浓度升高，打破了大气中原有的热平衡，导致全球变暖。另一部分二氧化碳则储存在碳汇中，从而避免了全球气候变暖。

碳汇代表着森林、草地、耕地、海洋吸收并储存二氧化碳的能力。碳源代表着二氧化碳的排放能力。碳源与碳汇是两个相对的概念，碳源是自然界中向大气释放碳的母体，碳汇是自然界中碳的寄存体。减少碳源一般通过二氧化碳减排来实现，增加碳汇则主要采用固碳技术。

（二）碳汇的内容

早期的碳汇，特指森林碳汇，随着世界各国对碳汇研究的逐步深入，人们发现不仅森林具有吸收、储存二氧化碳的能力，草地、耕地，甚至海洋都具有吸收、储存二氧化碳的能力。因此，碳汇具体包括以下几类。

1. 森林碳汇

森林碳汇是指森林植物通过光合作用将大气中的二氧化碳吸收并固定在植被与土壤当中，从而减少大气中二氧化碳浓度的过程。森林面积虽然只占全球陆地总面积的三分之一，但是森林植被区的碳储量几乎占到了陆地碳库总量的一半。树木通过光合作用吸收了大气中大量的二氧化碳，减缓了全球温室效应，这就是通常人们所说的森林的碳汇作用。二氧化碳是林木生长的重要营养物质，林木在光能的作用下，把吸收的二氧化碳转变为糖、氧气和有机物，为生物界提供枝叶、根茎、果实、种子等基本的物质和能量来源。这一转化过程，就是森林的固碳过程。

林业碳汇是和森林碳汇密切相关，又不等同于森林碳汇的概念。林业碳汇指利用森林的储碳功能，通过植树造林、加强森林经营管理、保护和恢复森林植被等活动，吸收和固定大气中的二氧化碳，并按照相关规则与碳汇交易相结合的过程、活动或机制。森林分为天然林和人工林，天然林和人工林都具有碳汇作用，但是能够按照相关规则进行开发，并进行碳汇交易的，只限于人工林碳汇。

2. 草地碳汇

虽然目前我国仍旧没有对草地碳汇进行界定，但是草地的确具备一定的碳汇能力，能够将吸收的二氧化碳固定在的土壤当中。一年生草本植物的固碳能力相对较弱，仅占草地碳汇的一成左右，但是多年生草本植物的固碳能力较强。随着我国退耕还林、退耕还草工程的实施，退化草地将得到逐步恢复，可以充分发挥草地的固碳作用。

3. 耕地碳汇

我国目前的耕地固碳仅涉及农作物秸秆还田固碳部分。耕地生产的农作物具有固碳功能，农作物吸收的二氧化碳通过光合作用形成根、茎、叶。其中，作为果实部分的根、茎、叶通过生产、生活消耗，其中固定的二氧化碳又被重新排放到大气中。只有秸秆部分通过秸秆还田，作为农业有机肥将二氧化碳固定到了耕地的土壤当中。耕地碳汇通过采用保护耕地、扩大种植面积、增加秸秆还田、增加有机肥施用、采用轮作制度和土地利用方式等，让耕地由碳源转化为碳汇。

4. 海洋碳汇

海洋碳汇是将海洋作为一个特定载体，吸收大气中的二氧化碳并将其固化的过程和机制。

地球上超过一半的生物碳和绿色碳是由海洋生物（包括浮游生物、细菌、海草、盐沼植物和红树林）捕获的，单位海域面积中生物固碳量是森林的10倍，是草原的290倍。

三、碳汇的价值与交易

（一）碳汇价值

碳汇项目是清洁发展机制的一个重要组成部分，碳汇功能创造了新的二氧化碳排放空间，二氧化碳排放权市场化的理论基础是劳动价值和效用价值。

1. 劳动价值

劳动价值的核心在于劳动价值是凝结在商品中的无差别的人类劳动。商品的价值是由生产商品所消耗的社会必要劳动时间决定的，而不是由生产商品所消耗的个别劳动时间决定。全球气候变暖表明，自然的二氧化碳排放空间已经饱和。未来的二氧化碳排放空间应该是人类劳动的成果，其具体的表现形式应该是碳汇或者二氧化碳排放权。

2. 效用价值

效用是商品的有用性，也就是商品的使用价值。效用使得不同使用价值的商品或同一商品的不同使用价值方面有了较为统一的衡量标准，效用理论强调的是商品需求者与商品之间的关系。根据消费者需求与否及其需求量的大小，决定某种商品是否具有使用价值，有多大使用价值。碳汇开发活动所产生的二氧化碳排放权具有广泛的需求，并且这种需求具有广泛性、长期性。

（二）碳汇交易的前提条件

经济增长必然引起能源消耗的增长，能源消耗增长的结果必然是二氧化碳排放量增加，二氧化碳排放空间减少。碳汇创造了新的二氧化碳排放权，二氧化碳排放权作为一种可再生的无形资源，要使其可持续利用，就必须加强对人类自身生产方式、经济行为的约束，必须在生产领域提高生产效率，在消费领域改变消费方式，以达到最大限度地利用资源。碳汇的核心问题包括：碳汇资产的确认问题、碳汇价值的确认问题、碳汇的核算问题。

1. 碳汇资产的确认问题

《企业会计准则》指出，能够带来经济利益是判断资产的重要标准。无论是天然的还是经过人类劳动形成的资源，都可以带来经济利益，因此，碳汇作为二氧化碳排放权的具体载体，是一种无形的资产，可以确认为资产。碳汇作为资产，还存在着产权问题，产权界定是碳汇资产市场交易的前提。以森林碳汇为例，由于森林碳汇是以森林资源为载体的，因此，森林碳汇产权与森林资源产权相一致。

2. 碳汇价值的确认问题

碳汇作为一项资产，还有价值确认问题，如果不能够合理确认价值，就不能作为一项资产纳入会计核算体系。理论上，所有的自然资源，包括未经过人类劳动参与或者经过人类劳动参与的自然资源，都是有价值的。资源的价值是资源所有权经济权益的具体体现，这种价值取决于自然资源对人类的有用性、稀缺性和开发利用条件等因素。碳汇资源具有有用性和稀缺性，并且表现得越来越稀缺，因此，碳汇是有价值的，关键的问题在于如何合理地衡量这种价值。

3. 碳汇的核算问题

建立统一的碳汇计量体系和标准具有较强的技术性与专业性。为此，应加强碳汇管理和技术支持，设立国家碳汇计量、监测评估机构，负责碳汇的计量、监测评估等工作，同时，应尽快建立起全国统一的、与国际接轨的碳汇计量、监测体系和标准。支持、鼓励各省按照所制定的标准，计量本省的碳汇及其动态变化，逐步将碳汇纳入国家生态价值的统计范畴，并统一对外发布。随着国内外对气候变化的关注、碳汇的宣传，碳汇计量和监测的任务会逐步加大。因此，在制定相关标准的基础上，国家应当鼓励建立碳汇计量、监测的中介组织机构并对其资质进行管理。

（三）碳汇交易

1. 碳汇交易机构

目前，森林碳汇仍旧是我国碳汇的主力品种，我国已经明确把增加森林碳汇作为重要的增汇措施。2011 年 11 月，经国家林业局同意，由华东林业产权交易所与中国绿色碳汇基金会合作开展的全国林业碳汇交易试点在浙江义乌正式启动，华东林业产权交易所是我国首个林业碳汇交易试点平台，主要从事林权交易、原木等大宗林产品交易、林业碳汇交易等。包括阿里巴巴集团在内的 10 家企业签约认购了首批 14.8 万吨林业碳汇。2010 年 7 月经国务院批准，中国绿色碳汇基金会成立，是我国第一家以增汇减排、应对气候变化为目的的全国性公募基金会。

2021 年 8 月，厦门产权交易中心成立全国首个海洋碳汇交易服务平台，标志着我国的碳汇交易不再局限于森林碳汇，拓展到了更加广阔的碳汇领域。

2. 碳汇交易对象

目前我国碳汇交易市场有两类基础产品，一类是政府分配给企业的碳排放配额，另一类是国家核证自愿减排量（Chinese Certified Emission Redution，CCER）。2020 年 12 月发布的《碳排放权交易管理办法（试行）》规定：CCER 是对我国境内可再生能源、林业碳汇、甲烷利用等项目的温室气体减排效果进行量化核证，并在国家温室气体自愿减排交易注册登记系统中登记的温室气体减排量。

两类基础产品中的第一类，配额交易是政府为完成温室气体排放控制目标所采用的一种政策手段，即在一定的空间和时间范围之内，将温室气体排放控制目标转化为具体的碳排放配额，并将其分配给下级政府和企业。如果某一个企业的实际碳排放量小于政府分配的碳排放配额，则该企业可以通过交易多余碳配额来实现碳配额在不同企业的合理分配，最终以相对较低的成本实现政府制定的温室气体排放控制目标。

作为配额交易的补充，在配额市场之外，还引入了自愿减排市场交易，即 CCER 交易。CCER 是温室气体排放控制企业向实施碳抵消活动的企业购买的，可用于抵消自身碳排的核证量。碳抵消是指用于减少温室气体排放碳源或者增加温室气体吸收碳汇，用来实现补偿或者抵消其他排放源产生温室气体排放的活动，即温室气体排放控制企业的碳排放可以用其他企业使用清洁能源减少温室气体排放或者增加的碳汇来抵消。抵消信用由通过特定减排项目的实施得到减排量后进行签发，项目包括按照 1：1 的比例给予 CCER 替代碳排放配额，1 个 CCER 等同于 1 个配额，可以抵消 1 吨二氧化碳当量的排放。《碳排放权交易管理办法（试行）》规定，重点排放单位每年可以使用国家核证自愿减排量抵销碳排放配额的清缴，抵消比例不得超过应清缴碳排放配额的 5%。

3. 碳汇交易标准体系

目前，我国的碳汇交易标准体系包括：碳汇生产标准、碳汇计量标准、碳汇认证标准、碳汇交易标准。其中碳汇交易的标准由碳汇交易所来制定、执行，而认证标准则应当由生产方和交易方之外的第三方来完成。

四、碳汇会计核算体系设计示例

海洋碳汇会计核算体系设计

海洋碳汇也称作蓝碳，是利用海洋活动以及海洋生物吸收大气中的二氧化碳，并将其固定存储在海洋中的过程、活动和机制。海洋是地球上最大的活跃碳库，是陆地碳库的20倍、大气碳库的50倍。在双碳战略中，海洋是减缓气候变化的重要领域，尤其是海岸地带的海洋碳汇生态系统，虽然面积占全球海洋面积不足千分之二，却贡献了全球海洋沉积物有机碳埋藏总量的一半，是生物圈中最强的碳汇系统，不仅在固碳方面发挥着重要的作用，对经济、社会发展同样有着不可替代的作用。

2022年9月26日，自然资源部批准发布了《海洋碳汇核算方法》，并于2023年1月1日正式实施。《海洋碳汇核算方法》系统地规范了海洋碳汇核算工作的流程、内容、方法以及技术要求，解决了海洋碳汇的实物量化问题。自此海洋碳汇核算工作有了可以依靠的具体技术标准，有力地推动了海洋碳汇经济的发展。《海洋碳汇核算方法》不仅仅是一套技术性标准，同时也是海洋碳汇经济价值核算标准。其发布、实施有利于打造海洋碳汇经济产业链，实现滨海湿地和红树林增汇、生态渔业养殖增汇、海洋微生物增汇，也有利于海洋碳汇技术服务、海洋碳汇金融等相关产业的发展。

在我国目前的碳汇产品中，大部分以林业碳汇作为标的，以海洋碳汇作为标的的产品还很少，而海洋碳汇的容量却远远大于森林碳汇，由此可见，海洋碳汇极具发展前景。目前之所以未形成成熟的海洋碳汇市场，主要原因是缺乏实物量化海洋碳汇的流程、方法和技术标准。《海洋碳汇核算方法》的出台，消除了这一主要的技术障碍，为海洋碳汇产品的开发奠定了技术基础。相对于比较成熟的林业碳汇产品，海洋碳汇还处于早期的市场开发阶段，但是发展速度非常快。因此，从会计专业角度提出一整套系统的海洋碳汇会计核算体系，有利于将海洋碳汇信息合理地纳入会计信息系统当中，提高海洋碳汇会计信息的相关性。海洋碳汇的会计核算具体包括确认、计量、记录和报告四个环节。

(一) 海洋碳汇的会计确认

1. 海洋碳汇会计确认综述

会计确认是海洋碳汇信息纳入会计信息系统的起点。会计确认通过一定的标准，确认经济活动包含了哪些会计要素信息、这些要素信息是否应该、应该以何种要素身份进入会计信息系统。海洋碳汇的确认涉及可定义性、可计量性两个重要的标准。《海洋碳汇核算方法》将海洋碳汇定义为“红树林、盐沼、海草床、浮游植物、大型藻类、贝类等从空气或海水中吸收并储存大气中的二氧化碳的过程、活动和机制”，此项定义明确了发挥碳汇作用的主体是红树林、盐沼、海草床、浮游植物、大型藻类、贝类等，同时强调了碳汇过程是“吸收并储存”的过程。由此可以看出，海洋碳汇主要是由红树林、海草床、贝类等海洋生物资产衍生出的一种资产，并且同海洋生物资产一样具有经济价值。随着双碳目标的逐步实现以及相关法律、法规的完善，海洋碳汇完全可以判定为很可能为企业带来经济利益的资源，即符合企业会计准则关于资产的定义，因此，海洋碳汇应该确认为一项资产要素。

2. 海洋碳汇会计确认的不确定性因素分析

在企业会计准则关于资产要素确认的部分，几乎所有的资产要素确认都涉及两条标准，首先是符合资产的定义，其次是成本能够可靠地计量。可靠性是会计确认过程中最重要的问题，一项资产要素是否能够纳入会计信息系统，取决于会计要素的不确定性及其会计计量的不确定性，这两种不确定性是会计要素信息可靠性问题的主要来源。碳汇本质上是一项碳排放权，具有对实体资产的依附性、周期性和较弱的变现能力。海洋碳汇作为碳汇的重要组成部分，其独特的属性在一定程度上会影响到会计确认。

（1）海洋碳汇资产的依附性分析。海洋碳汇资产的形成源自于红树林、海草床、浮游生物、贝类等海洋生物吸收大气中的二氧化碳并将其固定存储在海洋中的过程、活动和机制。在我国碳排放总量目标和碳排放配额的分配、交易机制的系统作用下，产生了海洋碳汇资产。由此导致海洋碳汇资产对于海洋生物等实体资产具有依附性。这种依附性对于其资产确认的影响是海洋碳汇资产是否应该确认为一项独立的资产要素。

（2）海洋碳汇资产的周期性分析。海洋碳汇资产依附于海洋生物实体资产，海洋生物实体资产是庞大的资产组合，不同种类的海洋生物实体资产具有不同的生长、生产周期。由此导致基于不同海洋生物资产开发的海洋碳汇资产同样具有不同的周期性，而这种周期性差异会影响到海洋碳汇资产是否应该全部确认为流动资产。海洋碳汇受让方因其用益物权期限制约，通常应该确认为流动资产。而海洋碳汇的出让方，受制于海洋碳汇开发技术、程序以及实体海洋生物的特性等因素，不排除确认为具有成本属性的非流动资产的理论可能。

（3）海洋碳汇资产变现能力分析。资产具有变现属性，这种属性在很大程度上会影响到是否应该确认为资产要素。目前我国碳汇市场仍旧处于市场规模小、交易市场分散的阶段。而海洋碳汇已经具备了开发的技术条件、市场开发尚处于初期阶段，由此导致变现价值的公允程度有待提高，但是变现能力已经具有一定的保障性。因此，海洋碳汇可以确认为一项资产。

3. 海洋碳汇的资产确认

关于海洋碳汇的资产确认，有四种理论上的可能：一是依据海洋碳汇的可售性，把海洋碳汇确认为存货。但是海洋碳汇又有别于存货，从海洋碳汇价值结转最终去向看，最终并未计入产品成本，因此，不应该将海洋碳汇确认为存货资产；二是依据海洋碳汇没有实物形态的特征，将其确认为无形资产。但是海洋碳汇资产并不具有清晰的长期资产属性，因此，不应该将海洋碳汇确认为无形资产；三是依据碳汇交易方式，将其确认为一种金融资产。但是海洋碳汇通常情况下并非源自金融工具，因此也不应该将海洋碳汇确认为金融资产；最后还有一种可能，即依据海洋碳汇是海洋生物资产的衍生资产这一特征，将其作为生物资产的一部分予以确认。

上述四种资产确认均有局限性，没能充分反映出海洋碳汇的资产属性。随着双碳目标的实施、相关法律法规的健全、碳汇市场的日趋成熟，包括海洋碳汇在内的碳汇资产最终会成为一类品种繁多、交易活跃的资产要素，完全可以把碳汇作为一项资产独立地纳入会计信息系统。因此，会计上完全可以将其确认为一种全新的资产——碳汇。

（二）海洋碳汇的会计计量

海洋碳汇纳入会计信息系统的第二个需要解决的问题是计量。资产的会计计量包括实物计量和价值计量两部分，而实物计量又是价值计量的基础。

1. 海洋碳汇的实物计量

海洋碳汇之所以未能充分纳入会计信息系统，一个重要的原因是海洋碳汇缺乏科学统一的实物计量标准，由此导致价值计量同样受限，自然无法充分纳入会计信息系统。随着《海洋碳汇核算方法》的颁布、实施，海洋碳汇已经具备了实物量化的技术条件。因此，海洋碳汇也具备了充分纳入会计信息系统的可能。《海洋碳汇核算方法》明确了海洋碳汇能力由红树林碳汇、盐沼碳汇、海草床碳汇、浮游植物碳汇、大型藻类碳汇和贝类碳汇等组成。海洋碳汇能力核算采用的调查方法主要包括群落样方调查方法、标志桩法、叶绿素 a 法。核算数据主要来源于实地调查，如果不具备实地调查的条件，《海洋碳汇核算方法》通过提供相关系数的参考值可以辅助完成海洋碳汇的实物计量。

2. 海洋碳汇的价值计量

在价值计量方面，我国《企业会计准则》规定有历史成本计量和公允价值计量两类计量模式，其中除历史成本以外的其余四种计量模式，包括重置成本、可变现净值、现值和公允价值同属公允价值计量范畴。

（1）历史成本计量模式特征与海洋碳汇会计计量契合分析。历史成本是经济业务发生时真实地发生过的成本。历史成本计量是按照资产购置时支付的现金或现金等价物的金额，或按照购置资产时所付出的对价的公允价值进行的会计计量。资产的初始成本作为历史数据，在资产要素存续期内一般不作调整。历史成本计量模式有两个显著的特征：可验证性和局限性。历史成本计量通常只对实际发生过的经济活动产生的结果进行确认，因此具备可验证性。但是历史成本计量模式也有其局限性，历史成本计量不能够对会计要素进行全面、系统、动态的衡量。

历史成本计量模式更适合于海洋碳汇资产受让方的会计计量，通常情况下，受让方取得海洋碳汇资产会有明确的受让方式和对价，对价的金额就是海洋碳汇资产的初始成本。而出让方在持续开发海洋生物资产的过程中，需要有持续的资金、技术、人工投入，成本投入的不确定性在很大程度上制约了其对历史成本计量模式的运用。

（2）公允价值计量模式特征与海洋碳汇会计计量契合分析。企业会计准则把公允价值定义为理性的双方在公平的市场条件下，自愿进行交易的金额，这种交易的价值可以用市价或未来现金流量现值表示。公允价值在一定程度上违背了客观性原则，但是公允价值贴近会计要素的当前市场状况，更有利于会计信息的使用者做出正确的决策。公允价值主观性强，但是主观性不必然导致降低会计信息的相关性，相反，还有可能使会计信息质量超过单一的历史成本计量模式下的会计信息的质量。

海洋碳汇会计要素市场的成熟度与其会计信息质量密切相关。随着海洋碳汇市场的发展，一些海洋碳汇要素会逐步具备公允价值计量的客观条件，从而有力地支持这些要素采用公允价值计量模式。成熟的会计要素市场不仅能够提供市价数据，还能够提供现金流量数据和折现率数据，从而为海洋碳汇估值技术的实施创造有利条件。

3. 海洋碳汇会计计量的不确定性因素分析

海洋碳汇会计计量具有一定的不确定性，海洋碳汇会计信息的相关性受制于这种不确定性。海洋碳汇计量的不确定性源自于海洋碳汇资产的特殊属性和会计计量理论固有的主观性。而海洋碳汇资产的特殊属性又源自于海洋碳汇对于海洋生物资产的依附性、海洋生物资产的可逆性以及海洋碳汇资产的额外性。

（1）海洋碳汇资产依附于海洋生物资产，海洋生物资产品类繁多、分布广泛，尽管《海洋碳汇核算办法》提供了系统、完善的海洋碳汇能力调查方法，但是受制于调查成本、自然环境因素以及理论方法的局限性，仍旧难以完全实现精准计量，由此导致海洋碳汇资产的实物计量具有不确定性，而海洋碳汇价值计量又以实物计量为基础，近而产生了海洋碳汇资产会计计量的不确定性。

（2）海洋碳汇资产计量的不确定性还源自于海洋生物资产的可逆性。气候变化、自然灾害、生物侵袭等自然因素在海洋碳汇的生产过程中发挥着重要作用，甚至会发生逆性作用。海洋生物资产的可逆性通常难以预测，由此增加了海洋碳汇计量的不确定性。

（3）能够进行交易的海洋碳汇资产是增量资产，不是存量资产，由此具有额外性特征。而维持现有的存量海洋碳汇和通过经营海洋生物资产产生增量海洋碳汇，都需要有相应的成本投入，成本投入的不确定性带来了海洋碳汇资产会计计量的不确定性。

（4）会计计量模式尤其是公允价值计量模式具有很强的主观性，计量技术自身的成熟度和会计政策选择的主观意图，都会增加海洋碳汇计量的不确定性。

4. 海洋碳汇计量模式选择

理论上，公允价值计量模式下会计信息的相关性要高于成本计量模式下会计信息的相关性。但是，公允价值计量是有条件的，即公允价值必须能够持续可靠地获得。因此，海洋碳汇的计量模式选择并不能把公允价值计量模式作为唯一的选项。目前，包括海洋碳汇在内的碳汇交易市场发展还不够成熟，市场分散且独立，尚未形成全国性的统一碳汇交易大市场。因此，在一定阶段之内，会保持成本计量模式和公允价值计量模式并行的双计量模式，以便最大限度地提高海洋碳汇信息的相关性。成本计量没有会计政策选择空间，而公允计量模式包括重置成本计量、现值计量、可变性净值计量和公允价值计量四种。这四种公允计量模式的技术特征不同，适用范围也不同。

（1）重置成本是在会计要素当前市场条件下取得某项资产所付出的代价。重置成本多用于资产的盘盈业务，因此，通常情况下海洋碳汇不会用到此种计量模式。

（2）现值计量，从会计基本定义出发，资产的价值应该是此项资产在未来期间给会计主体带来的经济利益的现值。资产在未来期间为会计主体带来的经济利益决定了当前资产价值的高低，此种计量模式参考了货币的时间价值因素。在公允价值计量模式中，现值的合理性、相关性相对最低。其原因在于资产的未来现金流量通常难以准确估计，折现的期限和折现率通常难以精确确定。而海洋碳汇资产的流动性资产属性更为明显，因此，在海洋碳汇的初始计量上，通常不会用到现值计量。但是，当某些海洋碳汇资产具有非流动资产特征，则可能用到现值计量技术。

（3）可变现净值是假设将某项资产处置所能收回的现金净额，即将资产的预计售价扣除预计成本、预计销售费用以及预计相关税费后的净值。此种计量模式通常用于资产的期末计价，海洋碳汇如果采用成本计量模式，则在期末计价时可以采用此种计量模式。

（4）公允价值计量模式是狭义公允价值计量，狭义的公允价值是指在成熟的市场条件下，熟悉情况的交易双方自愿达成的价格。随着碳汇市场的逐步发展，海洋碳汇产品会存在大量的活跃的现货交易，公允价值可以持续可靠地获得。由此，狭义公允价值计量模式是最有可能被广泛用于海洋碳汇会计计量的计量模式。

（三）海洋碳汇的会计记录

1. 科目设置

随着碳汇相关法律、法规的完善，碳汇最终会作为一项独立的资产纳入会计信息系统。因此可以设置“碳汇”一级科目，并设置森林碳汇、海洋碳汇、耕地碳汇、草地碳汇等明细科目。针对海洋碳汇的核算，还可以在海洋碳汇二级明细科目下设置红树林碳汇、盐沼碳汇、海草床碳汇、浮游植物碳汇、藻类碳汇、贝类碳汇等三级明细科目。目前我国碳汇市场规模不大、交易品种单一、交易量有限，但是发展非常迅速。因此，碳汇应该采用成本计量、公允价值计量的双重计量模式，可以依据碳汇市场成熟度选择计量模式。如果采用成本模式计量碳汇，则应该设置相应的备抵科目“碳汇摊销”“碳汇准备金”以核算碳汇资产存续期间价值的减少。如果采用公允价值模式计量碳汇，则可以设置碳汇-成本、碳汇-公允价值变动明细科目来分别核算碳汇的初始成本和公允价值期末计价，相应地，还要核算碳汇公允价值期末计价的影响。关于碳汇公允价值期末计价的影响，理论上可以在当期损益中体现，也可以在所有者权益中体现，从而避免其对当期损益的影响。本教材认为碳汇作为海洋生物、林木、草地、耕地等资产的衍生资产，其资产在后续计量过程中对当期损益产生影响通常不会导致过度盈余管理等问题出现，因此，可以通过公允价值变动损益科目反映碳汇公允价值期末计价对当期损益的影响，而不必通过其他综合收益科目规避碳汇公允价值期末计价对当期损益的影响。

碳汇（包括海洋碳汇在内）都具有经济性，因此，碳汇核算一定会涉及损益类科目，现有的一些研究成果倾向于把碳汇的损益作为利得、损失进行处理。本教材认为，碳汇作为海洋生物、林木、草地、耕地等资产的衍生资产，其损益的实现方式与海洋生物、林木、草地、耕地等资产具有关联性和相似性。因此，包括海洋碳汇在内的碳汇的损益核算，应该纳入主营业务或者其他业务范畴，使用主营业务收入、主营业务成本，或者其他业务收入、其他业务成本，以及税金及附加等科目进行核算，而不必设置新的损益类科目。

2. 海洋碳汇的分录处理

海洋碳汇的初始计量，依据不同的取得方式，借记碳汇科目，根据具体的碳汇核算内容，在碳汇科目下设置海洋碳汇等二级科目，在海洋碳汇下设红树林碳汇等三级科目。同时，贷记银行存款、应付款项、长期应付款、递延收益、主营业务收入、应交税费等科目。

海洋碳汇的后续计量与碳汇计量模式选择有直接的关系。如果碳汇选择了成本计量模式，在后续计量时，应该以碳汇摊销的形式核算碳汇资产价值的变化，借记其他业务成本等科目，贷记碳汇摊销科目；如果碳汇选择了公允价值计量模式，在后续计量时，应该以公允价值期末计价的形式核算碳汇资产价值的变化，借记碳汇-公允价值变动，贷记公允价值变动损益，或者借记公允价值变动损益，贷记碳汇-公允价值变动。两种计量模式下的后续计量的区别在于碳汇摊销是碳汇资产价值单向的调整，在加速摊销等情况下，可以体现谨慎性原则。而公允价值期末计价则是碳汇资产价值的双向调整，调整后反映碳汇要素的当前市场状况。

海洋碳汇的处置可以在主营业务或者其他业务范畴之内进行核算。海洋碳汇通常是海洋生物资产的衍生资产，大规模拥有海洋生物资产，并意图把海洋碳汇纳入会计信息系统的会计主体，通常也是把海洋生物资产作为主要经营对象的主体，这些会计主体通常会把海洋生物资产及其衍生出来的碳汇视为一组经营对象进行管理。因此，海洋碳汇的处置的主营业务属性或者其他业务属性很强。当会计主体处置海洋碳汇等碳汇资产时，须确认主营业务收入并结转主营业务成本，同时依据关于海洋碳汇的税收政策，还可能核算相应的税金及附加。借记银行存款、应收款项等科目，贷记主营业务收入，同时借记主营业务成本，贷记碳汇-海洋碳汇，如果涉及税费成本，则须借记税金及附加，贷记应交税费。如果为了区别于主业，体现海洋碳汇的衍生资产特征，也可以把处置海洋碳汇作为其他业务处理，即确认其他业务收入、结转其他业务成本及相应的税金及附加。

（四）海洋碳汇的会计报告

通过确认和计量，海洋碳汇要素会计信息就会被纳入会计信息系统，并最终在报告中呈现出来并对外披露。财务报告是反映财务状况、经营成果以及现金流量的综合性文件。会计信息的使用者有可能来自会计主体内部，也有可能来自会计主体外部。海洋碳汇要素信息纳入会计信息系统之后，最终将以财务报告的形式提供给投资人、债权人以及致力于推动海洋碳汇发展的相关政府部门，被用于以会计专业的视角评测海洋碳汇的发展水平。

目前会计报告系统提供的海洋碳汇信息不仅信息量小，而且局限于非量化的表外披露。尽管能够在一定程度上满足市场对于海洋碳汇信息的需求，但是，量化信息的缺失仍旧严重制约着海洋碳汇信息的相关性。因此，在目前的报告系统当中，急需增加量化的海洋碳汇表内信息。

1. 海洋碳汇信息的报表披露

（1）资产负债表披露。资产负债表能够反映期末会计主体的财务状况。会计报告系统反映海洋碳汇要素，首先需要在现有报表项目中新增项目或者在原有项目中扩大反映范围，以此把海洋碳汇会计要素纳入会计报告系统当中。报表信息是总括性信息，海洋碳汇作为碳汇中的一个项目，没有必要在资产负债表中单独列示。依托低碳法律、法规的完善和碳汇市场的发展、成熟，可以连同其他碳汇一起作为一类独立的资产在资产负债表中单独列示。随着包括海洋碳汇在内的碳汇产品的开发，不同属性的碳汇要素信息会陆续地被纳入会计信息系统。碳汇要素的流动性资产属性强于非流动性资产属性，因此，可以在资产负债表流动资产大项下，单独设置碳汇报表项目，用以反映不同计量模式下的碳汇要素的财务状况。

（2）利润表披露。海洋碳汇要素一旦被纳入会计信息系统，在其后续计量和处置过程中，一定会对当期损益产生影响。因此，在利润表中同样应该披露海洋碳汇要素在后续计量和处置过程中对会计主体当期损益的影响。在海洋碳汇的会计记录部分，本教材倾向于把海洋碳汇的后续计量和处置放在主营业务和其他业务范围内进行核算，因此，在当期利润表项目中，不必再增设损益项目，海洋碳汇对于当期损益的影响纳入现有的营业收入、营业成本、公允价值变动收益项目即可。

（3）现金流量表披露。现金流量表反映会计主体经营活动、投资活动和筹资活动产生的现金流量。海洋碳汇通常只会影响经营活动的现金流量。如果会计主体的碳汇业务比重较大，海洋碳汇产生的现金流量可以列入销售产品、提供劳务收到的现金或者购买商品、接受劳务支付的现金项目；如果碳汇业务比重小，海洋碳汇产生的现金流量可以列入收到其他与经营活动有关的现金或者支付其他与经营活动有关的现金项目。如果充分考虑了包括海洋碳汇在内的碳汇要素的特殊性及其社会责任属性，也可以在现金流量表的经营活动产生的现金流量项目下，增设碳汇产生的现金流入、碳汇产生的现金流出项目。

此外，海洋碳汇核算在采用公允价值计量模式的情况下，理论上公允价值期末计价可能会计入其他综合收益，在所有者权益中体现，由此导致海洋碳汇相关信息报告可能会涉及所有者权益变动表中的其他综合收益项目。但是，本教材认为海洋碳汇的业务性质属于主营业务或者其他业务，并不属于利得、损失范畴。因此，海洋碳汇信息的报告，并不会直接涉及所有者权益变动表项目。

2. 海洋碳汇会计信息的分类报告披露

充分利用不同的分类报告，也有利于海洋碳汇要素会计信息的披露，提高海洋碳汇要素会计信息的相关性。本教材选取了三种财务报告分类，结合海洋碳汇要素的特点进行研究。

（1）会计报告按照其服务的对象可以分为外部报告和内部报告。外部报告因其受众广泛、影响面大，因此通常具有规定的格式和具体的内容要求。而内部报告的使用者通常来自会计主体内部，由此，内部报告一般情况下没有固定的格式和内容要求。海洋碳汇受限于企业会准则会计基本理论和方法体系的限制以及海洋碳汇要素的特殊属性，不可能把全部的要素信息都纳入会计信息系统。因此，海洋碳汇要素会计信息可以通过内部报告和外部报告分别进行反映。发展成熟的海洋碳汇要素，可以通过确认、计量等程序最终在外部报告中进行披露。另外一些不能够在外部报告中披露的海洋碳汇要素信息，则可以借助内部报告进行披露，供内部决策使用，以此提升海洋碳汇要素信息披露的充分性。

（2）会计主体需要披露月报、季报、半年报和年报。不同周期的财务报告所反映的会计信息的详尽程度有所不同。中期财务报告因为编制周期短，因此包含了更多的估计的成分和主观判断的成分。海洋碳汇要素受气候、地理条件的影响，通常很难在长周期报告中持续地反映，因此，结合海洋碳汇要素的实际特点，海洋碳汇信息的披露不能单纯地依赖年报披露，中期报告也应该成为披露海洋碳汇要素会计信息的主要手段，中期财务报告披露不仅符合海洋碳汇要素的特点，同时还可以丰富中期财务报告的内容。

(3) 分部报告的编制通常是以经营分部和地区分部的形式分别编制的。海洋碳汇具有明显的地域特征，因此，完全可以采用地区分部报告的形式进行报告。同时，包括海洋碳汇在内的碳汇有其独特的运营模式，因此，也可以按照业务区分编制分部报告。

3. 海洋碳汇信息的表外披露

随着经营活动的日益丰富，越来越多具有不同特征的会计要素逐渐产生，会计信息使用者对于表外信息的需求越来越大，导致附注逐步成为财务报告重要的组成部分。海洋碳汇要素有其独特的属性，单纯依赖数字很难充分披露海洋碳汇要素的会计信息，有必要借助附注以文字的形式披露海洋碳汇要素的相关信息。

致力于海洋碳汇开发的会计主体通常会有独特的生产经营范畴和运营模式，完全可以通过附注部分的企业概况、经营范围信息的披露，反映致力于海洋碳汇经济发展的会计主体的运营特征。此外，海洋碳汇核算适用的会计政策以及会计政策选择的依据，都需要在附注中进行重点披露。

此外，财务报表附注部分的补充说明也可以披露详细数据、分析资料。海洋碳汇要素因其特殊的要素特征，导致有一些数据很难通过确认、计量的方式最终在会计报表中体现出来。但是，这些数据可能对海洋碳汇会计信息使用者做出决策有很高的参考价值，对于这类信息，可以通过附注补充说明的方式对外进行披露，提升会计报告中海洋碳汇会计信息的相关性。

第二节 环境会计

一、环境会计概述

环境会计源自于20世纪60年代，当时有学者认为，任何经济单位都处于一定的环境之中，这种环境主要是指自然环境。而经济单位的经济活动又会对自然环境产生一定的影响，因此有必要在会计信息系统中反映这种影响，由此诞生了环境会计问题。环境会计强调环境资源的有限性和稀缺性，强调对环境损耗的补偿，从而使企业从单一的经济责任向社会延伸，促进企业等经济单位将经济效益、社会效益和生态效益综合考虑，实现全社会的可持续发展。环境会计发展至今，仍旧未建立起成熟的会计核算体系。其原因在于，环境会计要素的确认、计量与目前会计要素核算理论体系的要求存在显著的差别。目前的会计要素核算理论体系是基于货币计量和所有权、控制权的核算理论体系。而环境会计要素无论是在所有权、控制权问题上，还是在货币计量问题上，完全纳入现有会计核算体系都存在着相当大的理论障碍。

环境会计是环境问题与会计理论体系相结合的产物，必然会涉及会计假设、会计原则、会计确认、会计计量、会计记录以及会计报告等诸多问题。但是，由于环境问题的多样性与复杂性，也必然会带来环境会计的特殊性，环境会计的特殊性主要体现在以下几个方面：

(1) 环境会计核算对象的特殊性，经济业务是会计的核算对象，环境经济业务引发的经济后果具有很强的不确定性；

（2）计量模式的不确定性，环境会计要素的计量很难单纯依赖价值计量，数量计量也具备很大的技术方面的不确定性，很可能需要借助更广泛的科学技术；

（3）报告形式的不确定性，环境会计要素和计量模式的不确定性，导致环境会计报告的内容同样具有不确定性。环境会计报告既应当揭示财务信息，也应当揭示非财务信息，比如企业等经济单位的环境目标及其执行情况，企业对于治理环境所采取的具体措施等。

二、环境会计理论体系

环境会计尽管已经诞生几十年，但是仍旧不是成熟的会计，由此导致至今仍旧没有统一的环境会计定义。不同视角的环境会计定义，也反映出环境会计核算理论体系构建思路的差别。本教材选取了两种具有代表性的环境会计理论体系，这两种理论体系的区别，首先来自对于环境会计的定义。

（一）环境会计理论体系 1

1. 环境会计的定义

环境会计是以环境资产、环境费用、环境效益等会计要素为核算内容的一门专业会计。通过相应的会计核算，对自然资源的价值、自然资源的耗费、环境保护的支出、改善资源环境所带来的收益等进行确认和计量，为政府相关部门、投资者以及社会公众提供企业环境目标、环境政策和规划实施等方面的信息。提供环境会计信息的最终目标是控制与协调经济效益与环境资源的关系，实现环境效益、社会效益和经济效益的最优化，实现经济发展、社会进步和环境保护的和谐统一。

2. 环境会计核算体系设计

（1）环境会计科目设置。环境会计是在传统会计理论体系基础之上，考虑了环境因素的影响而发展起来的一种会计。因此，在环境会计要素的划分上应当和传统会计保持一致，即环境会计要素也应当划分为资产、负债、所有者权益、收入、费用和利润。但是，在具体要素内容的划分上应有所不同。比如在资产要素中，环境会计应当设置“环境资产”“环境资产减值准备”等要素；在负债要素中应当设置“环境负债”要素，包括“应付环境资源损耗”“应付环境资源保护费用”和“应付环境治理费用”等要素；在所有者权益要素中设置“环境资本”要素；在收入要素中设置“环境收入”要素，反映企业因采取环境保护和环境治理而由国家给予的补贴、奖金和税收减免、其他单位和个人交来的环境损害赔偿或罚款收入；在费用要素中设置“环境费用”要素，在利润要素中增加“环境利润”要素等，用以反映企业在经营过程中发生的与环境相关的经济业务。

（2）环境会计计量。环境会计的计量是指将涉及环境的会计交易与事项作为会计要素加以记录并列入会计报表而确定其金额的过程。但是，有别于传统会计交易与事项，环境的价值在计量中存在一定的难度。一般情况下，环境的价值计量可以采用直接市场法、替代性市场法和模糊数学法等方法进行计量，其中，直接市场法又具体包括恢复费用法或重置成本法、防护费用法、市场价值或生产率法、人力资本法或收入损失法等方法。

（3）环境会计信息披露。环境会计披露的信息是为了向环境会计信息使用者提供相关的环境信息，以满足决策者分析、决策的需求。环境会计信息可以分为两部分：一是在企业的会计报表及其附注中披露企业本期环境会计要素的增减变动情况及其相关会计政策；二是在企业的会计报表附注中披露企业执行的环境政策、具体的实施情况以及企业治理环境和保护环境的长期目标等信息。

3. 环境会计理论体系 1 的理论局限性

从上述内容看，环境会计理论体系 1 基本限定在现有会计理论体系之内，力求通过现有会计理论体系反映环境会计信息。但是环境会计要素的产生并不一定完全基于传统会计所述及的交易和事项，由此导致按照现有会计理论体系，并不能充分地反映环境会计要素的相关信息。进而导致迄今为止，仍旧无法产生一份建立在传统会计理论体系基础之上的环境会计财务报告。

（二）环境会计理论体系 2

1. 环境会计的定义

环境会计是从社会利益角度计量和披露企业、事业单位、机关单位的社会活动对环境的影响及管理情况的一项管理活动，环境会计旨在促使环境资源的运用能够实现社会整体效益最大化。

2. 环境会计核算体系设计

环境会计理论体系 2 对现有的会计理论体系进行了较大幅度的重构，以此适应环境会计要素的特殊性。

（1）会计假设的重构。

传统会计理论体系中的会计假设包括会计主体假设、持续经营假设、会计分期假设和货币计量假设。环境会计的核算内容同传统会计相比存在较大的差异，因此，应当适当调整会计假设。会计主体假设、持续经营假设、会计分期假设不必调整，因为无论是传统会计还是环境会计，为谁记账、分期记账，记录建立在正常经营基础上的经济活动是没有区别的。需要调整的是单一的货币计量假设，结合环境会计要素的特殊性，应该调整为多元计量。多元计量假设是指在环境会计核算中，以货币计量为主，但考虑到环境因素的复杂性，很多情况下无法实现单一的货币计量。因此，应当以实物、百分数或指数计量等作为辅助计量方式，甚至在某些时候，还可以用图表和文字附注加以说明。

（2）会计原则的重构。

在传统的会计理论体系中，有关于会计信息质量约束的八项原则，八项原则的约束对象，从本质上讲，约束的是会计的确认和计量，而确认和计量恰恰又是环境会计难以有效解决的痛点。鉴于环境会计核算内容及其假定的变化，环境会计的核算原则也应当在传统会计原则的基础上，建立符合环境会计特征的原则，包括政策性原则、社会性原则、强制性和自律性原则。

政策性原则是指在环境会计的核算中要充分体现国家在环境方面的方针、政策，严格遵守国家相关的法律、法规，正确处理企业经济利益和环境保护、企业效益和社会效益的关系。社会性原则是指环境会计要求企业必须从社会共同利益的角度考虑企业的经济利益。社会对企业的评价必须舍弃当前单纯以企业的经济利益为标准的观念，代之以企业所创造的社会共同利益。同时，企业提供的环境会计信息，必须有利于国家环境的管理和调控。自律性原则是指在环境会计核算体系中，政府相关部门应当对企业最低限度的环境信息披露做出明确的强制性规定，同时鼓励企业尽可能多地向社会公众和政府相关部门提供环境会计信息。

3. 环境会计理论体系 2 的理论局限性

上述内容表明，环境会计理论体系 2 已经摒弃了传统会计理论体系的束缚，结合环境会计要素的实际，不再刻意追求确认、计量、记录、报告的核算程序。事实上，现行环境会计信息的报告，更多遵循的是环境会计理论体系 2。以上市公司为例，尽管没有强制性要求，但是很多企业都在对外报告中披露关于环境、社会责任方面的信息。许多上市公司还会专门披露 ESG 报告。

第三节 人力资源会计

一、人力资源会计的含义

人力资源会计是在经济学相关理论、组织行为学相关理论基础上，与人力资源管理学相互结合、相互渗透所形成的一项会计学科。人力资源会计是对企业等组织的人力资源成本与价值进行计量和报告的一种程序和方法，是会计学科发展的一个全新领域。美国密歇根大学的赫曼森于 1964 年首次提出“人力资源会计”这一概念后，通过会计学者坚持不懈的研究，如今已逐步建立起一套较为完善的人力资源会计理论体系。

二、人力资源会计溯源

1964 年，美国密歇根州立大学的赫曼森在《人力资源会计》一书中最先提出人力资源会计的概念。书中提出人力资源是企业最有效的经营资产，会计报表应该包括人力资本，从而提升其相关性。其后的数年间，美国会计学会对人力资源会计理论进行了系统的研究，认为应当进一步对人力资源成本以及人力资源效益进行衡量与评价。此间，有学者开发出了计量人力资源成本模型和人力资源价值模型。其中人力资源成本模型引用了传统会计理论体系的成本计量模式和公允价值计量模式中的重置成本。而人力资源价值模型则摒弃了单一的货币计量模式，引入了非货币计量。

20 世纪 70 年代的人力资源会计研究侧重于计量人力资源，倾向于把人力资源会计纳入传统会计理论体系。至 20 世纪 80 年代，人力资源会计的理论研究工作已经初步完成，需要通过实践去验证理论研究的成果。在人力资源会计的实践过程中，参与试行人力资源会计的企业需要花费大量的人力、物力成本，但是其效益却很难测量。由此导致企业参与人力资源会计实践的积极性不高，进而影响了人力资源会计的研究进程。

20 世纪 90 年代，随着国际间企业竞争的加剧，越来越多的企业认识到企业间的竞争实质上就是人力资源的竞争，由此导致人力资源会计的推广应用范围越来越大。人力资源会计研究再次进入迅速发展时期，其中既包括人力资源会计理论本身的研究，也包括人力资源会计程序和方法的研究，甚至有学者认为人力资源会计将使传统会计产生重大的变革。

我国人力资源会计的研究始于 20 世纪 80 年代初期，国内的学者就人力资源会计的一些理论和方法问题进行了广泛的、初步的研究，当时我国对人力资源会计的研究倾向于学习、借鉴国外的研究成果。直到 20 世纪 90 年代，我国对于人力资源会计的研究更加系统。先后有学者从行为学角度对人力资源会计进行了研究。还有学者进行了人力资源会计准则设计，并提出将人力资源作为一项会计要素纳入现有的会计信息系统。此外，还有学者对人力资源的计量模式进行了深入研究。

三、人力资源会计的理论重构

（一）会计假设重构

人力资源会计是把人力资源视为有价值的组织资源，从而对其价值进行确认、计量、记录和报告。实施人力资源会计的目的是用人力资源创造能力来反映组织现有人力资源的质量状况，为企业管理当局和企业外部相关关系人提供相关的决策信息。人力资源会计的基本内容包括人力资源成本会计和人力资源价值会计两个方面。其中，人力资源成本会计是指为取得、开发和重置作为企业经济资源的人力资源所引起的成本的计量和报告。人力资源价值会计主要研究人力资源对于企业的经济价值如何计量以及人力资源经济价值的决定因素等问题。

人力资源会计理论体系的构建同传统会计一样，也应建立在一系列会计假设的基础上，这是建立人力资源会计理论体系的先决条件。综合近些年来我国学者关于人力资源会计的研究成果，编者引用以下人力资源会计假设。

1. 人力资源会计信息的必要性假设

人力资源会计信息的必要性假设是指人力资源会计信息对于会计信息使用者做出正确的决策是相关的。无论是企业内部管理当局还是企业外部利益相关人都必须依靠人力资源会计提供有价值的信息，以人力资源会计信息为基础做出正确的决策。满足会计信息使用者的信息需要是会计科学存在的意义，人力资源会计信息是不可或缺的数据信息，是人力资源会计存在和发展的前提条件。

2. 人力资源的资产假设

人力资源具有资产属性，是人力资源进行会计确认、计量、记录和报告的前提条件。这一假设是人力资源会计能否成立的关键所在。如果人力资源不具有资产属性，那么也就无法进行会计核算，无法向使用者提供人力资源会计信息。人力资源会计的资产假设是建立人力资源会计原则，构建人力资源会计核算程序和方法的理论基础。人力资源的资产假设包括：

（1）人力资源是可以被会计主体控制的。传统会计理论认为资产是被会计主体拥有或者控制的，人力资源作为特殊的“资产”，不可能被企业拥有，但是通过合同、规章制度约束，能够被会计主体控制。

（2）人力资源具有未来服务的能力。人力资源未来服务企业的能力意味着人力资源可以在未来期间为企业带来经济利益，能够为企业带来经济利益是资产判定的核心要件。

（3）人力资源是可以计量的，包括用货币计量和非货币计量。人力资源“资产”的特殊属性，决定了人力资源很难进行单一的货币计量。

3. 持续经营假设

持续经营假设是传统会计理论体系的基础性理论前提。持续经营假设企业在可以预见的未来不会被破产清算，持续经营假设又派生出会计分期假设。按照会计分期假设，可以把企业持续不断的生产经营活动人为地划分为一定的会计期间，以便分阶段考核企业的账务状况和经营成果。持续经营假设是人力资源会计的一个重要基础前提，即在确定人力资源支出的会计处理时，如果支出影响是短期的，则费用化处理，否则应当资本化处理。在进行人力资源投资时，也应合理确定短期投资和长期投资。在确定人力资源价值时，则应当考虑其未来收益。

4. 人力资源对象假设

人力资源对象假设是指人力资源会计的研究对象是会计主体中作为生产要素的人力资源。人力资源会计的研究对象仅限于一个会计主体所能控制、支配、运用的人力资源。人力资源投资成本和价值的计量应当以一个会计主体为限，不能超过这个范围。人力资源对象假设为正确确定人力资源会计核算的内容，科学划分权责关系奠定了理论基础。

5. 人力资源价值与管理方式的线性关系假设

人力资源价值与管理方式的线性关系假设是指人力资源价值除了来自本身的技能、性质、健康等状况外，还受到管理方式的影响。人力资源价值在不同管理方式下会产生不同的经济效应。具体包括两个方面：一是不同的管理活动可以使单项人力资源价值增长、减弱或者保持不变；二是不同的管理活动可以使集体人力资源增长、减弱或者保持不变。人力资源价值是管理方式的函数假设为人力资源科学管理提供了理论依据。

（二）会计要素关系重构

人力资源会计与传统会计对人力资源的核算相比具有明显的优势。人力资源会计能够更加完整、更加科学地反映企业人力资源状况。人力资源会计既沿袭了传统会计理论体系的基本原理、基本方法，又在内容上有所创新。主要包括以下两点：

（1）人力资源会计对静态会计等式产生了巨大影响，在人力资源会计引入人力资产、人力资本和劳动者权益等概念后，将静态会计等式变革为物力资产+人力资产=负债+所有者权益+劳动者权益。

（2）设置了人力资产账户、人力资本账户、人力资产累计折旧账户、人力成本费用账户、人力损益账户、劳动者权益分成账户。

（三）人力资源会计的核心要素

1. 人力资源成本

人力资源成本是为取得、开发和重置作为组织资源的人力资源所引起的成本。人力资源成本概念的提出为人力资源会计和财务会计相融合创造了条件，通过增设相应的会计科目，使人力资源成本的会计信息能够在遵循公认会计原则的前提下通过传统会计程序纳入会计信息系统。

2. 人力资源价值

人力资源价值是蕴含于人体内的能够为企业带来经济利益的潜在劳动能力的价值，人在运用潜在劳动能力的过程中可以为企业创造出新的价值。人的潜在劳动能力的价值只能推测、判断而无法准确计量，但是人的潜在劳动能力创造出的外在价值是可以计量的。对人力资源价值的计量可以以过去创造出的价值为计量基础，人力资源会计是对人力资源本身具有的价值进行计量和报告。它所能反映的人力资源价值既可以是人力资源过去创造的价值，也可以是人力资源将来能够创造的价值。

3. 人力资源权益

人力资源权益会计是在继承人力资源成本会计，并对人力资源价值会计进行改造的基础上提出的。人力资源权益会计通过对传统会计等式的重构，实现了人力资源价值会计与传统财务会计的融合。人力资源权益在承认人力资源是有价值的经济资源的基础上，更进一步提出人以劳动者的身份参与企业的生产经营活动，人对企业的贡献高于其他任何物质资源，所以他们应该同物质资源的所有者一样享有对企业产出价值的分配权。

第四节 碳汇会计、环境会计、人力资源会计比较

一、碳汇会计

碳汇会计在三组前沿会计（碳汇会计、环境会计和人力资源会计）当中，是最容易被传统会计理论体系接纳的前沿会计。传统会计理论体系注重对于会计要素的确认、计量、记录和报告。其中，确认和计量是会计要素信息纳入会计信息系统的核心环节。确认强调会计交

易或者事项形成的会计要素的所有权、控制权和义务。计量则强调基于交易的实际成本和基于事项的公允价值主观判断。碳汇市场的建立，契合了传统会计理论体系的核算要求，因此，碳汇会计完全可以纳入现有的会计信息系统。目前欠缺的是碳汇会计具体准则。

二、环境会计

在三组前沿会计当中，环境会计最不可能被传统会计理论体系接纳。原因在于虽然环境作为环境会计的反映对象与企业的生产经营活动有关系，但是这种关系的建立并非基于交易或者事项，由此导致这种关系不会形成相应的所有权关系、控制权关系以及可以量化的权利义务关系。而传统会计理论体系核算的基础恰恰就是会计主体和会计要素之间的所有权关系、控制权关系以及可以量化的权利义务关系。编者认为，环境会计信息的披露几乎不可能是基于价值计量的量化会计信息。

三、人力资源会计

人力资源虽然不等同于传统会计理论体系所述及的资产、权益。但是人力资源从合同、规章制度约束视角看，人力资源的确有被企业控制的属性，在一定程度上契合了传统会计理论体系关于权利义务关系的表述，尽管人力资源有其特殊的属性，但是在一定程度上并不违背传统的会计基本理论体系。因此，人力资源会计既可以部分纳入现有会计信息系统，也有游离于现有会计理论体系之外的内容。

复习思考题

1. 什么是碳汇？
2. 碳汇和碳源的关系是什么？
3. 碳汇包括哪些内容？
4. 如何选择碳汇计量模式？
5. 如何披露碳汇会计信息？
6. 选取一项碳汇进行会计核算体系设计。
7. 什么是环境会计？
8. 环境会计核算的内容有哪些？
9. 什么是人力资源会计？
10. 人力资源会计核算的内容有哪些？
11. 碳汇会计、环境会计和人力资源会计是否从属于传统的会计理论体系，是否一定要纳入传统会计理论体系？
12. 结合“数字资产入表”，思考数字资产的新质生产力特征。

实践与思政课堂

据厦门日报报道：厦门出台实施方案，确保工业领域2030年前碳达峰。厦门市工信局、发改委和生态环境局联合印发的《厦门市工业领域碳达峰实施方案》，列出了五个领域的重点任务和七个方面的重大行动，力争“十五五”期间，基本建立以高效、绿色、循环、低碳为重要特征的现代工业体系。

一、五个领域的重点任务

1. 深度优化产业结构，促进主导产业低碳发展，积极培育战略性新兴产业，遏制高污染、高能耗项目盲目发展，推动产业低碳协同发展；

2. 持续推进节能降碳，提高能源利用效率，大力发展清洁能源，加快工业绿色微电网建设，加快实施节能降碳改造升级；

3. 发展绿色低碳技术，鼓励绿色低碳技术研发突破，推进创新成果应用；

4. 积极推行绿色制造，创建绿色低碳工厂，构建绿色低碳供应链，打造绿色低碳工业园区，促进中小企业绿色低碳发展；

5. 大力发展循环经济，加强再生资源循环利用，鼓励企业再制造、再利用。

二、七个方面的重大行动

1. 推进电子信息、装备制造、新材料新能源等重点行业减碳行动；

2. 开展企业节能降碳技术改造、能效对标、提升节能管理能力等工业节能与能效提升行动；

3. 进行绿色制造推进行动，包括鼓励企业参与标准体系建设、提升第三方服务能力、提升绿色制造项目数量质量；

4. 完善废旧物资循环利用体系建设；

5. 开展数字赋能减碳行动，包括新一代信息技术赋能工业生产，鼓励企业建设能碳管控中心；

6. 大力推进清洁能源替代，进一步减少化石能源消费；

7. 实施园区循环化改造，强化工业园区低碳零碳管理，力争到2030年，厦门火炬高技术产业开发区、厦门海沧台商投资区等省级以上重点产业园区实施循环化改造。

结合上述资料，论述碳汇市场的发展机遇，以及碳汇会计的发展。

第十二章 新兴技术对会计行业的影响

会计是一门古老的专业技术，从结绳记事开始，到形成完整的确认、计量、记录、报告技术体系，会计专业技术的发展一直极为封闭，历史上任何一次人类的技术变革都很难对会计专业技术产生实质性的影响。直到公允价值计量模式被引入财务会计之前，会计的计量仅限于四则运算，是公允价值会计政策为财务会计引入了货币时间价值概念。1981 年，出现了会计电算化概念，计算机技术第一次被引入会计专业技术。但是，会计电算化仅仅提高了会计工作的计算效率，在一定程度上由“人算”转变为“计算机算”。计算机技术的发展，并没有从本质上颠覆会计专业技术。会计工作仍旧是“记账”，会计工作者仍旧是“账房先生”，唯一的区别是键盘代替了笔、计算机代替了算盘。

近年来，计算机技术的发展演变为信息技术的发展。数字通信技术、数据存储技术的发展对许多商业领域形成了巨大的冲击，极大地改变了社会发展进程。截至目前，虽然这些新兴技术对会计专业技术的影响有限，但是已然能够清晰地看到潜移默化的技术影响已经出现。

编者认为，新兴技术的发展不会导致传统的会计职业彻底退出历史的舞台，毕竟会计信息的复杂性导致会计报告无法完全摆脱主观性因素的影响，只要会计工作主观性因素存在，会计职业就会存在。但是新兴技术的发展会极大地改变会计专业技术、会计观念、会计认知是一定会发生的事情，如果有政府部门的推动，甚至会出现颠覆性的影响。因此，本教材选取了部分新兴技术供读者学习。

第一节 区块链技术

一、区块链的含义

区块链是由多个保存了一定信息的区块按照各自产生的时间顺序组成的链条。这个链条被保存在整个系统中所有的服务器中，只要系统中有一台服务器可以工作，区块链就是安全的。这些服务器在区块链系统中被称为节点，它们为整个区块链系统提供存储空间和算力支持。如果要修改区块链中的信息，必须征得半数以上节点的同意并修改所有节点中的信息，而这些节点的控制权通常掌握在不同的主体手中，因此篡改区块链中的信息是一件极其困难的事情。相比于传统的信息网络，区块链具有多中心化的特征，由此导致区块链所记录的信息可靠性更高，能够帮助解决信息使用者互不信任的问题。

区块链有狭义区块链和广义区块链之分。狭义区块链是按照时间顺序将数据区块相连，组合成链式数据结构，并以密码学方式保证不可篡改的分布式账本。广义区块链是利用区块链式数据结构验证与存储数据，利用分布式节点共识算法生成和更新数据，利用密码学的方式保证数据传输和访问的安全、利用由自动化脚本代码组成的智能合约，编程和操作数据的全新的分布式基础架构与计算范式。

二、区块链溯源

2008年11月1日，中本聪（Satoshi Nakamoto）发表了一篇名为《比特币：点对点的电子现金系统》的文章，阐述了基于P2P网络技术、加密技术、时间戳技术和区块链技术的电子现金系统的构架理念，标志着区块链概念的诞生。区块链是比特币电子现金系统的核心组成部分，作为所有交易的公共账簿，通过利用点对点网络和分布式时间戳服务器，区块链数据库能够进行自主管理交易信息。

2009年1月3日，第一个序号为0的创世区块诞生。2009年1月9日，出现序号为1的区块，并与序号为0的创世区块相连接形成了链，标志着区块链的诞生。

2014年，区块链2.0数据库出现，第二代可编程区块链是一种编程语言，允许用户写出更加严密、更加智能的协议，使用户隐私得到保护，并且能够将掌握的信息兑换成货币，保证知识产权的所有者得到收益。第二代区块链技术使存储个人永久数字ID成为可能，并且能够对潜在的社会财富分配提供合理的解决方案。

2019年1月10日，国家互联网信息办公室发布《区块链信息服务管理规定》。

2019年10月24日，在中央政治局第十八次集体学习时，习近平总书记强调要把区块链作为核心技术自主创新的重要突破口，明确主攻方向，加大投入力度，着力攻克一批关键核心技术加快推动区块链技术和产业创新发展。

2021年，国家高度重视区块链行业发展，各部委发布的区块链相关政策已经超过60项，区块链被写入“十四五”规划纲要，各部门更是积极探索区块链发展方向，全方位推动区块链技术赋能各领域发展，积极出台相关政策，强调各领域与区块链技术的结合，加快推动区块链技术和产业创新发展，政策环境持续利好区块链产业发展。

2022年11月，蚂蚁集团数字科技事业群推出的区块链存储引擎首次对外开放；北京微芯区块链与边缘计算研究院长安链团队成功研发出目前全球支持量级最大的区块链开源存储引擎“泓”。

2023年2月16日，区块链技术公司Conflux Network宣布与中国电信合作，在中国香港地区试行支持区块链的SIM卡。

2023年3月30日，全国医保电子票据区块链应用启动仪式在浙江省杭州市举行。医保电子票据和区块链技术的全领域、全流程应用，将为医疗费用零星报销业务操作规范化、标准化和智能化提供强大的技术支撑，实现即时生成、传送、储存和报销全程“上链盖戳”。

三、区块链的类型

（一）公有区块链

公有区块链也被称作公有链，是最早的区块链，也是应用最为广泛的区块链，各大比特币（bitcoins）系列的虚拟数字货币均基于公有区块链，世界上仅有一条该币种对应的区块链。在公有区块链上，任何个体或者团体都可以发送交易，并且交易能够获得该区块链的有效确认，任何人都可以参与其共识过程。

（二）行业区块链

行业区块链由某个群体内部指定多个预选的节点作为记账人，每个区块的生成由所有的预选节点参与共识过程，其他接入节点可以参与交易，但不能影响记账过程，其他任何人都可以通过该区块链开放的API进行限定查询。行业区块链本质上是分布式托管记账，预选节点的多少，如何决定每个区块的记账者是行业区块链的风险点。

（三）私有区块链

私有区块链也被称作私有链。私有区块链仅仅使用区块链的总账技术进行记账，可以是一个公司，也可以是个人，独享该区块链的写入权限。私有区块链与其他的分布式存储方案没有本质上的区别。公有链的应用已经实现工业化，私有链的应用产品尚处于空白。

四、区块链的特征

（一）去中心化

去中心化是区块链最本质的特征。区块链技术不依赖第三方管理机构或者硬件设施，没有管理控制中心。通过区块链自身的分布式运算和存储，各个节点实现了信息自我验证、传递和管理。

（二）开放性

区块链技术基础是开源的，除了交易各方的私有信息被加密外，区块链的数据对所有人开放，任何人都可以通过公开的接口查询区块链数据和开发相关应用。

（三）独立性

基于协商一致的规范和协议，整个区块链系统的运行不依赖其他第三方。所有节点都能够在系统内自动安全地验证、交换数据。

（四）安全性

修改区块链网络数据需要掌控半数以上的数据节点，这使得区块链数据相对安全，在很大程度上能够避免人为操控数据。

（五）匿名性

除非有法律、法规方面的要求，单从区块链技术本身来讲，各个区块节点的身份信息不需要公开或者验证，信息传递可以匿名进行。

五、区块链的架构

区块链系统由数据层、网络层、共识层、激励层、合约层和应用层组成。在区块链架构中，基于时间戳的链式区块结构、分布式节点的共识机制、基于共识算力的经济激励和灵活可编程的智能合约是区块链技术最具代表性的技术。

（1）数据层封装了底层数据区块以及相关的数据加密和时间戳等基础数据和基本算法。包括：数据区块、链式结构、时间戳、哈希函数、默克尔（Merkle）树、非对称加密。

（2）网络层则包括分布式组网机制、数据传播机制和数据验证机制等。包括：P2P 网络、传播机制、验证机制。

（3）共识层主要封装网络节点的各类共识算法。

（4）激励层是将经济因素集成到区块链技术体系中来。包括：经济激励的发行机制和分配机制。

（5）合约层主要封装各类脚本、算法和智能合约，是区块链可编程特性的基础。包括：脚本代码、算法机制、智能合约。

（6）应用层则封装了区块链的各种应用场景和案例。包括：可编程货币、可编程金融、可编程社会。

六、区块链的核心技术

（一）分布式账本

分布式账本指的是交易记账由分布在不同地方的多个节点共同完成，而且每一个节点记录的是完整的账目。因此每一个节点都可以参与监督交易合法性，同时也可以共同为交易记录作证。此外，区块链的分布式存储也有其独特性，具体表现在以下方面：

（1）区块链的每个节点都按照区块链式结构存储完整的数据，而传统分布式存储一般是将数据按照一定的规则分成多份进行存储。

（2）区块链每个节点的存储都是平等独立的，并依靠共识机制保证存储的一致性。而传统分布式存储一般是通过中心节点向其他节点同步数据。

（3）没有任何一个区块链节点可以单独记录数据，从而避免了因单一节点记账被控制而记假账的可能性。

（4）由于区块链记账节点足够多，除非所有的节点都被破坏，否则账目不可能丢失，从而保证了账目数据的安全性。

（二）非对称加密

存储在区块链上的交易信息是公开的，但是账户身份信息是高度加密的，只有在数据拥有者授权的情况下才能访问到，从而保证了数据的安全和个人的隐私。

（三）共识机制

共识机制就是所有区块链记账节点达成共识，认定一个记录的有效性。共识机制既是认定的手段，也是防止篡改数据的手段。区块链拥有多种不同的共识机制，适用于不同的应用场景，在效率和安全性之间寻求平衡。区块链的共识机制具备少数服从多数以及人人平等的特点。

1. 少数服从多数

少数服从多数并不完全是比较节点的多少，也可能是计算能力的大小、股权数或者其他的可以比较的特征量。以比特币为例，采用的是工作量证明，只有在控制了全网超过51%的记账节点的情况下，才有可能伪造出一条不存在的记录。当加入区块链的节点足够多的时候，这基本上不可能，从而杜绝了造假的可能。

2. 人人平等

人人平等则是指当节点满足条件时，所有节点都有权优先提出共识结果，被其他节点认同后，成为最终的共识结果。

（四）智能合约

智能合约是基于可信的、不可篡改的数据，可以自动执行一些预先定义好的规则和条款。以保险为例，如果客户的信息都是真实可信的，那就比较容易在一些标准化的保险产品中实现自动化理赔。

七、区块链的制约因素

（一）现行法律、法规、观念的制约

区块链去中心化、自我管理、集体维护的特性淡化了监管的作用，在一定程度上与现行法律、法规和观念产生了冲突。即使是区块链应用最成熟的比特币，不同国家持有态度也不尽相同，不可避免地阻碍了区块链技术的应用与发展。解决这种制约关系，需要区块链技术的发展、应用与相关的立法、观念的改变相互磨合。

（二）区块链相关技术的制约

相较于区块链，成熟的互联网技术已经拥有大量成熟的互联网应用程序可用，但是区块链明显缺乏成熟的应用程序。此外，由于区块链需要承载复制之前产生的全部信息，下一个区块的信息量要大于之前区块的信息量，由此带来的信息存储、验证、容量等技术问题有待解决。

（三）竞争性技术的制约

在科学技术高速发展的今天，实现同样目标的技术路径通常并不是唯一的。区块链技术能够实现的目标，竞争性技术也能够实现。哪种技术更方便、更高效，人们就会应用哪种技术。一旦区块链技术的发展无法有效解决现实的技术问题，或者无法有效调和与现行法律、法规以及观念的矛盾，就会面临着被竞争性技术淘汰的风险。

第二节　区块链技术对会计行业的影响

一、区块链技术突破了单方记账、多方对账的旧有复式记账模式

区块链技术把对于“交易”的记录变成了基于网络的分布式记账模式，这种记账模式在一定程度上也影响到了对于“事项”的记录。区块链技术采用加密形式在多个节点记录每一个“交易”或者“事项”，形成载有交易信息、事项信息的区块，并按照时间顺序排列组成区块链。区块链能够实时记录并相互验证每一个被记录的交易或者事项，并将信息存储于每一个节点，节点之间相互独立、地位平等，依赖于共识机制，确保存储于每一个节点的信息一致并难以被篡改。

二、区块链技术降低了系统内部重复记录的成本

区块链技术背景下的分布式记账和存证可以保证交易或者事项的相关信息实时上链，加之很多交易、事项的记录具有刚性，由此导致大量的会计记录工作可以由区块链自动完成。区块链不仅能够完成交易、事项的记录，还能够自动完成记录信息在相关多方之间的信息验证。从而降低了交易、事项相关方重复记录的成本，也减少了出现会计差错的可能。

三、区块链技术提高了现有会计专业技术模式下会计信息的相关性

以公允价值计量模式为例，公允价值会计政策的有效实施始终回避不了会计估计带来的可靠性问题。在区块链技术背景下，多维度的交易数据被分布式记录于大量的节点并被相互验证，借助大数据以及区块链智能合约等机制，完全可以突破交易数据的时间、地域限制，实时获得可靠的公允价值信息，从而提高公允价值会计信息的相关性。

四、区块链技术降低了会计信息质量的约束成本

以审计为例，伴随着资本市场的发展，所有权与经营权分离现象的出现，审计借助第三方鉴证约束会计信息质量的作用愈发重要。交易、事项的复杂性导致审计鉴证成本高企，从而提高了会计信息质量的约束成本。

基于区块链技术的存证和溯源功能，每一个交易、事项的数据信息都会实时上链并被验证，且很难篡改，由此导致大量需要抽取交易数据进行检查的审计程序成为多余。事实上，

区块链会计信息的生成、存储过程与审计程序有着很高的契合度，比如实时记录、序时记录、数据核对、存证验证，区块链的数据信息处理工作天然地提供了完整的审计脉络，因此，很多具有刚性的审计程序都可以由区块链自动完成，甚至在防范舞弊行为等方面，区块链更加具有技术优势，能够极大地降低审计风险、审计成本。

第三节 ChatGPT

一、ChatGPT 的含义

ChatGPT（Chat Generative Pre-trained Transformer）是位于旧金山的一家人工智能研究公司 OpenAI 发布的一款由人工智能技术驱动的自然语言处理工具。ChatGPT 使用了 Transformer 神经网络架构，这是一种用于处理序列数据的模型，拥有语言理解和文本生成能力。ChatGPT 会通过大量的语料库来训练模型，能够基于训练阶段所接触的来自真实世界的对话内容和统计规律来生成回答，根据聊天的上下文进行互动。可以做到像人类一样聊天交流，甚至能够编写和调试计算机程序，进行文学、媒体相关领域的创作，比如音乐、电视剧、童话故事和诗歌的创作。

此外，ChatGPT 还能够进行道德水平训练，按照预先设定的道德准则，ChatGPT 会对恶意的提问或者请求拒绝提供答案。

从 ChatGPT 的发展趋势看，其产业化方向是归纳性的文字类工作、代码开发、图像生成、智能客服等领域。但是，目前 ChatGPT 在使用上还具有局限性，模型仍有优化空间。ChatGPT 需要巨量的语料来描述真实世界，对标注员的工作量以及综合素质要求较高。ChatGPT 可能会出现创造不存在的知识，或者主观猜测提问者的意图等问题，模型的优化将是一个持续的过程。此外，ChatGPT 的盈利模式尚处于探索阶段，商业化前景有待观察。

二、ChatGPT 溯源

2022 年 11 月，OpenAI 公司推出人工智能对话聊天机器人 ChatGPT，一周时间，注册用户数就超过 100 万。

2023 年 1 月，ChatGPT 的活用户突破 1 亿。

2023 年 2 月，微软公告旗下所有产品包括搜索引擎必应、Office、云计算平台 Azure 将整合 ChatGPT。

2023 年 3 月，OpenAI 公司正式推出多模态大模型 GPT-4。GPT-4 支持图像和文本输入以及文本输出，拥有强大的识图能力。GPT-4 的训练数量更大，支持多元的输出输入形式，在专业领域的学习能力更加强大。同月，谷歌宣布，ChatGPT-Bard 正式开启测试；OpenAI 宣布 ChatGPT 支持第三方插件，解除了其无法联网的限制。

2023 年 4 月，ChatGPT 聊天机器人可以根据用户的输入生成各种各样的文本，包括代码。但是，ChatGPT 生成的代码往往存在严重的问题。同月，西班牙国家数据保护局和法国国家信息自由委员会分别宣布对 ChatGPT 展开调查。欧洲数据保护委员会宣布成立专门工作组，促进各国协同调查，并就各数据保护部门可能采取的执法措施交流信息。

2023 年 5 月，OpenAI 公司推出 iOS 版 ChatGPT 应用。

2023 年 6 月，Open AI 公司宣布计划在 2023 年内对 GPT-4 进行升级，使其变得更加快速，并且能够支持输入更多的文字。此外，OpenAI 还将会在 2024 年 GPU 算力瓶颈突破之后向更多用户公开多模态功能。同月，2023 全球人工智能技术大会在中国杭州举办。

2023 年 7 月，OpenAI 公司宣布推出定制指令功能，以便客户更好地控制 ChatGPT 的回应方式。同月，安卓版 ChatGPT 正式上线。

2023 年 9 月，OpenAI 公司宣布推出新版 ChatGPT，增加了语音输入和图像输入两项新功能。

第四节 ChatGPT 技术对会计行业的影响

一、ChatGPT 扮演“专家”的角色

从事会计工作所需要的会计专业技术均来自《企业会计准则》以及相关的法律、法规。这些会计专业技术规范具有严谨的内在逻辑且变动不会太频繁。目前，会计专业知识的传授由教师这类掌握专业知识的专家来完成，教师不仅负责传授会计专业知识，还负责解答学习者在学习会计专业过程中遇到的专业问题。不同于以往人类发明的自动化程序，ChatGPT 等人工智能程序可以通过模型训练，增长、迭代知识。这也意味着，专家通过长期学习积累起来的专业知识、经验可能会迅速地被人工智能程序所取代，能不能得心应手地应用 ChatGPT 也许会比掌握会计专业知识本身更为重要。

不仅是会计专业知识的学习，会计实际工作也会面临同样的问题。对于陌生的交易如何进行账务处理，ChatGPT 可以迅速给出答案，虽然不能保证答案绝对正确，并且在时效性上可能存在问题，但是随着长期大规模模型训练的积累，以及 ChatGPT 的不断改进，这些问题很可能会被逐渐解决。

二、ChatGPT 扮演“分析师”的角色

在会计实际工作过程中，财务部门会对财务数据进行分析，并对分析过程中发现的问题提出相应的对策建议。财务分析会花费很多的时间和精力，但是，借助 ChatGPT 便可以快速获得分析框架、分析思路和分析方法，对数据进行对比、筛选、归类、总结，可以节省大量的时间和精力。

三、ChatGPT 扮演自动化办公工具的角色

会计工作中有大量的数据统计、分类、计算工作，这些工作需要耗费大量的人工成本和时间成本。比如编制合并报表，我们需要首先建立一个合并的工作底稿，用以归集母公司和众多子公司的个别报表数据，并使用数据分析工具对其进行归类、汇总。这个过程耗时费力，还难以保证财务数据的准确性，但是由于编制合并报表的程序是固定的，编制规则也有规律可循，因此，可以借助 ChatGPT 来帮助我们提高工作效率。

四、ChatGPT 扮演“决策者”的角色

广义的会计有决策功能，ChatGPT 应用到财务决策方面同样高效。管理层的决策可能会建立在财务部门提供的分析报告基础之上。财务部门可能需要财务人员先进行周密的思考，以确定分析框架，再搜集数据进行比对分析，最后得出结论。整个过程不仅考验分析能力，

还需要有获取和阅读大量资料的能力。

ChatGPT 能够获取、阅读、分析信息，不仅局限于文字，还支持图片、音频等数据。因此，ChatGPT 能够快速地生成分析框架，并根据决策需要进行进一步的细化数据分析，并提出分析结果和建议。这将极大地帮助我们提高分析效率，降低工作量和工作强度。

目前，有专家认为 ChatGPT 必将深刻地影响会计行业的未来发展走向。ChatGPT 在大幅度提高会计工作效率的同时，也可能导致会计行业对会计人力资源的需求大幅度减少。同时，与此相关联的会计培训和会计咨询行业也将面临严峻的考验。编者也认为，ChatGPT 会深刻地影响会计行业，但是并不悲观地认为 ChatGPT 会对会计行业产生较大的负面影响。从人类科学技术的发展规律来看，科学技术的进步会淘汰落后的生产方式，但是也会提供新的生产方式。人类从新的生产方式中获得的利益、机会，通常会大于甚至远远大于从旧有生产方式中获得的利益、机会。ChatGPT 等人工智能工具尽管具备了学习、迭代能力，但是最终能力恰恰是人类赋予的，逻辑上存在着“阻尼效应”，这种效应保证了人类不太可能会被人工智能淘汰。

复习思考题

1. 什么是区块链技术？
2. 区块链技术会对会计行业产生什么样的影响？
3. 什么是 ChatGPT 技术？
4. ChatGPT 技术会对会计行业产生什么样的影响？
5. 分析区块链技术、ChatGPT 技术的新质生产力特征。

实践与思政课堂

中央网信办官网公布了2023年区块链创新应用案例入选名单，中国银行业协会“银行函证区块链服务平台”成功入选金融科技领域典型案例，并被收录于《中国区块链创新应用发展报告（2023）》《中国区块链创新应用案例集（2023）》。该平台成为全国性行业协会中唯一入选案例，国内电子函证平台中唯一入选案例，这也是对该平台积极应用区块链技术，防范化解银行函证业务领域风险成果的充分肯定。

银行函证区块链服务平台是由中国银行业协会牵头搭建的，为银行业金融机构、会计师事务所等提供数字化银行函证流转的服务平台。目前，该平台已有近900家银行、会计师事务所、财务公司及证券公司等完成投产上线或开发测试，累计接收近50万份电子函证，银行平均处理时长仅不足2天，最快回函仅需数分钟，实际应用成效得到了监管部门及市场机构等多方的高度认可。

结合上述资料，论述：

1. 新兴技术的发展是否会导致会计行业退出历史舞台？
2. 会计人应该如何应对新兴技术对于会计行业的影响？
3. 试述区块链技术、ChatGPT 技术发展对于会计、审计工作流程、内容以及工作方式、方法的影响。

附录

截至2023年年末，我国已经发布了1个基本会计准则以及42个具体会计准则。我国现行企业会计准则列表如下：

企业会计准则——基本准则（2014）

企业会计准则——基本准则（2006）

企业会计准则第1号——存货（2006）

企业会计准则第2号——长期股权投资（2014）

企业会计准则第2号——长期股权投资（2006）

企业会计准则第3号——投资性房地产（2006）

企业会计准则第4号——固定资产（2006）

企业会计准则第5号——生物资产（2006）

企业会计准则第6号——无形资产（2006）

企业会计准则第7号——非货币性资产交换（2019）

企业会计准则第7号——非货币性资产交换（2006）

企业会计准则第8号——资产减值（2006）

企业会计准则第9号——职工薪酬（2014）

企业会计准则第9号——职工薪酬（2006）

企业会计准则第10号——企业年金基金（2006）

企业会计准则第11号——股份支付（2006）

企业会计准则第12号——债务重组（2019）

企业会计准则第12号——债务重组（2006）

企业会计准则第13号——或有事项（2006）

企业会计准则第14号——收入（2017）

企业会计准则第14号——收入（2006）

企业会计准则第15号——建造合同（2006）

企业会计准则第16号——政府补助（2017）

企业会计准则第16号——政府补助（2006）

企业会计准则第17号——借款费用（2006）

企业会计准则第18号——所得税（2006）

企业会计准则第19号——外币折算（2006）

企业会计准则第20号——企业合并（2006）

企业会计准则第21号——租赁（2018）

企业会计准则第21号——租赁（2006）

企业会计准则第22号——金融工具确认和计量（2017）

企业会计准则第22号——金融工具确认和计量（2006）

企业会计准则第23号——金融资产转移（2017）

企业会计准则第23号——金融资产转移（2006）

企业会计准则第 24 号——套期会计（2017）
企业会计准则第 24 号——套期保值（2006）
企业会计准则第 25 号——保险合同（2020）
企业会计准则第 25 号——原保险合同（2006）
企业会计准则第 26 号——再保险合同（2006）
企业会计准则第 27 号——石油天然气开采（2006）
企业会计准则第 28 号——会计政策、会计估计变更和差错更正（2006）
企业会计准则第 29 号——资产负债表日后事项（2006）
企业会计准则第 30 号——财务报表列报（2014）
企业会计准则第 30 号——财务报表列报（2006）
企业会计准则第 31 号——现金流量表（2006）
企业会计准则第 32 号——中期财务报告（2006）
企业会计准则第 33 号——合并财务报表（2014）
企业会计准则第 33 号——合并财务报表（2006）
企业会计准则第 34 号——每股收益（2006）
企业会计准则第 35 号——分部报告（2006）
企业会计准则第 36 号——关联方披露（2006）
企业会计准则第 37 号——金融工具列报（2017）
企业会计准则第 37 号——金融工具列报（2014）
企业会计准则第 37 号——金融工具列报（2006）
企业会计准则第 38 号——首次执行企业会计准则（2006）
企业会计准则第 39 号——公允价值计量（2014）
企业会计准则第 40 号——合营安排（2014）
企业会计准则第 41 号——在其他主体中权益的披露（2014）
企业会计准则第 42 号——持有待售的非流动资产、处置组和终止经营（2017）

本教材所涉及的部分企业会计准则：

企业会计准则——基本准则

（2006 年 2 月 15 日财政部令第 33 号公布，自 2007 年 1 月 1 日起施行。2014 年 7 月 23 日根据《财政部关于修改〈企业会计准则——基本准则〉的决定》修改）

第一章　总则

第一条　为了规范企业会计确认、计量和报告行为，保证会计信息质量，根据《中华人民共和国会计法》和其他有关法律、行政法规，制定本准则。

第二条　本准则适用于在中华人民共和国境内设立的企业（包括公司，下同）。

第三条　企业会计准则包括基本准则和具体准则，具体准则的制定应当遵循本准则。

第四条　企业应当编制财务会计报告（又称财务报告，下同）。财务会计报告的目标是向财务会计报告使用者提供与企业财务状况、经营成果和现金流量等有关的会计信息，反映企业管理层受托责任履行情况，有助于财务会计报告使用者作出经济决策。

财务会计报告使用者包括投资者、债权人、政府及其有关部门和社会公众等。

第五条　企业应当对其本身发生的交易或者事项进行会计确认、计量和报告。

第六条　企业会计确认、计量和报告应当以持续经营为前提。

第七条　企业应当划分会计期间，分期结算账目和编制财务会计报告。

会计期间分为年度和中期。中期是指短于一个完整的会计年度的报告期间。

第八条　企业会计应当以货币计量。

第九条　企业应当以权责发生制为基础进行会计确认、计量和报告。

第十条　企业应当按照交易或者事项的经济特征确定会计要素。会计要素包括资产、负债、所有者权益、收入、费用和利润。

第十一条　企业应当采用借贷记账法记账。

第二章　会计信息质量要求

第十二条　企业应当以实际发生的交易或者事项为依据进行会计确认、计量和报告，如实反映符合确认和计量要求的各项会计要素及其他相关信息，保证会计信息真实可靠、内容完整。

第十三条　企业提供的会计信息应当与财务会计报告使用者的经济决策需要相关，有助于财务会计报告使用者对企业过去、现在或者未来的情况作出评价或者预测。

第十四条　企业提供的会计信息应当清晰明了，便于财务会计报告使用者理解和使用。

第十五条　企业提供的会计信息应当具有可比性。

同一企业不同时期发生的相同或者相似的交易或者事项，应当采用一致的会计政策，不得随意变更。确需变更的，应当在附注中说明。

不同企业发生的相同或者相似的交易或者事项，应当采用规定的会计政策，确保会计信息口径一致、相互可比。

第十六条　企业应当按照交易或者事项的经济实质进行会计确认、计量和报告，不应仅以交易或者事项的法律形式为依据。

第十七条　企业提供的会计信息应当反映与企业财务状况、经营成果和现金流量等有关的所有重要交易或者事项。

第十八条　企业对交易或者事项进行会计确认、计量和报告应当保持应有的谨慎，不应高估资产或者收益、低估负债或者费用。

第十九条　企业对于已经发生的交易或者事项，应当及时进行会计确认、计量和报告，不得提前或者延后。

第三章　资产

第二十条　资产是指企业过去的交易或者事项形成的、由企业拥有或者控制的、预期会给企业带来经济利益的资源。

前款所指的企业过去的交易或者事项包括购买、生产、建造行为或其他交易或者事项。预期在未来发生的交易或者事项不形成资产。

由企业拥有或者控制，是指企业享有某项资源的所有权，或者虽然不享有某项资源的所有权，但该资源能被企业所控制。

预期会给企业带来经济利益，是指直接或者间接导致现金和现金等价物流入企业的潜力。

第二十一条　符合本准则第二十条规定的资产定义的资源，在同时满足以下条件时，确认为资产：

（一）与该资源有关的经济利益很可能流入企业；

（二）该资源的成本或者价值能够可靠地计量。

第二十二条　符合资产定义和资产确认条件的项目，应当列入资产负债表；符合资产定义、但不符合资产确认条件的项目，不应当列入资产负债表。

第四章　负债

第二十三条　负债是指企业过去的交易或者事项形成的、预期会导致经济利益流出企业的现时义务。

现时义务是指企业在现行条件下已承担的义务。未来发生的交易或者事项形成的义务，不属于现时义务，不应当确认为负债。

第二十四条　符合本准则第二十三条规定的负债定义的义务，在同时满足以下条件时，确认为负债：

(一) 与该义务有关的经济利益很可能流出企业；

(二) 未来流出的经济利益的金额能够可靠地计量。

第二十五条　符合负债定义和负债确认条件的项目，应当列入资产负债表；符合负债定义、但不符合负债确认条件的项目，不应当列入资产负债表。

第五章　所有者权益

第二十六条　所有者权益是指企业资产扣除负债后由所有者享有的剩余权益。

公司的所有者权益又称为股东权益。

第二十七条　所有者权益的来源包括所有者投入的资本、直接计入所有者权益的利得和损失、留存收益等。

直接计入所有者权益的利得和损失，是指不应计入当期损益、会导致所有者权益发生增减变动的、与所有者投入资本或者向所有者分配利润无关的利得或者损失。

利得是指由企业非日常活动所形成的、会导致所有者权益增加的、与所有者投入资本无关的经济利益的流入。

损失是指由企业非日常活动所发生的、会导致所有者权益减少的、与向所有者分配利润无关的经济利益的流出。

第二十八条　所有者权益金额取决于资产和负债的计量。

第二十九条　所有者权益项目应当列入资产负债表。

第六章　收入

第三十条　收入是指企业在日常活动中形成的、会导致所有者权益增加的、与所有者投入资本无关的经济利益的总流入。

第三十一条　收入只有在经济利益很可能流入从而导致企业资产增加或者负债减少、且经济利益的流入额能够可靠计量时才能予以确认。

第三十二条　符合收入定义和收入确认条件的项目，应当列入利润表。

第七章　费用

第三十三条　费用是指企业在日常活动中发生的、会导致所有者权益减少的、与向所有者分配利润无关的经济利益的总流出。

第三十四条　费用只有在经济利益很可能流出从而导致企业资产减少或者负债增加、且经济利益的流出额能够可靠计量时才能予以确认。

第三十五条　企业为生产产品、提供劳务等发生的可归属于产品成本、劳务成本等的费用，应当在确认产品销售收入、劳务收入等时，将已销售产品、已提供劳务的成本等计入当期损益。

企业发生的支出不产生经济利益的，或者即使能够产生经济利益但不符合或者不再符合资产确认条件的，应当在发生时确认为费用，计入当期损益。

企业发生的交易或者事项导致其承担了一项负债而又不确认为一项资产的，应当在发生时确认为费用，计入当期损益。

第三十六条　符合费用定义和费用确认条件的项目，应当列入利润表。

第八章　利润

第三十七条　利润是指企业在一定会计期间的经营成果。利润包括收入减去费用后的净额、直接计入当期利润的利得和损失等。

第三十八条　直接计入当期利润的利得和损失，是指应当计入当期损益、会导致所有者权益发生增减变动的、与所有者投入资本或者向所有者分配利润无关的利得或者损失。

第三十九条　利润金额取决于收入和费用、直接计入当期利润的利得和损失金额的计量。

第四十条　利润项目应当列入利润表。

第九章　会计计量

第四十一条　企业在将符合确认条件的会计要素登记入账并列报于会计报表及其附注（又称财务报表，下同）时，应当按照规定的会计计量属性进行计量，确定其金额。

第四十二条　会计计量属性主要包括：

（一）历史成本。在历史成本计量下，资产按照购置时支付的现金或者现金等价物的金额，或者按照购置资产时所付出的对价的公允价值计量。负债按照因承担现时义务而实际收到的款项或者资产的金额，或者承担现时义务的合同金额，或者按照日常活动中为偿还负债预期需要支付的现金或者现金等价物的金额计量。

（二）重置成本。在重置成本计量下，资产按照现在购买相同或者相似资产所需支付的现金或者现金等价物的金额计量。负债按照现在偿付该项债务所需支付的现金或者现金等价物的金额计量。

（三）可变现净值。在可变现净值计量下，资产按照其正常对外销售所能收到现金或者现金等价物的金额扣减该资产至完工时估计将要发生的成本、估计的销售费用以及相关税费后的金额计量。

（四）现值。在现值计量下，资产按照预计从其持续使用和最终处置中所产生的未来净现金流入量的折现金额计量。负债按照预计期限内需要偿还的未来净现金流出量的折现金额计量。

（五）公允价值。在公允价值计量下，资产和负债按照市场参与者在计量日发生的有序交易中，出售资产所能收到或者转移负债所需支付的价格计量。

第四十三条　企业在对会计要素进行计量时，一般应当采用历史成本，采用重置成本、可变现净值、现值、公允价值计量的，应当保证所确定的会计要素金额能够取得并可靠计量。

第十章　财务会计报告

第四十四条　财务会计报告是指企业对外提供的反映企业某一特定日期的财务状况和某一会计期间的经营成果、现金流量等会计信息的文件。

财务会计报告包括会计报表及其附注和其他应当在财务会计报告中披露的相关信息和资料。会计报表至少应当包括资产负债表、利润表、现金流量表等报表。

小企业编制的会计报表可以不包括现金流量表。

第四十五条　资产负债表是指反映企业在某一特定日期的财务状况的会计报表。

第四十六条　利润表是指反映企业在一定会计期间的经营成果的会计报表。

第四十七条　现金流量表是指反映企业在一定会计期间的现金和现金等价物流入和流出的会计报表。

第四十八条　附注是指对在会计报表中列示项目所作的进一步说明，以及对未能在这些报表中列示项目的说明等。

第十一章　附则

第四十九条　本准则由财政部负责解释。

第五十条　本准则自2007年1月1日起施行。

企业会计准则第5号——生物资产

财会〔2006〕3号

第一章　总则

第一条　为了规范与农业生产相关的生物资产的确认、计量和相关信息的披露，根据《企业会计准则——基本准则》，制定本准则。

第二条　生物资产，是指有生命的动物和植物。

第三条　生物资产分为消耗性生物资产、生产性生物资产和公益性生物资产。

消耗性生物资产，是指为出售而持有的、或在将来收获为农产品的生物资产，包括生长中的大田作物、蔬菜、用材林以及存栏待售的牲畜等。

生产性生物资产，是指为产出农产品、提供劳务或出租等目的而持有的生物资产，包括经济林、薪炭林、产畜和役畜等。

公益性生物资产，是指以防护、环境保护为主要目的的生物资产，包括防风固沙林、水土保持林和水源涵养林等。

第四条　下列各项适用其他相关会计准则：

（一）收获后的农产品，适用《企业会计准则第1号——存货》。

（二）与生物资产相关的政府补助，适用《企业会计准则第16号——政府补助》。

第二章　确认和初始计量

第五条　生物资产同时满足下列条件的，才能予以确认：

（一）企业因过去的交易或者事项而拥有或者控制该生物资产；

（二）与该生物资产有关的经济利益或服务潜能很可能流入企业；

（三）该生物资产的成本能够可靠地计量。

第六条　生物资产应当按照成本进行初始计量。

第七条　外购生物资产的成本，包括购买价款、相关税费、运输费、保险费以及可直接归属于购买该资产的其他支出。

第八条　自行栽培、营造、繁殖或养殖的消耗性生物资产的成本，应当按照下列规定确定：

（一）自行栽培的大田作物和蔬菜的成本，包括在收获前耗用的种子、肥料、农药等材料费、人工费和应分摊的间接费用等必要支出。

（二）自行营造的林木类消耗性生物资产的成本，包括郁闭前发生的造林费、抚育费、营林设施费、良种试验费、调查设计费和应分摊的间接费用等必要支出。

（三）自行繁殖的育肥畜的成本，包括出售前发生的饲料费、人工费和应分摊的间接费用等必要支出。

（四）水产养殖的动物和植物的成本，包括在出售或入库前耗用的苗种、饲料、肥料等材料费、人工费和应分摊的间接费用等必要支出。

第九条　自行营造或繁殖的生产性生物资产的成本，应当按照下列规定确定：

（一）自行营造的林木类生产性生物资产的成本，包括达到预定生产经营目的前发生的造林费、抚育费、营林设施费、良种试验费、调查设计费和应分摊的间接费用等必要支出。

（二）自行繁殖的产畜和役畜的成本，包括达到预定生产经营目的（成龄）前发生的饲料费、人工费和应分摊的间接费用等必要支出。

达到预定生产经营目的，是指生产性生物资产进入正常生产期，可以多年连续稳定产出农产品、提供劳务或出租。

第十条　自行营造的公益性生物资产的成本，应当按照郁闭前发生的造林费、抚育费、森林保护费、营林设施费、良种试验费、调查设计费和应分摊的间接费用等必要支出确定。

第十一条　应计入生物资产成本的借款费用，按照《企业会计准则第 17 号——借款费用》处理。消耗性林木类生物资产发生的借款费用，应当在郁闭时停止资本化。

第十二条　投资者投入生物资产的成本，应当按照投资合同或协议约定的价值确定，但合同或协议约定价值不公允的除外。

第十三条　天然起源的生物资产的成本，应当按照名义金额确定。

第十四条　非货币性资产交换、债务重组和企业合并取得的生物资产的成本，应当分别按照《企业会计准则第 7 号——非货币性资产交换》、《企业会计准则第 12 号——债务重组》和《企业会计准则第 20 号——企业合并》确定。

第十五条　因择伐、间伐或抚育更新性质采伐而补植林木类生物资产发生的后续支出，应当计入林木类生物资产的成本。

生物资产在郁闭或达到预定生产经营目的后发生的管护、饲养费用等后续支出，应当计入当期损益。

第三章　后续计量

第十六条　企业应当按照本准则第十七条至第二十一条的规定对生物资产进行后续计量，但本准则第二十二条规定的除外。

第十七条　企业对达到预定生产经营目的的生产性生物资产，应当按期计提折旧，并根据用途分别计入相关资产的成本或当期损益。

第十八条　企业应当根据生产性生物资产的性质、使用情况和有关经济利益的预期实现方式，合理确定其使用寿命、预计净残值和折旧方法。可选用的折旧方法包括年限平均法、工作量法、产量法等。

生产性生物资产的使用寿命、预计净残值和折旧方法一经确定，不得随意变更。但是，符合本准则第二十条规定的除外。

第十九条　企业确定生产性生物资产的使用寿命，应当考虑下列因素：

（一）该资产的预计产出能力或实物产量；

（二）该资产的预计有形损耗，如产畜和役畜衰老、经济林老化等；

（三）该资产的预计无形损耗，如因新品种的出现而使现有的生产性生物资产的产出能力和产出农产品的质量等方面相对下降、市场需求的变化使生产性生物资产产出的农产品相对过时等。

第二十条　企业至少应当于每年年度终了对生产性生物资产的使用寿命、预计净残值和折旧方法进行复核。

使用寿命或预计净残值的预期数与原先估计数有差异的，或者有关经济利益预期实现方式有重大改变的，应当作为会计估计变更，按照《企业会计准则第 28 号——会计政策、会计估计变更和差错更正》处理，调整生产性生物资产的使用寿命或预计净残值或者改变折旧方法。

第二十一条　企业至少应当于每年年度终了对消耗性生物资产和生产性生物资产进行检查，有确凿证据表明由于遭受自然灾害、病虫害、动物疫病侵袭或市场需求变化等原因，使消耗性生物资产的可变现净值或生产性生物资产的可收回金额低于其账面价值的，应当按照可变现净值或可收回金额低于账面价值的差额，计提生物资产跌价准备或减值准备，并计入当期损益。上述可变现净值和可收回金额，应当分别按照《企业会计准则第 1 号——存货》和《企业会计准则第 8 号——资产减值》确定。

消耗性生物资产减值的影响因素已经消失的，减记金额应当予以恢复，并在原已计提的跌价准备金额内转回，转回的金额计入当期损益。

生产性生物资产减值准备一经计提，不得转回。

公益性生物资产不计提减值准备。

第二十二条　有确凿证据表明生物资产的公允价值能够持续可靠取得的，应当对生物资产采用公允价值计量。

采用公允价值计量的，应当同时满足下列条件：

（一）生物资产有活跃的交易市场；

（二）能够从交易市场上取得同类或类似生物资产的市场价格及其他相关信息，从而对生物资产的公允价值作出合理估计。

第四章　收获与处置

第二十三条　对于消耗性生物资产，应当在收获或出售时，按照其账面价值结转成本。结转成本的方法包括加权平均法、个别计价法、蓄积量比例法、轮伐期年限法等。

第二十四条　生产性生物资产收获的农产品成本，按照产出或采收过程中发生的材料费、人工费和应分摊的间接费用等必要支出计算确定，并采用加权平均法、个别计价法、蓄积量比例法、轮伐期年限法等方法，将其账面价值结转为农产品成本。

收获之后的农产品，应当按照《企业会计准则第 1 号——存货》处理。

第二十五条　生物资产改变用途后的成本，应当按照改变用途时的账面价值确定。

第二十六条　生物资产出售、盘亏或死亡、毁损时，应当将处置收入扣除其账面价值和相关税费后的余额计入当期损益。

第五章　披露

第二十七条　企业应当在附注中披露与生物资产有关的下列信息：

（一）生物资产的类别以及各类生物资产的实物数量和账面价值。

（二）各类消耗性生物资产的跌价准备累计金额，以及各类生产性生物资产的使用寿命、预计净残值、折旧方法、累计折旧和减值准备累计金额。

（三）天然起源生物资产的类别、取得方式和实物数量。

（四）用于担保的生物资产的账面价值。

（五）与生物资产相关的风险情况与管理措施。

第二十八条　企业应当在附注中披露与生物资产增减变动有关的下列信息：

（一）因购买而增加的生物资产；

（二）因自行培育而增加的生物资产；

（三）因出售而减少的生物资产；

（四）因盘亏或死亡、毁损而减少的生物资产；
（五）计提的折旧及计提的跌价准备或减值准备；
（六）其他变动。

参考文献

[1] 企业会计准则编审委员会．企业会计准则详解与实务［M］．北京：人民邮电出版社，2023.

[2] 刘永泽，陈立军．中级财务会计［M］．大连：东北财经大学出版社，2022.

[3] 姜崧．黑龙江省冰雪经济发展及其要素核算研究［M］．哈尔滨：哈尔滨工业大学出版社，2023.

[4] 刘永泽，傅荣．高级财务会计［M］．大连：东北财经大学出版社，2022.

[5] 姜崧．公允价值会计研究：稳健观点［M］．哈尔滨：东北林业大学出版社，2009.

[6] 中国注册会计师协会．会计［M］．北京：中国财政经济出版社，2023.

[7] 企业会计准则编审委员会．企业会计准则案例讲解［M］．上海：立信会计出版社，2022.

[8] 姜崧．新会计准则下会计计量模式比较研究［J］．中国管理信息化，2009（4）．

[9] 姜崧．农林企业竞争力会计计量模式研究［J］．中国管理信息化，2009（6）．

[10] 赵彬，毕茜．公允价值计量与会计稳健性研究［C］．中国会计学会2011学术年会论文集，2011（7）．

[11] 邓建兵．试论公允价值计量属性［J］．金融经济，2014（12）．

[12] 许晓芳，方略．长期股权投资计量模式探析［J］．商业会计，2008（10）．

[13] 曹宏颖．公允价值计量在我国应用的思考［J］．北方经贸，2014（8）．

[14] 罗维芬．历史成本会计模式下公允价值的应用［J］．财会通讯，2006（11）．

[15] 卓义容．浅论资产可回收金额的确认［J］．大众科技，2012（4）．

[16] 苏亚凤．浅析新企业会计准则中的公允价值［J］．科技视界，2012（12）．

[17] 陈三川，刘寅凯．浅论公允价值计量［J］．商业经济，2007（12）．

[18] 陆云莺，姜崧．公允价值计量模式在投资性房地产应用中存在的问题［J］．经济研究导刊，2011（3）．

[19] 姜崧．新会计准则下会计计量模式比较研究［J］．中国管理信息化，2009（4）．

[20] 姜崧．农林企业竞争力会计计量模式研究［J］．财会通讯，2009（6）．

[21] 申铖．加强企业数据资源相关会计处理 服务数字经济健康发展［N］．新华每日电讯 2023-08-22.

[22] 姜崧．农林企业竞争力会计初探［J］．财会月刊，2008（7）．

[23] 王富强，李建素．历史成本会计模式的现在和未来［J］．中国管理信息化，2007（11）．

[24] 汪文正．数据资源“入表”明年起实施［N］．人民日报海外版，2023-08-24.

[25] 马敏．会计谨慎性原则在我国上市公司的实例研究及相关理论探讨［D］．电子科技大学硕士论文，2005（4）．

[26] 王福胜，李伯丽．谨慎性原则的经济学思考［J］．会计之友，2008（8）．

[27] 王春燕，余榕．论谨慎原则在我国的范式变迁［J］．山西财经大学学报，2002（4）．

[28] 龚厚文．上市公司会计政策选择的博弈分析［D］．武汉理工大学硕士论文，2008（4）．

[29] 赵英．会政府与上市公司会计政策的选择：博弈论视角［J］．会计之友，2010（11）．

[30] 郭超．浅谈会计原则与税务制度的差异与矛盾［J］．民营科技，2010（7）．
[31] 于华．从谨慎性原则看企业会计利润与应税所得的差异［J］．经济信息时报，2008（12）．
[32] 欧阳剑环．对上市公司等财务会计行为加强监督［N］．中国证券报，2023-02-16．
[33] 李苑．中办国办：进一步加强财会监督工作［N］．上海证券报，2023-02-16．
[34] 余佳．会计政策变更与会计估计变更的对比分析［J］．中小企业管理与科技，2009（2）．
[35] 仇俊林，李宇飞．会计造假：主体、环境与心理分析［J］．财务与会计，2002（11）．
[36] 郭敏，孟宪芹．会计准则的性质：基于契约论视角的分析［J］．管理世界，2006（12）．
[37] 姜崧．基于会计契约理论的公允价值会计政策选择研究［J］．绿色财会，2013（3）．
[38] 李士涛．基于企业契约观的会计政策选择研究［D］．东北大学硕士论文，2005（2）．
[39] 胡媛．组合会计政策选择的契约动因研究［D］．重庆大学硕士论文，2006（4）．
[40] 王运传．会计政策选择研究［D］．厦门大学硕士论文，2003（4）．
[41] 王学莲．新会计准则对企业会计政策选择的影响［D］．兰州大学硕士论文，2007（4）．
[42] 刘珊．会计政策变更的契约动因研究［D］．重庆大学硕士论文，2004（4）．
[43] 王继鹏．企业会计政策选择研究［D］．天津财经大学硕士论文，2000（6）．
[44] 胡小刚．高管变更与会计变更相关性研究［D］．江苏大学硕士论文，2010（10）．
[45] 姜崧．基于会计契约理论的公允价值会计政策选择研究［J］．绿色财会，2013（3）．
[46] 吴莹．不同产权类型企业的会计政策选择偏好分析［D］．西北大学硕士论文，2008（6）．
[47] 涂小丽．浅议生产性生物资产的会计处理［J］．财会研究，2011（4）．
[48] 杨宁霞，曹健，何帅．生产性生物资产会计与税务处理的差异性研究［J］．中国注册会计师，2016（5）．
[49] 陈新文．农业企业生物资产的会计核算［J］．农村财务会计，2018（8）．
[50] 李茉．审计报告模式改进研究［D］．山东财经大学硕士论文，2017（5）．
[51] 朱围光．审计报告模式重构对审计期望差距影响的研究［D］．山东财经大学硕士论文，2018（5）．
[52] 李顺龙，杜咏梅，蒋敏元．我国森林碳汇问题初探［J］．林业财务与会计，2004（7）．
[53] 王晓天．基于人力资源价值视角的自创商誉会计研究［D］．西安理工大学硕士论文，2010（3）．
[54] 刘洁晓．人力资源会计体系创新研究［J］．中国市场，2014（5）．
[55] 姜崧，姜钰，杨梓桐．新质生产力赋能区域文旅产业发展：理论逻辑与路径设计［J］．当代旅游，2024（8）．